Gaetano Galifi
(Kay)

MÉTODO COMPLETO DE GUITARRA

Do Blues ao Jazz

COM DEDILHADO

Blues, Country, Rock, Bossa Nova e Jazz
Técnica, Harmonia, Ritmo e Improvisação

Coordenação de Luciano Alves

Nº Cat. - 347-M

IRMÃOS VITALE
Editores - Brasil

© Copyright 1997 by Irmãos Vitale S.A. Ind. e Com. - São Paulo - Brasil.
Todos os direitos autorais reservados para todos os países. All rights reserved.

DADOS INTERNACIONAIS DE CATALOGAÇÃO NA PUBLICAÇÃO (CIP)
(Câmara Brasileira do Livro, SP, Brasil)

Galifi, Gaetano, 1949 –
Método Completo de Guitarra : do Blues ao Jazz com dedilhado : Blues, Country, Rock, Bossa Nova e Jazz : Técnica, Harmonia, Ritmo e Improvisação.
Gaetano Galifi (Kay) / coordenação de Luciano Alves. – São Paulo. Irmãos Vitale

ISBN 85-7407-012-2
ISBN 978-85-7407-012-4

1. Blues (Música)
2. Guitarra – música
3. Música de Jazz
   I. Alves, Luciano
   II. Título

98-0119   CDD-786.787.87

Índices para catálogo sistemático:

1. Guitarra : música 787-87

Produção e editoração computadorizada
Luciano Alves

Digitação de partituras
Patrícia Regadas

Revisão musical
Gaetano Galifi e Claudio Hodnick

Revisão de texto
Maria Elizabete Santos Peixoto

Capa
Marcia Fialho

Fotos
Eduardo Alonso

Produção executiva
Fernando Vitale

Impressão e acabamento Forma Certa

Índice

Prefácio 7
O Autor 9
Introdução 10

NÍVEL 1 11

NOÇÕES BÁSICAS 13
Plano de estudo 13
Interpretação 13
A guitarra 14
Posições 15
Mão direita 15
Mão esquerda 16
As notas na guitarra e na pauta 18
Equíssonos 18
Escrita para guitarra 19
Afinação 19
Efeitos 20

TÉCNICA 25
Escalas maiores 25
Arpejos 27
Ligados 28
Intervalos 29
Exercício para a palhetada 30
Exercícios para abertura e fortalecimento dos dedos da mão esquerda 30

HARMONIA 31
Simbologia adotada em escalas e acordes 32
Características dos graus 32
Cifra 33
Execução de acorde 34
Sequências com acordes de três sons 35
    Acorde perfeito maior 35
    Acorde perfeito menor 36
    Acorde de 2ª maior 37
    Acorde de 2ª menor 38
    Acorde de 4ª justa 39
    Acorde maior com 5ª aumentada 41
    Acorde menor com 5ª aumentada 42
    Acorde maior com 5ª diminuta 43
    Acorde menor com 5ª diminuta 44

IMPROVISAÇÃO 45
Acompanhamento para diversas escalas 45
Escala de blues 47
Escala country 51

Índice

NÍVEL 2 55

TÉCNICA 57
   Escalas menores 57
   Arpejos 59
   Ligados 60
   Intervalos 61
   Exercício para a palhetada 63
   Exercícios para abertura e fortalecimento dos dedos da mão esquerda 63

HARMONIA 64
   Sequências com acordes de quatro sons 64
      Acorde maior com 6ª 64
      Acorde menor com 6ª 65
      Acorde maior com 7ª maior 67
      Acorde menor com 7ª maior 68
      Acorde maior com 7ª menor 70
      Acorde menor com 7ª menor 72
      Acorde maior com 9ª maior 73
      Acorde menor com 9ª maior 74
      Acorde maior com 9ª menor 75
      Acorde menor com 9ª menor 76
      Acorde maior com 9ª aumentada 77
      Acorde de 4ª justa com 7ª menor 78
      Acorde maior com 7ª menor e 5ª aumentada 79
      Acorde menor com 7ª menor e 5ª aumentada 80
      Acorde maior com 7ª menor e 5ª diminuta 81
      Acorde menor com 7ª menor e 5ª diminuta 82
      Acorde menor com 7ª diminuta e 5ª diminuta 83
      Acorde maior com 5ª diminuta e 7ª maior 84
      Acorde maior com 5ª aumentada e 9ª maior 85

IMPROVISAÇÃO 87
   Acompanhamento 87
   Escala hexacordal menor 89
   Escala hexacordal maior 91
   Escala dórica 93
   Escala diatônica 95

Índice

NÍVEL 3 97

TÉCNICA 99
    Mudança de posição 99
    Arpejos 100
    Ligados 101
    Intervalos 102
    Exercícios para a palhetada 103
    Exercícios para abertura e fortalecimento dos dedos da mão esquerda 103

HARMONIA 104
    Sequências com acordes de cinco sons 104
        Acorde maior com 6ª maior e 9ª maior 104
        Acorde menor com 6ª maior e 9ª maior 106
        Acorde maior com 6ª maior e 9ª aumentada 107
        Acorde maior com 7ª maior e 9ª maior 108
        Acorde menor com 7ª maior e 9ª maior 109
        Acorde maior com 7ª maior e 9ª aumentada 110
        Acorde maior com 7ª menor e 9ª maior 111
        Acorde menor com 7ª menor e 9ª maior 112
        Acorde maior com 7ª menor e 9ª aumentada 113

IMPROVISAÇÃO 114
    Escala de blues jazzística 114
    Esquemas 114
    Acompanhamento 115
    Padrões de blues jazzístico 116

Índice

NÍVEL 4 123

TÉCNICA 125
- Mudança de posição 125
- Arpejos 126
- Ligados 127
- Intervalos 128
- Exercícios para a palhetada 129
- Exercícios para abertura e fortalecimento dos dedos da mão esquerda 130

HARMONIA 131
- Sequências com acordes de 11ª e 13ª 133
  - Acorde maior com 7ª menor e 11ª justa 133
  - Acorde menor com 7ª menor e 11ª justa 134
  - Acorde maior com 7ª menor, 9ª maior e 11ª justa 135
  - Acorde menor com 7ª menor, 9ª maior e 11ª justa 136
  - Acorde maior com 7ª menor, 9ª menor e 11ª justa 137
  - Acorde menor com 7ª menor, 9ª menor e 11ª justa 138
  - Acorde maior com 7ª menor, 9ª menor e 11ª aumentada 139
  - Acorde maior com 7ª menor, 9ª maior e 11ª aumentada 140
  - Acorde maior com 7ª menor e 13ª maior 141
  - Acorde menor com 7ª menor e 13ª maior 142
  - Outras combinações com 13ª 143

IMPROVISAÇÃO 144
- Improvisação acordal 144
- Padrões para improviso sobre acorde 146
  - Maior 6ª ou 7ª maior 146
  - Menor 7ª 148
  - Dominante 150
  - Dominante alterado 152
  - Menor 6ª ou 7ª maior 154
  - Meio diminuto 156
  - Diminuto 158

APÊNDICE 160
- Improvisação modal 160

Prefácio

Fiquei muito feliz e tranquilo quando soube que todo o conhecimento adquirido, desenvolvido e aprimorado por Gaetano Galifi, sobre a guitarra, nessas últimas décadas, seria publicado em livro pela Irmãos Vitale Editores - o "Método Completo de Guitarra, do Blues ao Jazz". Sim, tranquilo, pois realmente acredito que agora temos, no Brasil, um trabalho que enfoca por completo esse maravilhoso instrumento.

Estudei com Kay no início dos anos 70 e, graças à sua metodologia de ensino, abriram-se para mim todos os horizontes musicais possíveis, através da guitarra.

Sua didática é completa e detalhista; conhece música clássica e teoria musical profundamente e explora, sem preconceitos, todas as particularidades que a guitarra oferece, aproveitando ao máximo suas possibilidades, como pode ser observado na parte de Articulação, que inclui ligados, *bends*, apogiaturas, vibrato, etc. Esses são efeitos muito característicos do instrumento, recursos que proporcionam uma interpretação ilimitada.

Na parte de Escalas, ele ensina as que efetivamente são utilizadas, dando-se ao requinte de batizar algumas de "Escala Country" e "Escala de Blues". Geralmente, encontramos métodos com cem ou mais escalas, das quais não mais que aproximadamente dez são utilizáveis na prática. O pragmatismo observado neste livro é fundamental!

A parte de Harmonia possibilita ao estudante ter acesso a diversos estilos musicais, e os exemplos, de grande utilidade, sobretudo no blues e no jazz, são apresentados de forma crescente.

Por ser um amante do instrumento, Kay incluiu vários exercícios para a utilização da palheta - acessório fundamental, descrito, inclusive, através de fotografias. Tanto horizontalmente (através das escalas), quanto verticalmente (por intermédio dos arpejos), é possível aprender as nuanças da palhetada.

A parte de Técnica é introduzida de forma gradual e conjugada aos demais elementos musicais, o que assegura ao estudante um aprimoramento coeso. Desta forma, evita-se desníveis entre técnica e conhecimento de música.

Com certeza, seguindo com determinação os ensinamentos deste método, os guitarristas poderão entrar no maravilhoso mundo da improvisação, composição e interpretação, combinando, como o próprio autor cita, "técnica, inteligência e emoção".

Parabéns ao Kay pelo brilhante trabalho e a Irmãos Vitale Editores por possibilitar que novos guitarristas possam estudar por este, que é, verdadeiramente, o primeiro método completo de guitarra.

Victor Biglione

O Autor

Gaetano Galifi nasceu na Itália, em 1949. Cedo imigrou com sua família para a Argentina, onde residiu até os vinte anos.

Autodidata, começou a tocar violão em conjuntos folclóricos até que, com o aparecimento do rock, trocou o violão pela guitarra e passou a tocar em grupos dessa modalidade.

Em Buenos Aires, acompanhou diversos cantores até formar o famoso grupo "Los Gatos", com o qual gravou vários discos, excursionando por toda a Argentina e pelo exterior. A partir de então, adotou o nome artístico "Kay".

Em 1968, o grupo foi convidado para representar a Argentina no Festival Internacional da Canção, no Rio de Janeiro. Após uma temporada nos Estados Unidos, Kay voltou para o Rio, onde reside.

No Brasil, participou de vários grupos, foi músico de estúdio e tocou em musicais. Paralelamente, ampliava seus conhecimentos estudando no Conservatório Brasileiro de Música e por intermédio de aulas particulares.

Em 1970, começou a lecionar particularmente e, em seguida, na Escola de Música Pró-Arte, onde formou vários guitarristas, destacando-se, entre eles, Victor Biglione, Celso Blues Boy, Roberto Frejat, Alexandre Valadão e Gustavo Fitipaldi.

Este método é, portanto, resultado de uma vasta e sólida experiência de vinte anos dedicados ao ensino.

Introdução

Este é um método completo já que aborda tanto o aspecto técnico quanto o musical da guitarra. Aqui estão contidos exercícios, harmonia, ritmo, improvisação e todas as indicações técnicas necessárias a uma boa execução do instrumento.

Embora simples, os exercícios técnicos são muito eficientes e incluem, como complemento, técnicas de palhetada e fortalecimento dos dedos.

Tanto na harmonia quanto no solo são apresentados, gradativamente, inúmeros exemplos musicais, em forma de sequências harmônicas e frases melódicas as quais proporcionam uma base significativa de vocabulário musical. Desta maneira, preenche-se satisfatoriamente a necessidade musical do aluno, em contrapartida ao aprendizado árido de apenas acordes e escalas.

Os acordes e sequências abrangem praticamente todos os estilos musicais, desde o blues simples ao jazz mais elaborado, passando pelo rock, onde são introduzidos, inclusive, acordes incomuns, de sonoridades especiais.

As escalas e frases apresentadas no nível 1 e 2 são semelhantes às utilizadas no rock; e nos níveis 3 e 4, os elementos jazísticos são idênticos aos da bossa nova (apenas com modificação no ritmo).

Gaetano Galifi

NÍVEL 1

NOÇÕES BÁSICAS

Primeiramente, é necessário estabelecer a melhor metodologia de estudo e conhecer os princípios básicos da constituição da guitarra, os principais símbolos adotados para a escrita musical, assim como os efeitos mais utilizados na interpretação.

A assimilação desses conceitos facilitará o estudo do instrumento.

Plano de estudo

É muito importante estudar de maneira organizada, dosando equilibradamente o tempo para cada matéria.

Se a parte técnica for estudada em demasia, o músico fica muito "mecanizado" e coloca em risco a musicalidade. Porém, se não for feito um estudo substancial de exercícios técnicos, não se obtém a força e a agilidade necessárias nos dedos, para que se alcance uma execução correta da música.

As instruções a seguir constituem apenas a base de um estudo organizado. Cada aluno deverá fazer seu próprio esquema, considerando sua disponibilidade de tempo e seu gosto musical.

De uma maneira geral e da forma como é apresentado neste livro, o estudo da guitarra divide-se em três partes:

Exercícios técnicos

Harmonia

Improvisação

Vinte minutos diários dedicados a cada matéria (perfazendo o total de uma hora) é o suficiente para o músico de nível amador. Porém, aqueles que pretendem profissionalizar-se, deverão dedicar ao estudo pelo menos três horas por dia, sendo uma hora para cada matéria.

É fundamental que, paralelamente ao estudo deste método, o aluno consulte livros complementares de teoria musical, a fim de elucidar qualquer dúvida a respeito de assuntos teóricos preliminares como formação das escalas, compassos, ritmos, etc.

Interpretação

É necessário compreender que a música, assim como o ser humano, possui três características fundamentais: a física, que refere-se à "limpeza", ou seja, à boa sonoridade e à fluência livre na execução, de forma que todas as notas sejam audíveis e uniformes, evitando atropelos ou estancamentos; a intelectual, que diz respeito às idéias de fraseado, modificação do andamento, variação da intensidade e acentuação, isto é, o que dá colorido à música e, por último, a emocional, que é a capacidade de transformar notas em sentimentos e emoções.

Sem o caráter emocional, a execução poderá ser correta, tecnicamente virtuosa e até interessante do ponto de vista intelectual, porém, não terá vida e, consequentemente, não tocará a alma dos ouvintes.

A guitarra

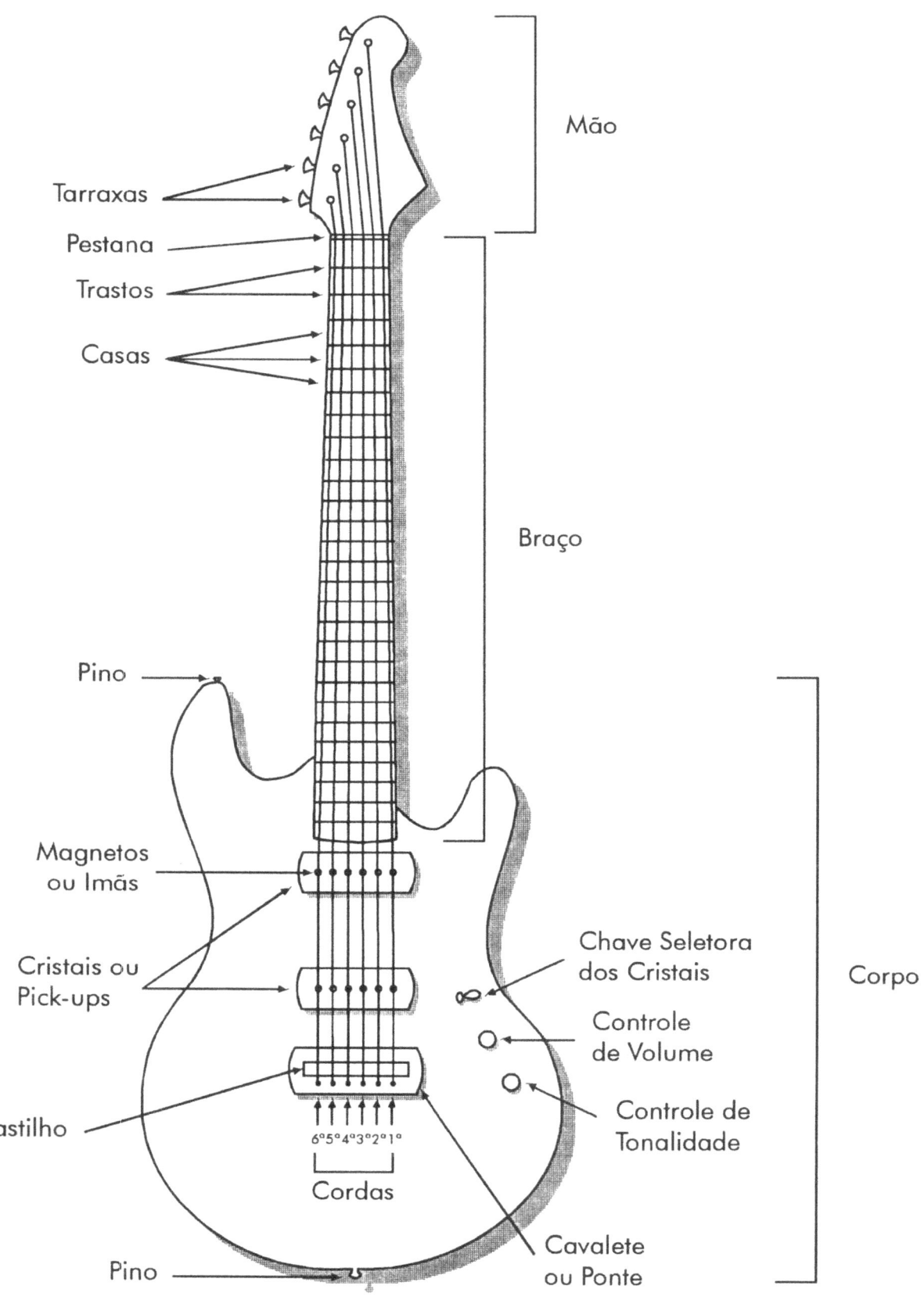

As cordas mais agudas (1ª, 2ª e 3ª) são denominadas de primas e as mais graves (4ª, 5ª e 6ª) de bordões.

Posições

Sentado - Senta-se em uma cadeira sem braços ou em um banco. A curvatura inferior da guitarra deve estar apoiada na coxa direita e o antebraço direito na parte superior do corpo da guitarra, ficando a mão direita na altura das cordas.

O antebraço deve apenas descansar na guitarra e nunca "grudar", pois, assim, a energia que deve dirigir-se para a ponta dos dedos é bloqueada na articulação do cotovelo.

O pulso deve ficar um pouco afastado da guitarra, ao invés de apoiado (que facilita a execução de solos simples, mas dificulta e até impossibilita tocar solos mais elaborados).

Em pé - Para tocar em pé, é necessário utilizar uma correia, que é vendida em qualquer loja de instrumentos musicais, e é presa nos pinos da guitarra.

A altura da guitarra fica a critério do executante. Em geral, os guitarristas de jazz tocam, sentados ou em pé, com a guitarra alta, já que esta posição facilita a execução de músicas mais complicadas. Já os guitarristas de rock preferem, na posição em pé, a guitarra mais baixa, de forma a utilizar mais o peso do braço e, assim, obter um som mais agressivo, além do que esta posição proporciona soltura necessária à performance no palco.

Mão direita

Na execução da guitarra, esta é a mão encarregada de articular o som, ou seja, é a que toca as cordas, provocando vibração.

As cordas são tocadas por intermédio de uma palheta, feita de material flexível e geralmente no formato de uma gota (ou triangular), que pode ser adquirida nas lojas de instrumentos.

A forma correta de segurar a palheta é entre os dedos polegar e indicador, deixando para fora apenas a ponta que tangerá as cordas.

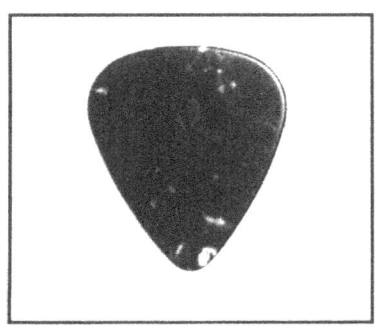
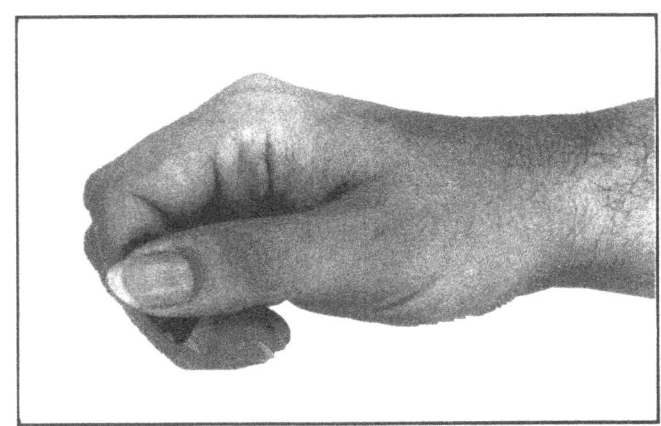

Como mostra a figura, a palheta descansa entre a última falange dos dedos polegar e indicador. O polegar deve ficar esticado, enquanto que o indicador mantém-se curvado.

O dedo polegar posiciona-se paralelamente às cordas, enquanto que a palheta percute-as no sentido perpendicular, o que torna o ataque mais firme. O polegar deve também dobrar a última falange, fazendo pressão sobre o indicador, cada vez que toca a corda. Por sua vez, o indicador faz pressão contra o polegar, quando a palhetada é para cima, isto porque na técnica da guitarra, toca-se sempre alternando as palhetadas para baixo e para cima.

Como pode-se observar, é necessário mexer apenas os dedos polegar e indicador, porém, às vezes, deve-se utilizar todo o peso da mão, mexendo o pulso, ou ainda, usar o antebraço sem dobrar o pulso, ou até mesmo o braço todo, articulando o ombro, como fazem os guitarristas de rock. Com a prática do instrumento, o aluno perceberá essas diversas situações.

De uma maneira geral, é conveniente tocar com a mão posicionada entre os cristais da guitarra (quando esta possui dois), ou um pouco à frente do cristal do meio (quando tem três), onde se obtém um som médio. Se desejar um som mais agudo, basta deslocar a mão para trás, em direção ao cavalete. Por outro lado, se quiser um som mais grave, deve-se posicionar a mão mais para a frente, em direção ao braço da guitarra.

Outro recurso que modifica a sonoridade é a articulação, que pode ser de três tipos:

Articulação apoiada - toca-se a corda com a palheta para baixo e, depois, apóia-se a mesma na corda seguinte (inferior). Por exemplo: toca-se a sexta corda e apóia-se na quinta. No movimento contrário, toca-se com a palheta para cima e apóia-se na corda superior. Por exemplo: toca-se na terceira e apóia-se na quarta.

Articulação semi-apoiada - toca-se a corda com a palheta, apoiando-a na corda seguinte e volta-se imediatamente à posição anterior, como se tivesse batido em uma mola.

Articulação solta ou sem apoio - toca-se a corda com a palheta, sem apoiá-la na corda seguinte.

Pode-se, ainda, variar a sonoridade modificando-se o angulo de ataque da palheta, ou seja, incinando-a para frente ou para trás. Apesar de comprometer a velocidade, a palhetada com apoio unidirecional para baixo ou para cima, cria uma sonoridade peculiar, como a desenvolvida pelos antigos guitarristas de blues.

Mão esquerda

Apenas os dedos indicador, médio, anular e mindinho são usados para pressionar as cordas. O polegar atua por trás do braço da guitarra, fazendo resistência contra os dedos que atuam nas cordas.

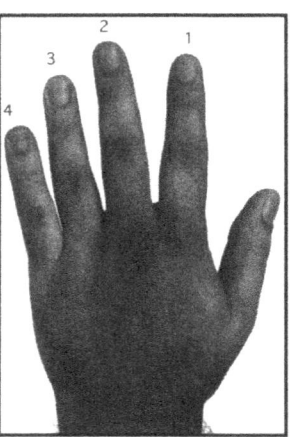

Mão esquerda vista pela frente

1 - dedo indicador
2 - dedo médio
3 - dedo anular
4 - dedo mindinho

Vista por trás

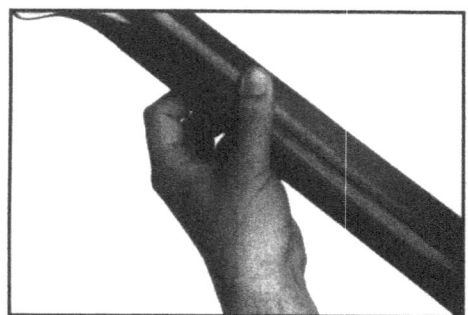

Vista por cima

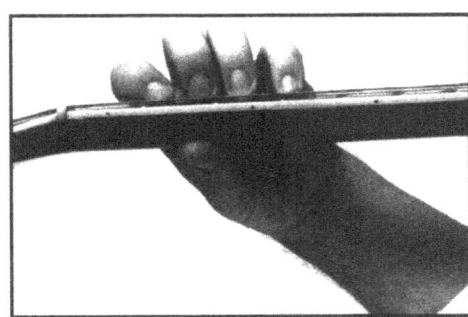

A ponta do polegar apóia-se na parte média do braço da guitarra, podendo subir ou mesmo se deslocar por cima do braço, apertando a sexta corda. Por outro lado, pode também descer, quando a mão esquerda se posiciona na região super-aguda. Diferentes formas de posicionamento são apresentadas a seguir.

Posição por casas - é um tipo de posicionamento em que cada dedo é colocado na casa correspondente, ou seja, o dedo um, na primeira casa; o dedo dois na segunda casa; o três na terceira e o quarto na quarta casa.

Teoricamente, cada dedo tocaria, então, a nota correspondente à casa onde se encontrasse, mas, na prática, costuma-se evitar a repetição e os saltos dos dedos, exceto quando estritamente inevitável. Assim, se o dedo três tocar a nota sol na sexta corda, casa três, será tecnicamente mais correto executar a nota dó da quinta corda, na terceira casa, com o quarto dedo, ao invés de pular e repetir a execução com o dedo três. Isto não vem a ser uma regra fixa e depende de vários fatores que o aluno aprenderá a discernir com a prática.

O dedo indicador é o que determina a posição da mão. Portanto, se estiver na casa um, a mão deverá estar na primeira posição; se estiver na casa dois, indica a segunda posição e assim por diante. O dedo um pode recuar uma casa, e o quatro avançar, sem a necessidade de mover a mão de sua posição original.

Posição por acordes - quando o trecho musical é construído sobre um acorde como, por exemplo, o de Dó Maior, deve-se colocar os dedos nesta posição, ou seja, o dedo três na quinta corda, na terceira casa; o dedo dois na quarta corda, segunda casa; e o dedo um na segunda corda, primeira casa. Logo, conclui-se que o único dedo solto é o quarto, e será ele que tocará as notas na terceira casa como, por exemplo, o fá na quarta corda ou o ré na segunda.

Pestana - às vezes, é necessário apertar mais de uma corda com um único dedo. Para tal, posiciona-se o dedo esticado e pressiona-se várias cordas simultaneamente.

Usualmente, a pestana é feita com o dedo indicador, mas pode ser feita também com os outros dedos. Na figura seguinte, o dedo três aperta a quinta corda, o quatro a quarta, o dois a terceira, e o indicador (fazendo a pestana) aperta simultaneamente as primeira e sexta cordas.

Pode-se ainda fazer meia pestana, onde o dedo posiciona-se e pressiona apenas as primeiras cordas.

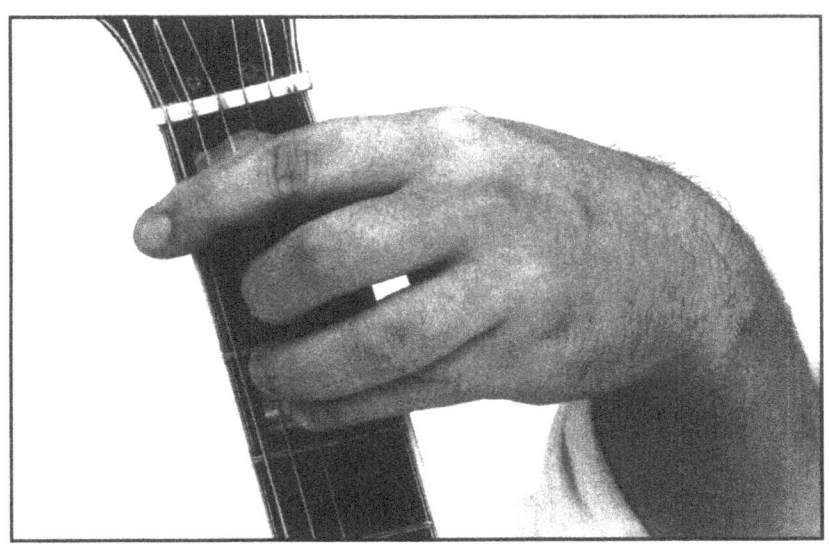

As notas na guitarra e na pauta

As notas correspondentes às cordas soltas da guitarra são:

Saber o nome das notas correspondentes às cordas soltas é importante para se achar as outras notas, bastando apenas seguir a ordem da escala, com seus intervalos:

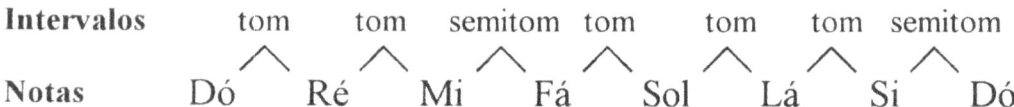

Por exemplo, na sexta corda (mi), a primeira casa é a nota fá; na segunda, fá#; na terceira, sol, e assim por diante. Na quinta corda (lá), a primeira casa é a nota lá#; a segunda, si, a terceira, dó, etc.

Este cálculo pode ser aplicado nas demais cordas. Lembre-se que entre as notas separadas por tom existem as notas cromáticas (dó# é igual a ré♭; ré# é igual a mi♭, etc.).

Equíssonos

São os sons equivalentes que se encontram em diferentes cordas, como, por exemplo:

Nota Mi da primeira corda solta e Mi da segunda corda na quinta casa.

Nota Lá da terceira corda na segunda casa e Lá da quarta corda na sétima casa.

É importante lembrar que, na guitarra, um tom da escala corresponde a duas casas e um semitom a uma casa. Doze casas fazem uma oitava. Assim, a nota mi da primeira corda solta, por exemplo, pode ser obtida também na mesma corda na décima segunda casa, sendo que esta última soará uma oitava acima.

Escrita para guitarra

Na escrita para guitarra, além da nota, indica-se o dedo da mão esquerda que aperta a corda e em que corda deve ser tocada, como a seguir:

A nota dó deve ser tocada na quinta corda, com o dedo três da mão esquerda.

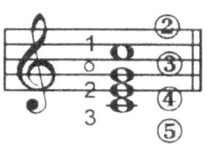

Os sons executados simultaneamente (acordes) são escritos no sentido vertical, um em cima do outro. O símbolo ○ (zero) indica corda solta.

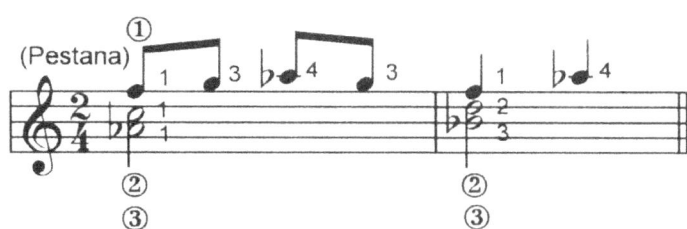

Para facilitar a leitura, quando uma linha melódica se movimenta enquanto as notas do acompanhamento são sustentadas, escreve-se a melodia com as hastes para cima e o acompanhamento para baixo.

Afinação

É o ajustamento da altura da nota em termos de frequência. Como foi visto, cada corda da guitarra corresponde a uma determinada nota. Mesmo que um instrumento seja de boa qualidade, não produzirá um som agradável se não estiver corretamente afinado. A afinação é, também, extremamente importante para a educação do ouvido do músico.

Para que o instrumento seja afinado de ouvido (sem ajuda de afinadores eletrônicos), deve-se seguir os seguintes passos, de acordo com os dois tipos de afinação:

Afinação por equíssonos

1. Adquira um diapasão (pequeno apito que emite a nota lá, cuja frequência é 440 Hz, com o som correspondente ao da quinta corda solta da guitarra).
2. Toque a quinta corda com a palheta enquanto aperta ou afrouxa a tarraxa correspondente, com a mão esquerda, até que o som desta corda coincida com o som do diapasão.
3. Aperte a quinta corda com um dedo da mão esquerda na quinta casa. Toque esta nota e, em seguida, a quarta corda solta. Mexa na tarraxa correspondente a esta última corda até que os dois sons das cordas coincidam.
4. Repita este procedimento com as demais cordas. A única exceção é a terceira corda, que deve ser apertada na quarta casa.
5. Afine a sexta corda por último, apertando-a na quinta casa e mexendo na tarraxa até seu som coincidir com o da quinta corda solta.

Afinação por oitavas

1. Afine a quinta corda com a ajuda do diapasão.
2. Toque a nota lá na sétima casa da quarta corda e mexa na tarraxa até que os sons coincidam. Repare que o lá da quarta corda é uma oitava acima do lá da quinta corda.
3. Afine as outras cordas da mesma maneira. A única exceção é a segunda corda, que deve ser apertada na oitava casa.
4. Afine, por último, a sexta corda. Seu som deve coincidir com o som da quinta corda apertada na sétima casa, com diferença de uma oitava.

Existem, ainda, vários outros procedimentos para afinar a guitarra, que o aluno aprenderá naturalmente, ao educar e apurar o ouvido. Sempre que possível, peça ao professor para revisar a afinação do instrumento.

Efeitos

São artifícios de interpretação que contribuem para embelezar, variar e enaltecer a execução. Os mais importantes para guitarra são:

Ligado - toca-se, por exemplo, a nota dó com o dedo 1 na segunda corda, na casa 1, e depois a nota ré, com o dedo 3 na terceira casa, sem ajuda da mão direita, ou seja, batendo com o dedo da mão esquerda como se fosse um martelinho. Por conseguinte, apenas a primeira nota é tocada com a palheta e a segunda é resultado da execução da mão esquerda.

Para executar o ligado descendente, seguindo o mesmo exemplo, toca-se primeiramente o ré com a palheta e, em seguida retira-se o dedo 3 da mão esquerda, puxando da corda para baixo e para fora com o dedo 1. É necessário enganchar bem a corda com o dedo da mão esquerda para que o ligado saia forte e claro. O sinal do ligado é uma linha curva, acima ou abaixo das notas, e pode ser aplicado em mais de duas notas, como nos exemplos a seguir:

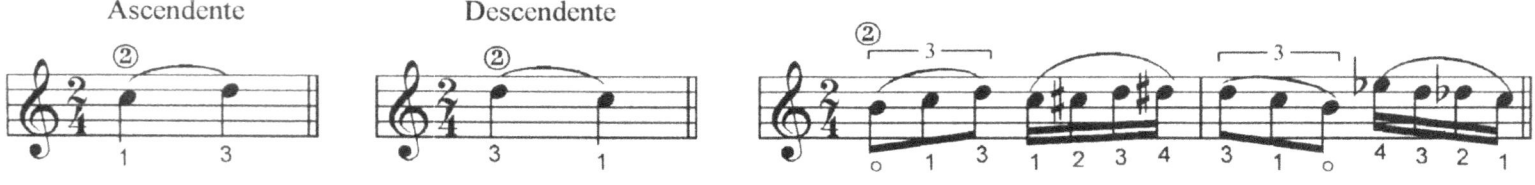

Mão esquerda sola - significa que os sons devem ser produzidos apenas com a mão esquerda, sem uso da palheta, o que vem a ser uma sequência de notas ligadas. Exemplo:

A primeira nota é produzida enganchando-se a corda com a ponta do dedo 1 e depois puxando-a. As demais notas seguem a técnica do ligado, batendo-se ou puxando-se, conforme o caso.

Mão esquerda sola

Portamento - este efeito, também chamado de glissando, arraste ou porta-voz, pode ser executado de duas maneiras:

1.  Toca-se com a palheta o ré da segunda corda presa com o dedo 2 e, em seguida, escorrega-se este dedo, comprimindo a corda em toda a sua extensão, até chegar ao sol da mesma corda. Desta maneira, soam todas as notas entre o ré e o sol. Na escrita desta modalidade, pode-se dispensar o ligado e anotar apenas o traço ou ainda indicá-lo com uma linha ondulada (～～).

2.  Portamento com antecipação - o mesmo que o anterior, com a diferença que quando o dedo alcança a segunda nota, esta também é tocada com a palheta.

Bend - esta palavra inglesa, que significa esticar, designa o efeito utilizado pelos guitarristas de blues. Consiste em modificar a altura (afinação) da nota, deslocando a corda para cima ou para baixo e esticando-a até alcançar o som de uma outra nota. Para se obter o *bend* descendente, primeiramente desloca-se a corda e, em seguida, toca-se com a palheta na mesma. Para finalizar, volta-se a corda para a posição normal.

Para se obter firmeza neste efeito, desloca-se a corda com a ajuda dos dedos que não estiverem sendo usados, ou seja, se estiver tocando com o dedo 3, os demais (1 e 2) colaboram com o deslocamento da corda. Todos os dedos devem estar juntos o máximo possível.

A notação do *bend* é feita por intermédio de uma pequena ligadura, posicionada entre as notas com a letra B em cima. Exemplos:

Ascendente

Descendente

Vibrato - após tocar uma nota, move-se a corda com o dedo da mão esquerda várias vezes, leve porém rapidamente, para cima e para baixo (ou vice-versa). Assim como no *bend*, os dedos não utilizados também colaboram. Obtém-se um vibrato mais pungente quando se retira o polegar do braço da guitarra; neste caso, além dos dedos (que devem ficar bem firmes) utiliza-se a mão e o antebraço.

É anotado na pauta com o sinal V, em cima da nota, porém, na realidade, este efeito raramente é especificado na escrita, ficando sua execução a critério do músico. Exemplo:

Staccato - palavra italiana que significa destacado, separado, e indica que os sons devem ser interrompidos. Para tal, depois de tocar uma nota, retira-se imediatamente o dedo da mão esquerda da corda. Pode ser feito também encostando a palheta na corda.

É anotado na pauta com um ponto acima da nota. Exemplo:

Arpejo - é uma linha ondulada, aplicada na frente de um acorde, indicando que suas notas devem ser tocadas uma após a outra, ou seja, arpejada. A duração das notas fica a critério do executante, podendo variar entre rápida e lenta. A intensidade das notas também é um fator importante no arpejo: a nota mais grave pode ser forte e gradualmente diminui-se a intensidade ao executar as mais agudas, ou vice-versa. Exemplos:

Apogiatura - é um ornamento ou enfeite, que serve para embelezar a melodia. Consiste em se anteceder a execução de uma nota com uma nota preparatória, como se fosse um ligado. Primeiramente, toca-se a nota da apogiatura e, em seguida, percute-se (se for ascendente) ou puxa-se da corda (descendente) para obter, em seguida, o som da nota principal. Dependendo do tipo de fraseado, pode-se tocar a apogiatura antecipadamente em relação ao tempo da nota real. É escrita com uma pequena nota com haste cortada, antes da nota principal, e ligada por uma linha curva. Exemplos:

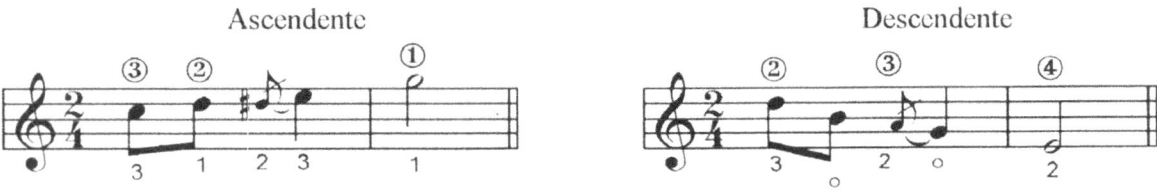

Quando a nota principal vier acompanhada por uma outra nota mais grave ou mais aguda, toca-se primeiramente a apogiatura e a nota do acompanhamento e, imediatamente, liga-se à nota principal. Exemplos:

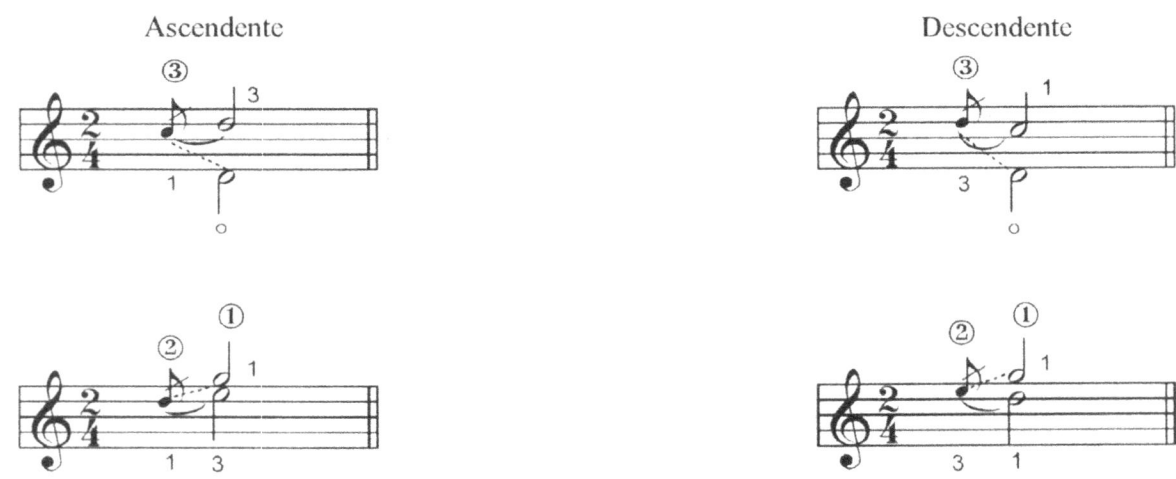

A apogiatura pode ainda ser formada por duas ou mais notas. Em todos os casos deve ser executada rapidamente, dando-se a maior duração para a nota principal. Exemplo:

Se a apogiatura for executada em diferentes cordas, o efeito ligado é dado pela palheta, que deve escorregar rapidamente pelas cordas, na mesma direção:

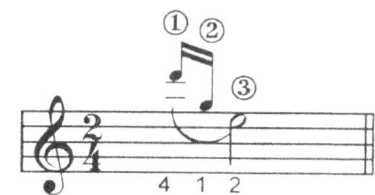

Obtém-se um efeito diferente quando se retira os dois dedos que formam a apogiatura, imediatamente após tocá-la, e deixa-se soar apenas a nota principal; ou quando mantém-se os três dedos, misturando-se, assim, os sons e produzindo um acorde.

Trinado - é produzido ligando-se duas notas, rápida e alternadamente, várias vezes. Somente a primeira nota é tocada com a palheta. As demais são todas ligadas. É escrito na pauta com a nota principal seguida de uma nota menor, com a haste cortada, tendo ainda uma pequena ligadura e o símbolo "tr" em cima da ligadura. Exemplos:

Harmônico - é um som mais agudo do que os executados usualmente. Na guitarra, pode-se extrair dois tipos de harmônico:

Natural - coloca-se o dedo da mão esquerda em cima do traste, como, por exemplo, do décimo segundo, e encosta-se levemente na corda (sem pressioná-la). Em seguida, toca-se com a palheta e imediatamente retira-se o dedo da mão esquerda. Assim se produz um som uma oitava acima em relação à origem (corda solta). Na sétima casa, se obtém um intervalo de 5ª justa e, na quinta, uma oitava dupla. Estes três harmônicos são os que soam mais "claros". O aluno deverá pesquisar outros que lhe agradem.

Artificial - é mais difícil de executar e requer uma maneira especial de segurar a palheta, colocando-a entre os dedos, de forma que apareça no máximo um milímetro. Toca-se a corda e imediatamente bate-se nela com a borda do polegar que produzirá o harmônico.

Trêmulo - consiste em tocar uma melodia repetindo cada nota várias vezes, rapidamente, produzindo assim a ilusão de som contínuo. Exemplo:

Pode-se ainda usar este efeito ao executar intervalos de terça, oitava, ou mesmo acordes.

Pizzicato - palavra italiana que se refere a um recurso muito utilizado nos instrumentos de corda (violino, viola, etc.) quando, ao invés de utilizar o arco, o instrumentista toca com os dedos. Em se tratando da guitarra, este efeito é chamado de "sons abafados" e é obtido abafando as cordas com a parte da mão onde se encontra o dedo mindinho, na região próxima do cavalete, enquanto toca-se nas cordas com a palheta normalmente.

Percussão - vários efeitos percussivos podem ser feitos na guitarra:

1. Posicione o dedo 4 da mão esquerda na nota mi da primeira corda, na décima segunda casa. A seguir, erga a mão até a altura do peito e deixe-a cair sobre a corda, escorregando com a palheta sem fazer força (só com o peso da mão), ao mesmo tempo em que faz o vibrato com a mão esquerda.

2. Toque em cima de um dos cristais e, ao mesmo tempo em que toca normalmente nas cordas, bata no cristal com a ponta da palheta. Para cada nota, deve-se dar uma batida e a palhetada deve ser unidirecional e forte, enquanto empurra-se a corda contra o cristal.

3. Posicione o dedo 3 da mão esquerda na terceira corda, na décima casa (nota fá), e encoste o dedo 1, fazendo pestana sem apertar, na quarta, quinta e sexta cordas. Toque com a palheta escorregando nas quatro cordas, fazendo soar apenas o fá naturalmente. As outras notas devem ser abafadas e simultaneamente deve ser feito um vibrato bem intenso na nota natural.

4. Encoste a mão esquerda nas cordas, sem apertar, e faça ritmos com a direita.

5. Arme acordes com a mão esquerda e bata com a palma da mão direita nas cordas.

Além desses efeitos que são extraídos com o uso das mãos, outros, mecânicos ou eletrônicos, são ainda possíveis com o uso da alavanca, do amplificador e de pedais especiais. Lembre-se que os efeitos embelezam a música e devem ser empregados com bom gosto e senso musical.

TÉCNICA

São apresentados, a seguir, exercícios necessários ao aprimoramento técnico e ao domínio do instrumento. Estão escritos com a numeração do dedilhado e a indicação das cordas em que devem ser executados.

Pratique esses exercícios várias vezes até observar que está progredindo. Não se prenda ao número sugerido, pois este indica apenas a quantidade mínima necessária. Os trechos que oferecem maior dificuldade devem ser estudados separadamente.

Escalas maiores

Toque cada escala doze vezes seguidas; seis com apoio e e seis sem apoio. O último compasso (com figura de mínima) deve ser tocado somente no final da sequência, para fechar.

Dó maior

Ré♭ maior

Ré maior - É executada na 2ª posição.

Mi♭ maior

Mi maior

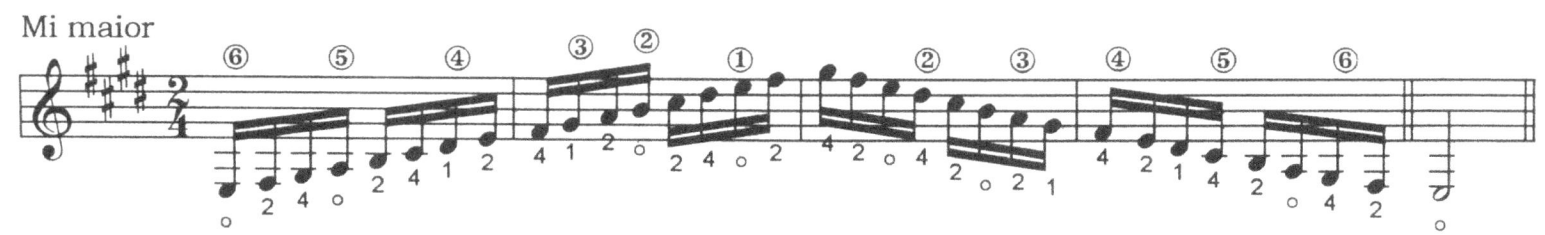

Fá maior – Passa-se à terceira posição, no segundo compasso, e volta-se à primeira, no terceiro compasso. O sinal (*) indica mudança de posição.

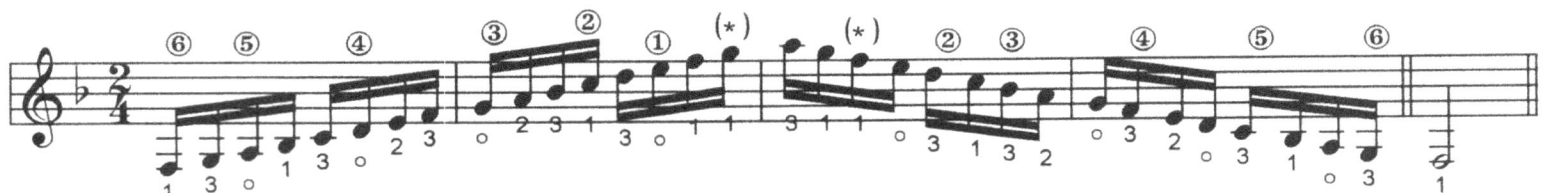

Fá♯ maior – Atenção às mudanças de posição no segundo e terceiro compassos.

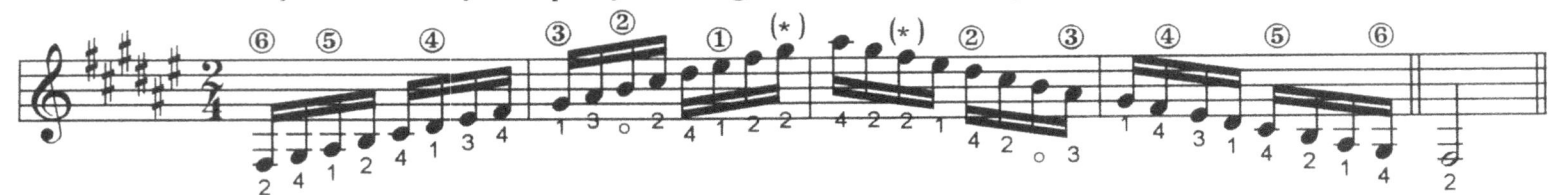

Sol maior

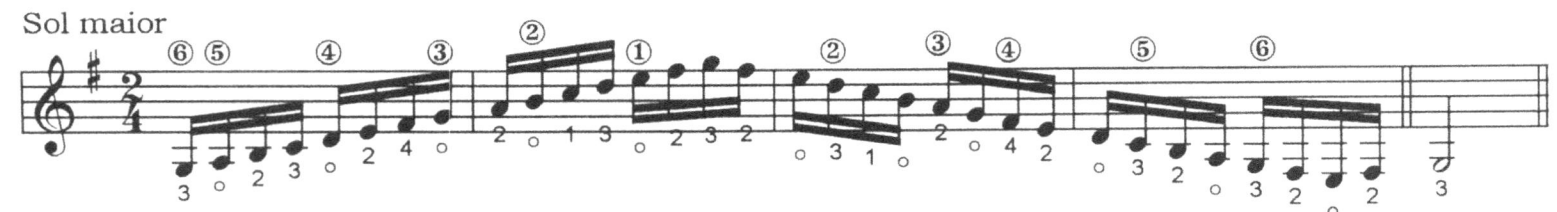

Lá♭ maior

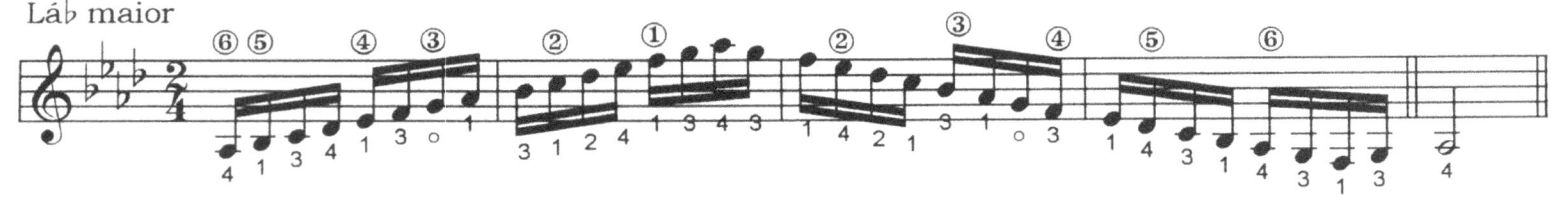

Lá maior – Nas próximas escalas também há mudanças de posição.

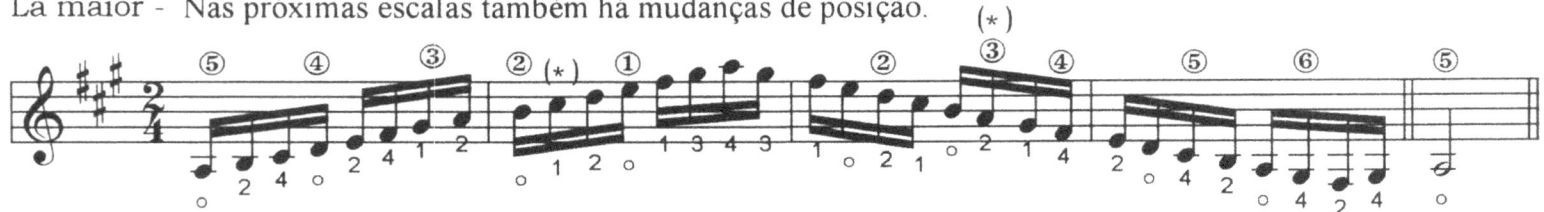

Si♭ maior

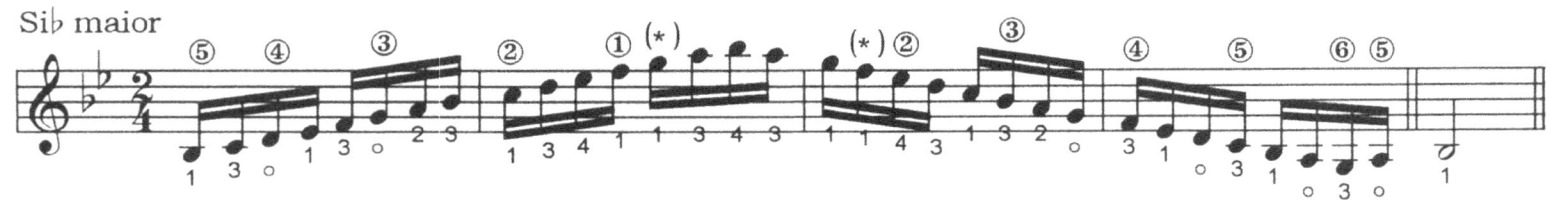

Si maior

Arpejos

Arpejos são acordes executados com notas sucessivas ao invés de simultâneas. Exercite-os, seguindo o modelo do exercício 1, subindo com apoio até a sexta posição e descendo sem apoio até a primeira.

Nota: Para o bom equilíbrio da mão esquerda, é aconselhável substituir, eventualmente, a digitação do acorde de Mi Maior: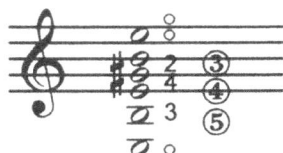

Ligados

Esses exercícios utilizam a técnica de ligado entre duas notas, conforme já foi apresentado. Execute-os, seguindo o modelo do exercício 1, subindo até a sexta posição, com apoio, e descendo sem apoio.

Intervalos

São combinações de duas notas sobre a escala. Nos exercícios a seguir, são apresentados intervalos de terça, sexta, oitava e décima. Todos os exemplos estão em Dó maior.

Execute cada exercício doze vezes seguidas; seis com apoio e seis sem apoio. O último compasso é de finalização.

Intervalo de terça

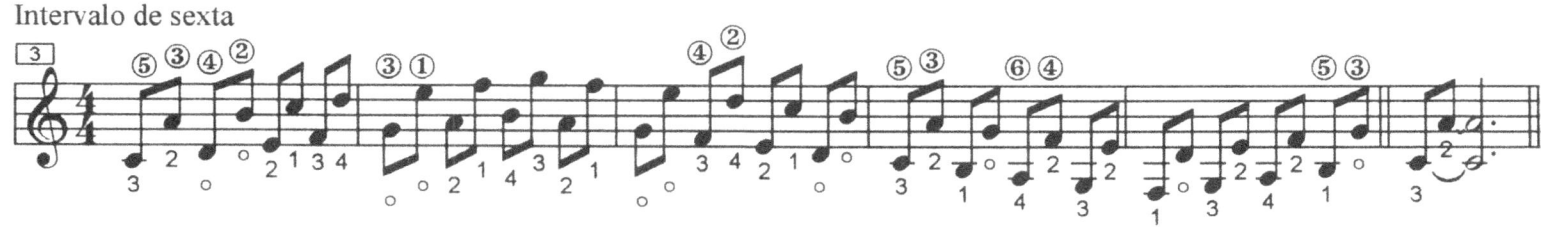

Intervalo de sexta

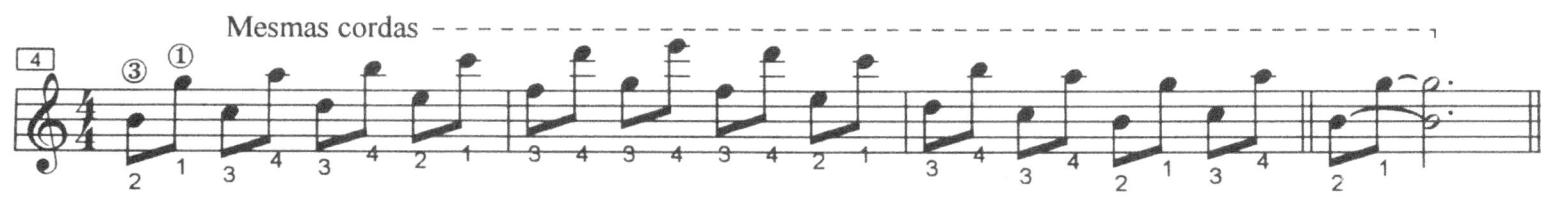

Intervalo de oitava

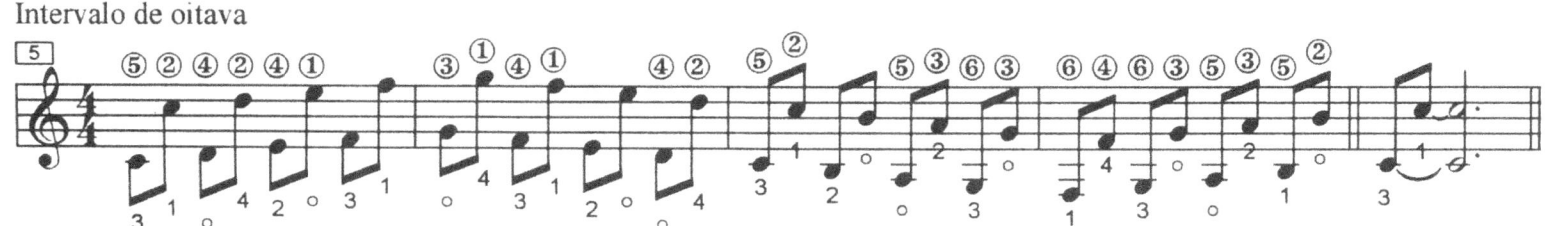

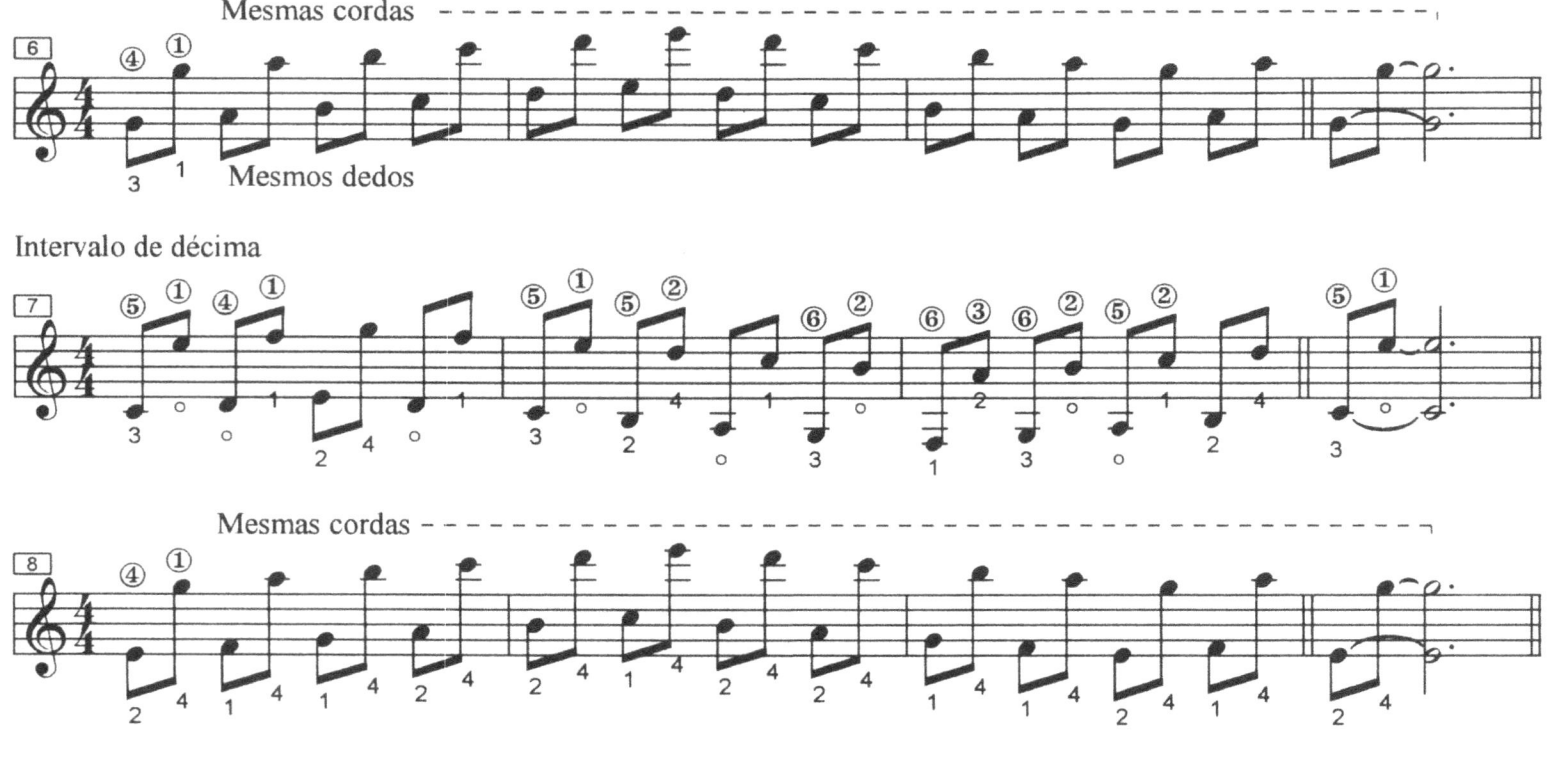

Exercício para a palhetada

Neste exercício, utiliza-se apenas a pressão da palheta nas cordas sem produzir som. Deve-se empurrar cada corda com a palheta para baixo. Em seguida, repete-se todo o exercício, empurrando a corda com a palheta para cima.

Exercícios para abertura e fortalecimento dos dedos da mão esquerda

Depois de tocadas, as sexta, quinta e quarta cordas devem ser empurradas com os dedos da mão esquerda para baixo e as terceira, segunda e primeira cordas, para cima.

Nota: Uma vez bem estudados todos os exercícios técnicos, pode-se passar a praticá-los somente sem apoio.

HARMONIA

É a combinação dos acordes que pertencem ao acompanhamento de um trecho musical. Antes de estudar a harmonia, é necessário aprender conceitos básicos sobre os acordes e suas formações.

Acorde é o conjunto de três ou mais sons diferentes e sua formação é composta por terças superpostas, utilizando-se as notas da escala, como demonstram os seguintes exemplos:

Acordes formados pela escala diatônica maior

Acordes formados pela escala menor harmônica

Acordes formados pela escala dórica

Pode-se fazer sequências utilizando-se os acordes de cada escala, como por exemplo: DóM, FáM, SolM, FáM, DóM da escala diatônica maior. Para variar, utiliza-se acordes de empréstimo vindo de outras escalas. Assim, na sequência anterior, substitui-se o segundo FáM pelo Fám da escala menor harmônica. O exemplo dado fica então da seguinte forma: DóM, FáM, SolM, Fám, DóM. Esta sequência adquire um colorido diferente.

Nota: Após estudar as sequências de minha autoria, o aluno deverá criar variações e até mesmo novas sequências para desenvolver a sua criatividade.

A estrutura dos acordes pode ser modificada através da alteração, acréscimo ou mudança de posição de algumas de suas notas, como nos exemplos a seguir:

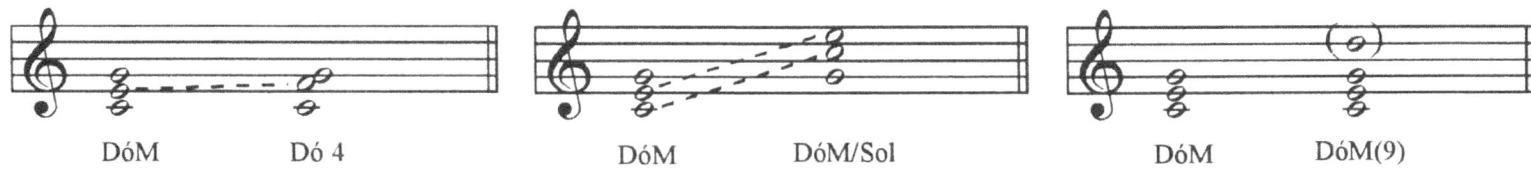

Para fazer sequência simples, os principais acordes são:

    I grau, que serve como ponto de referência aos demais

    V grau ou Dominante

    IV grau ou Subdominante

    VI grau ou Relativo

No tom de Dó, os acordes desta sequência são: DóM, SolM, FáM e Lám.

Exemplos de sequências simples:

1. DóM, SolM, DóM

2. DóM, FáM, SolM, DóM

3. DóM, Lám, FáM, SolM, DóM

Outra maneira de variar as sequências é substituindo um acorde por outro de função semelhante, como, por exemplo, Rém no lugar de FáM.

4. DóM, Lám, Rém, SolM, DóM

Outra substituição possível é de acordes menores por maiores e vice-versa:

5. DóM, LáM, RéM, SolM, DóM

Experimente fazer as mesmas sequências utilizando acordes das outras escalas.

Simbologia adotada em escalas e acordes

Cada nota da escala possui um número de referência denominado grau, como é demonstrado a seguir, com exemplo no tom de dó:

1	2	3	4	5	6	7	8	9	10	11	12	13
Dó	Ré	Mi	Fá	Sol	Lá	Si	Dó	Ré	Mi	Fá	Sol	Lá

Para formar acordes, são utilizados no máximo treze graus. Os oitavo, décimo e décimo segundo são, usualmente, evitados por serem meras repetições das notas do acorde básico, que é composto pelos primeiro, terceiro e quinto graus.

Características dos graus

Dó - 1		
Ré - 2ª maior	Ré♭ - 2ª menor	
Mi - 3ª maior	Mi♭ - 3ª menor	
Fá - 4ª justa		
Sol - 5ª justa	Sol♭ - 5ª diminuta	Sol♯ - 5ª aumentada
Lá - 6ª maior	Lá♭ - 6ª menor	
Si - 7ª maior	Si♭ - 7ª menor	
Dó - 8ª justa		
Ré - 9ª maior	Ré♭ - 9ª menor	Ré♯ - 9ª aumentada
Mi - 10ª maior		
Fá - 11ª justa	Fá♯ - 11ª aumentada	
Sol - 12ª Justa		
Lá - 13ª maior	Lá♭ - 13ª menor	

Cifra

É a representação dos acordes por intermédio de letras e números.

A	B	C	D	E	F	G
Lá	Si	Dó	Ré	Mi	Fá	Sol

Os números e símbolos ao lado de cada cifra indicam notas agregadas ou alteradas. Exemplos:

CM7 ou C7M = Dó com 7ª Maior
A(♭5) ou A 5- = Lá com 5ª diminuta
Bm7(♯5) ou Bm7 5+ = Si menor 7ª com 5ª aumentada

Na linguagem guitarrística, a escrita dos acordes inclui também a figura do braço da guitarra, com quatro ou cinco trastes.

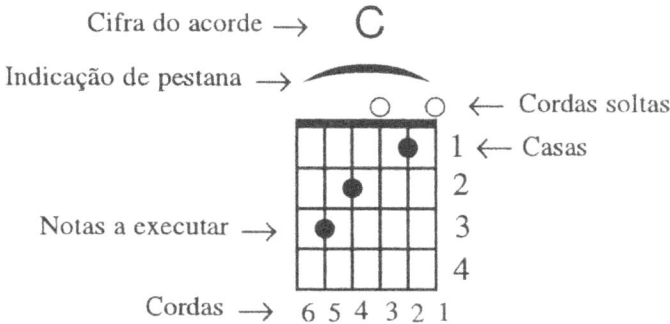

Um pequeno "x" é aplicado na direção de uma corda, indicando que esta não deve soar. Assim, o guitarrista deve abafar o som da corda, encostando o dedo da mão esquerda que se encontra na corda imediatamente acima. Caso não haja nenhuma indicação em uma corda, ela não deve ser tocada. No exemplo a seguir, o dedo 1 encosta e abafa a quinta corda e a primeira corda não deve ser tocada.

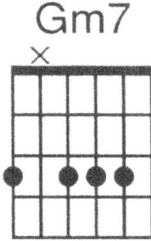

O ritmo a ser interpretado é escrito embaixo da figura do braço da guitarra. O pequeno quadrado e o ponto aplicados acima das figuras rítmicas indicam, respectivamente, que deve-se tocar somente a nota mais grave do acorde, com a palheta para baixo, e o resto do acorde com a palhetada para cima. O sinal "+" indica o acorde completo com a palhetada para baixo, e as letras b e c designam para baixo e para cima, respectivamente.

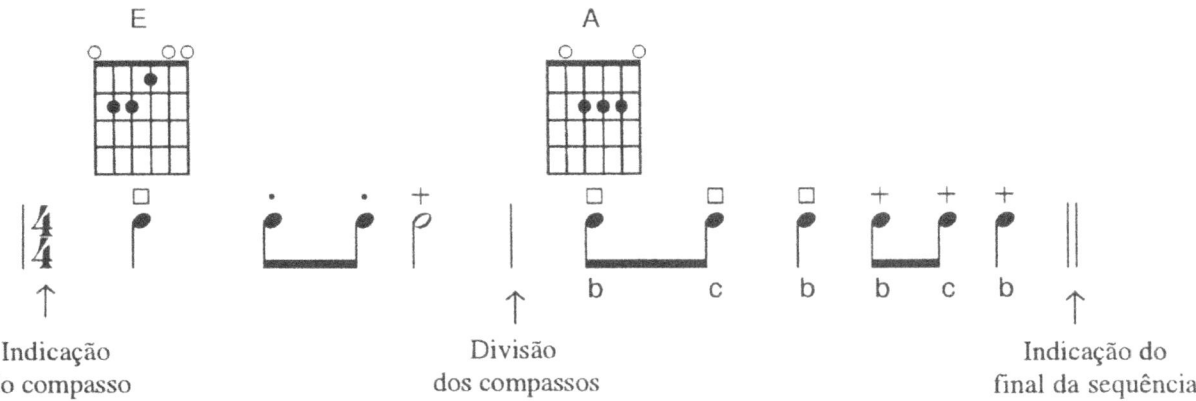

Execução de acorde

Quando se toca o baixo do acorde (sem apoio), deve-se usar apenas a força dos dedos polegar e indicador, mantendo a mão bem firme. Já o resto do acorde deve ser tocado com a mão relaxada, movendo o pulso. Deve-se utilizar somente o peso da mão, sem fazer força. Esta alternância de tensão e relaxamento deve ser exaustivamente exercitada, pois caracteriza a ação do guitarrista atual que tanto sola quanto faz base rítmica. No caso do acorde completo, existem três maneiras de tocá-lo: circular, reta e diagonal.

Circular - à medida que toca-se as cordas com a palheta, afasta-se a mão para trás, movendo, em seguida, a mão para frente, formando um semicírculo.

Quanto mais lenta a execução, mais amplo é o semicírculo. Com a palhetada para cima, o semicírculo é invertido.

A palhetada alternada cria um círculo completo.

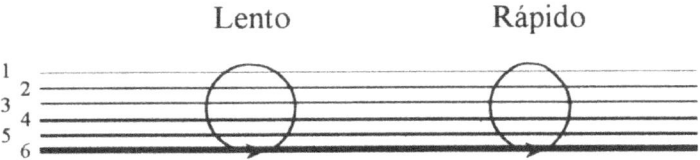

Reta - toca-se em todas as cordas com movimento vertical.

Diagonal - à medida que se toca as cordas, chega-se a mão para trás ou para frente.

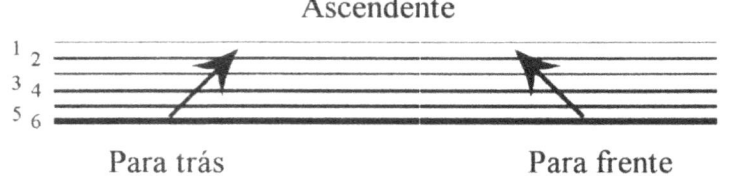
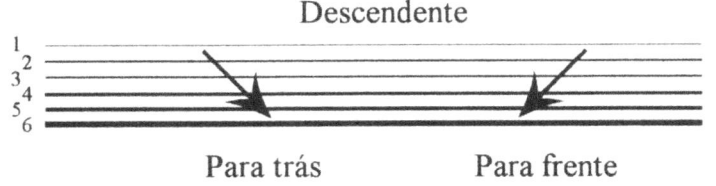

Nota: Em todas as modalidades, deve-se movimentar todo o braço, articulando bem o ombro e, sobretudo, utilizar somente o peso do braço. Os guitarristas de rock devem usar a força somente quando o peso do braço não for suficiente para atingir o som desejado.

Primeiramente, o aluno deverá aprender tudo o que foi explicado até aqui, para depois fazer suas próprias experiências, com o propósito de adquirir um estilo pessoal, desenvolvendo variações ou criando novas modalidades de execução.

Sequências com acordes de três sons

Estes são acordes considerados mais simples e o estudante poderá perceber que várias músicas utilizam apenas acordes desta categoria. As sequências apresentadas a seguir são preparatórias, de forma que servem como base para a execução de diversas músicas.

Acorde perfeito maior

Cifra: só a letra da tônica   Formação: tônica, 3ª M, 5ª J

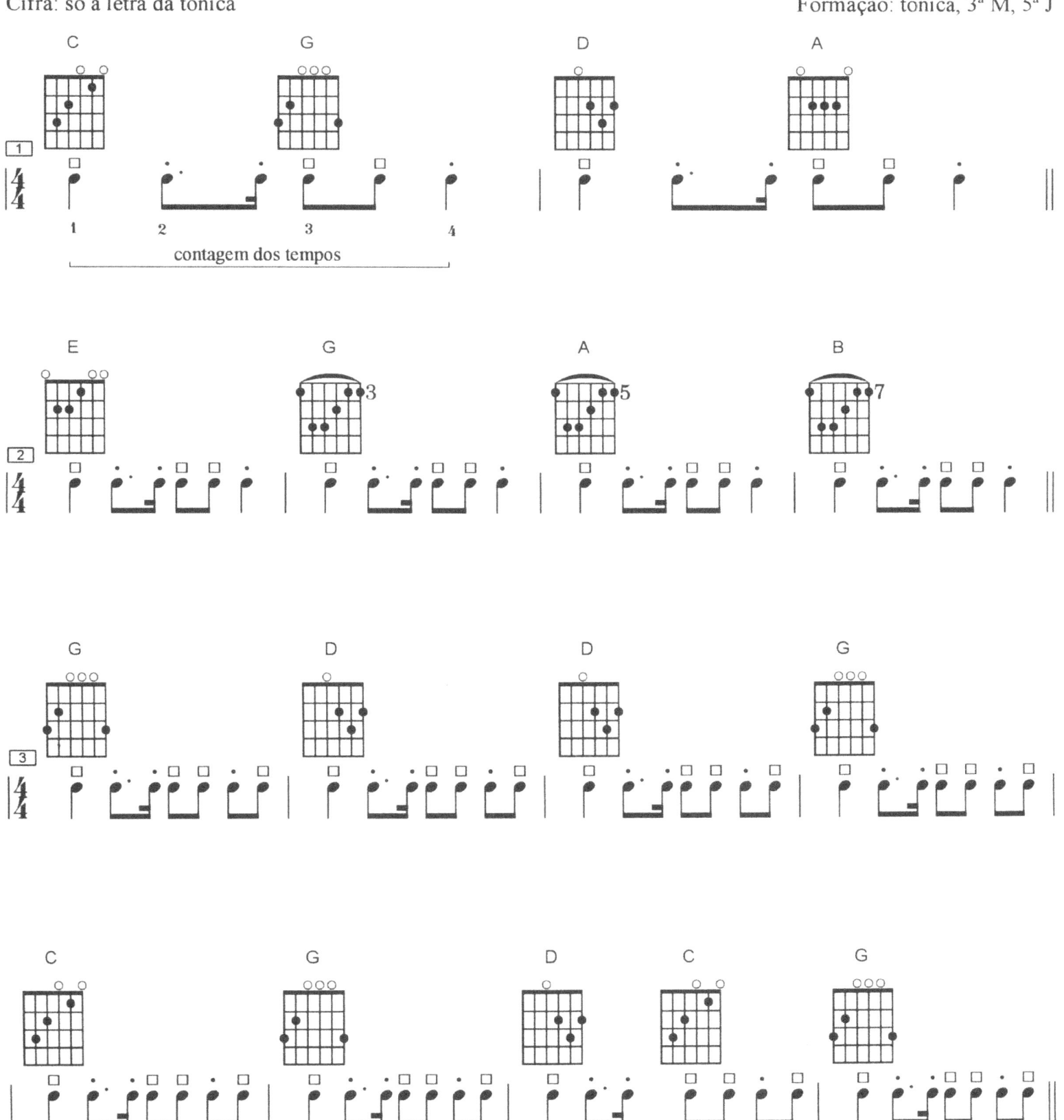

Acorde perfeito menor

Cifra: m   Formação: tônica, 3ª m, 5ª J

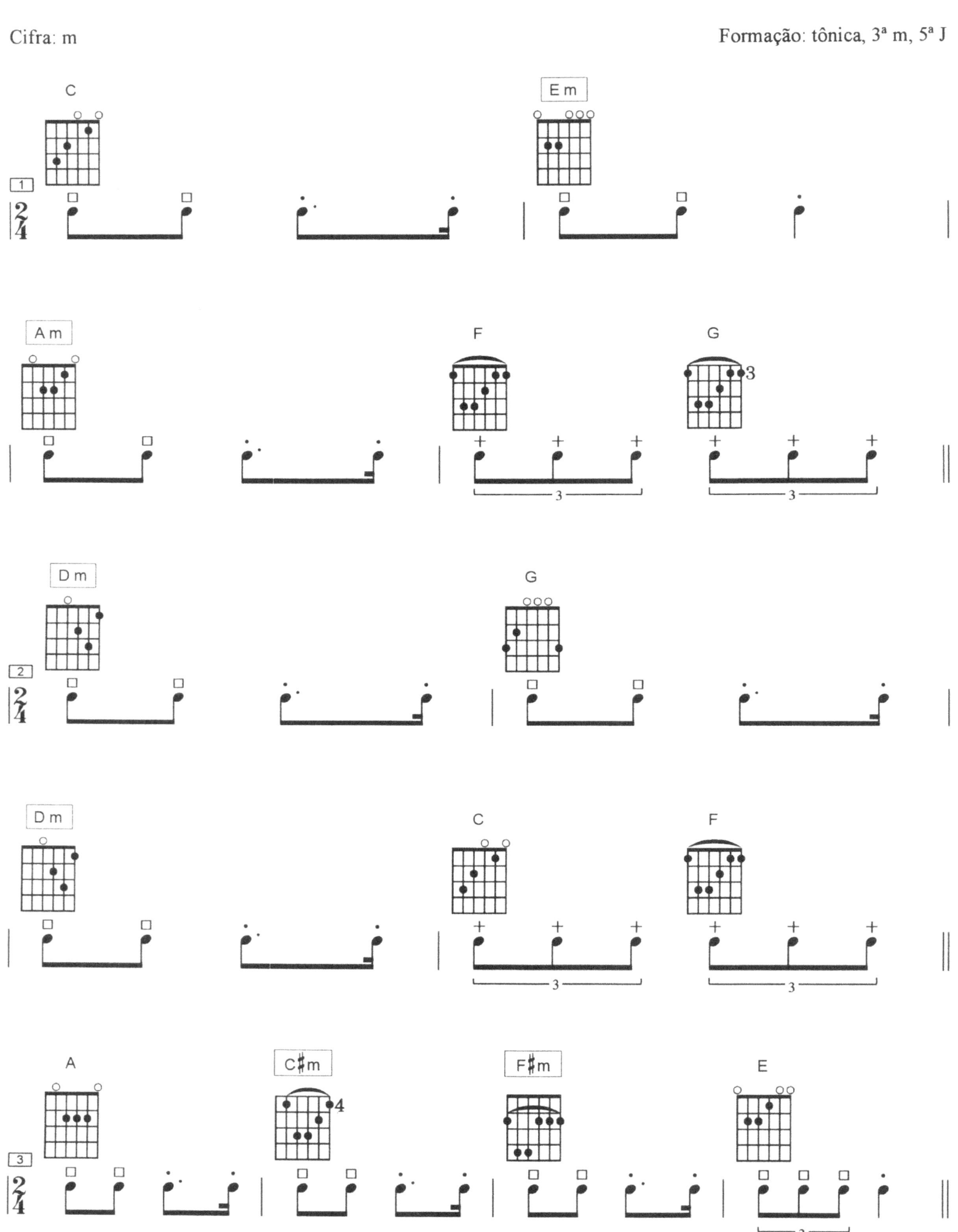

Acorde de 2ª maior

Cifra: 2   Formação: tônica, 2ª M, 5ª J

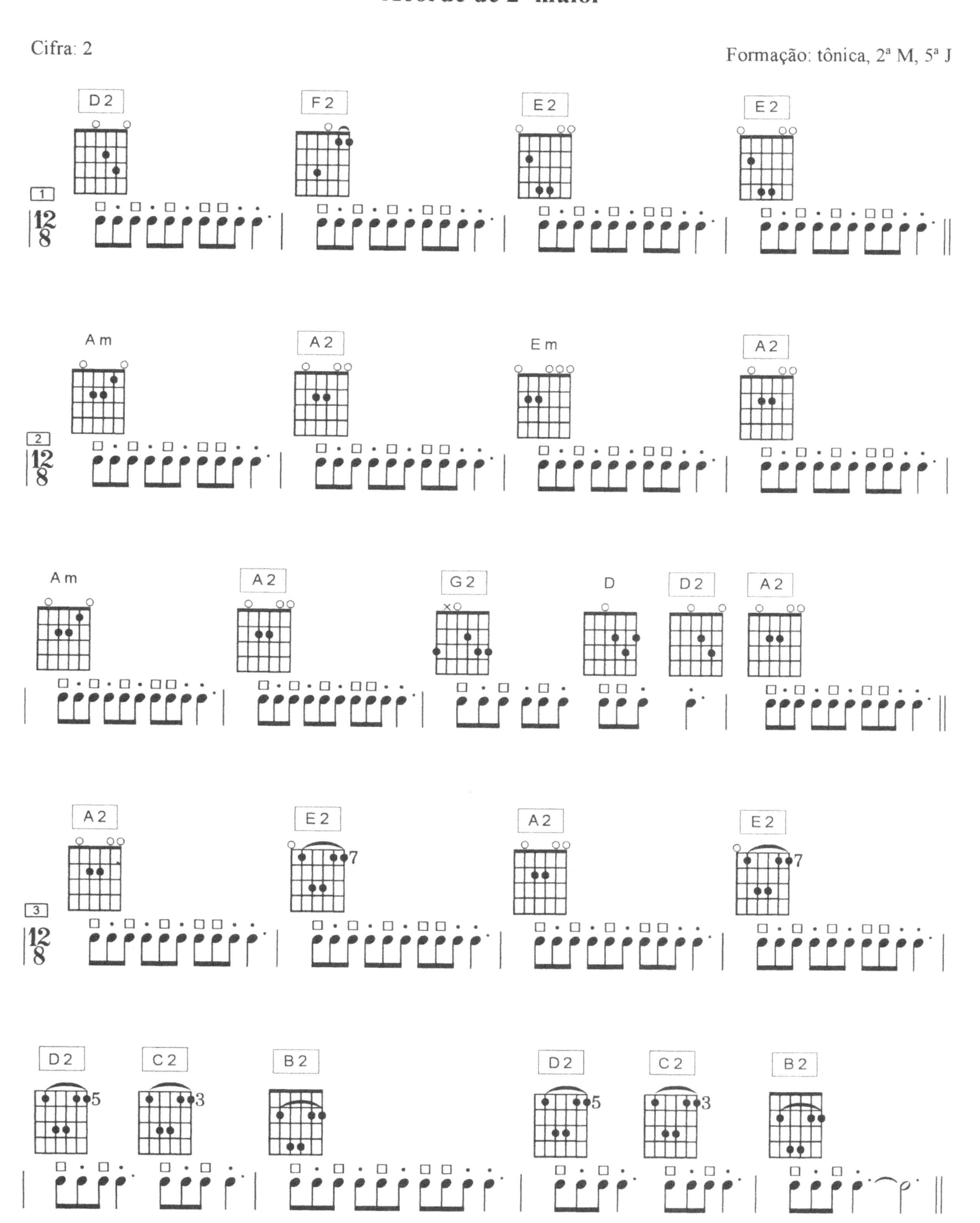

Acorde de 2ª menor

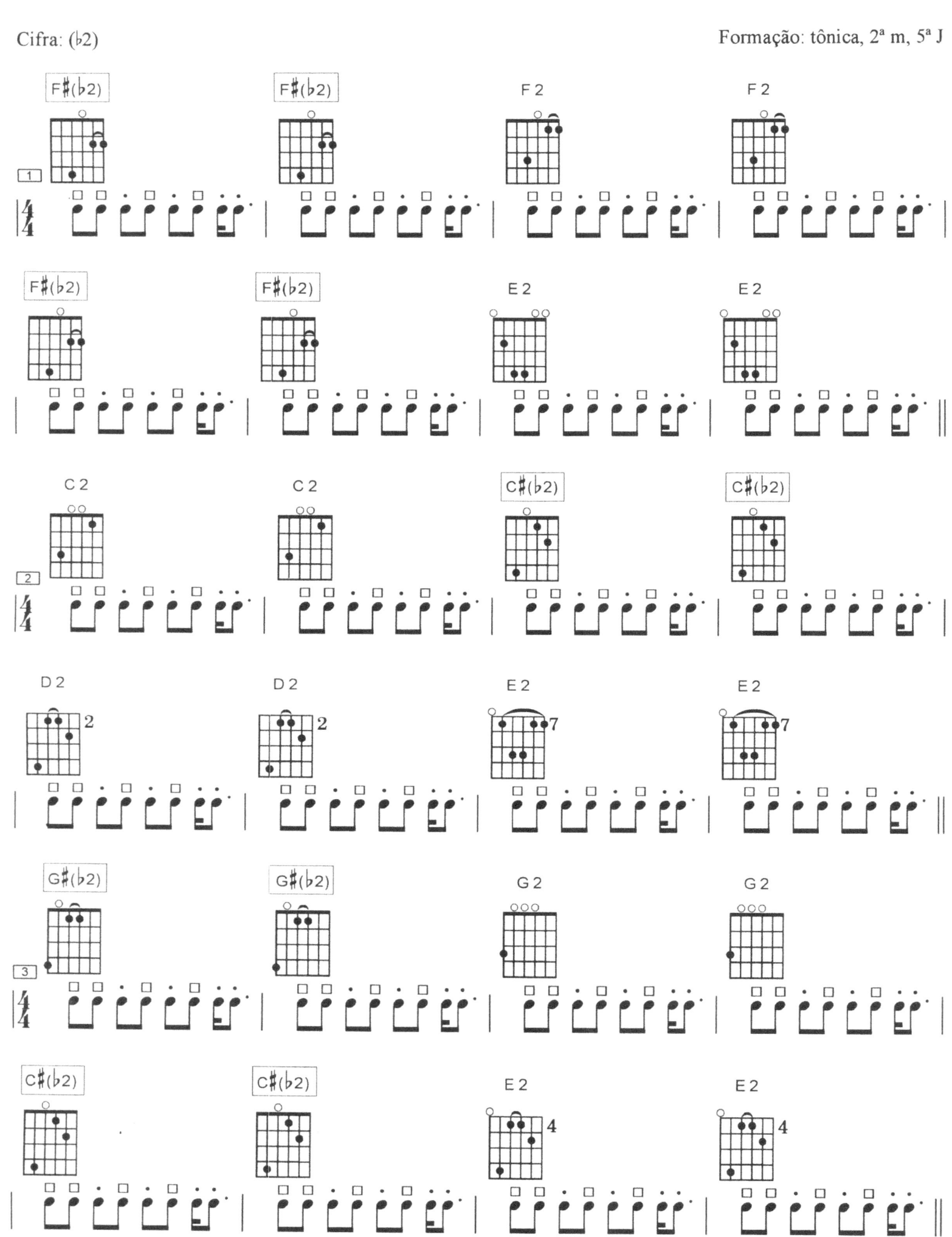

Cifra: (♭2)   Formação: tônica, 2ª m, 5ª J

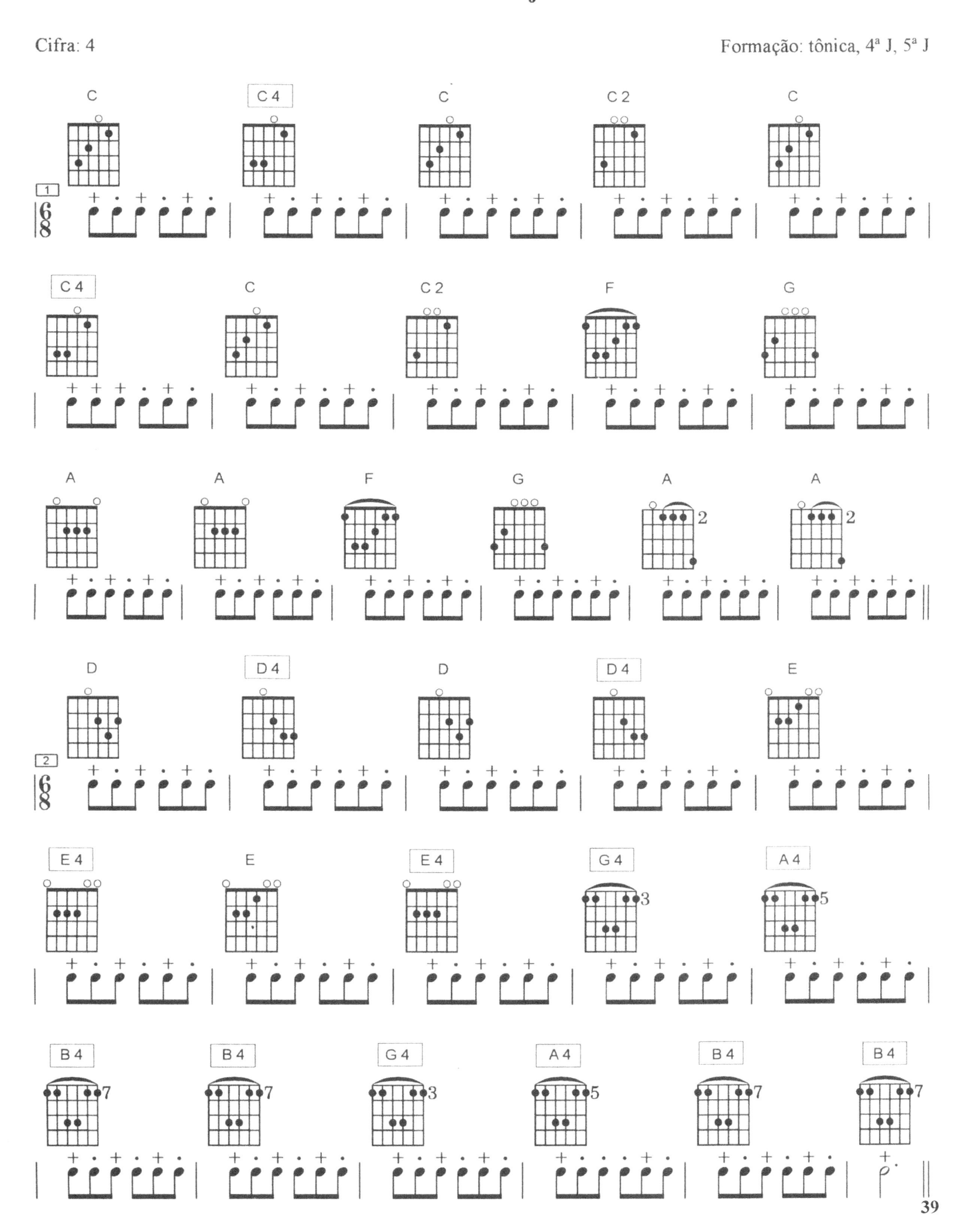

Acorde de 4ª justa

Cifra: 4   Formação: tônica, 4ª J, 5ª J

Acorde de 4ª justa (continuação)

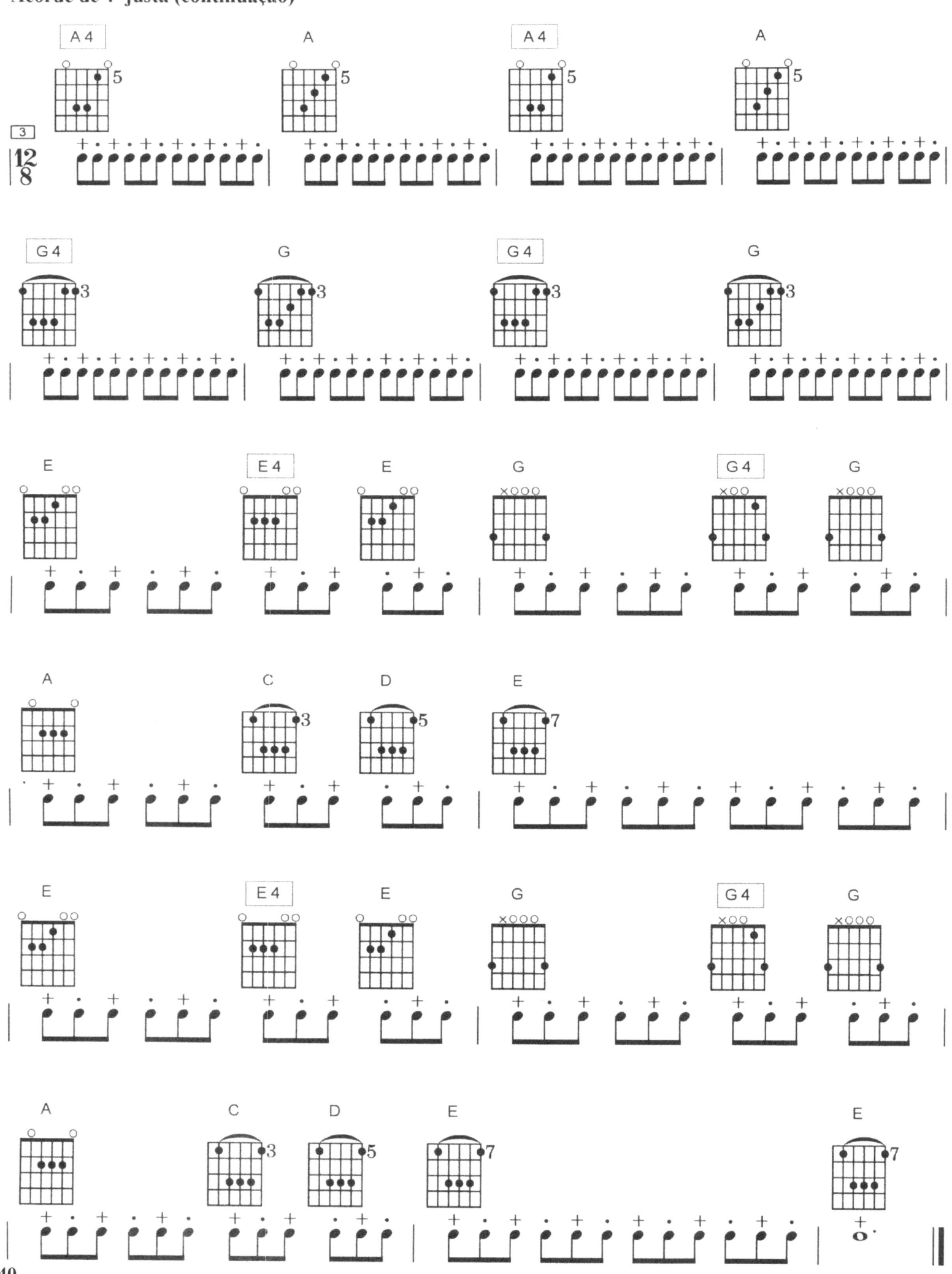

Acorde maior com 5ª aumentada

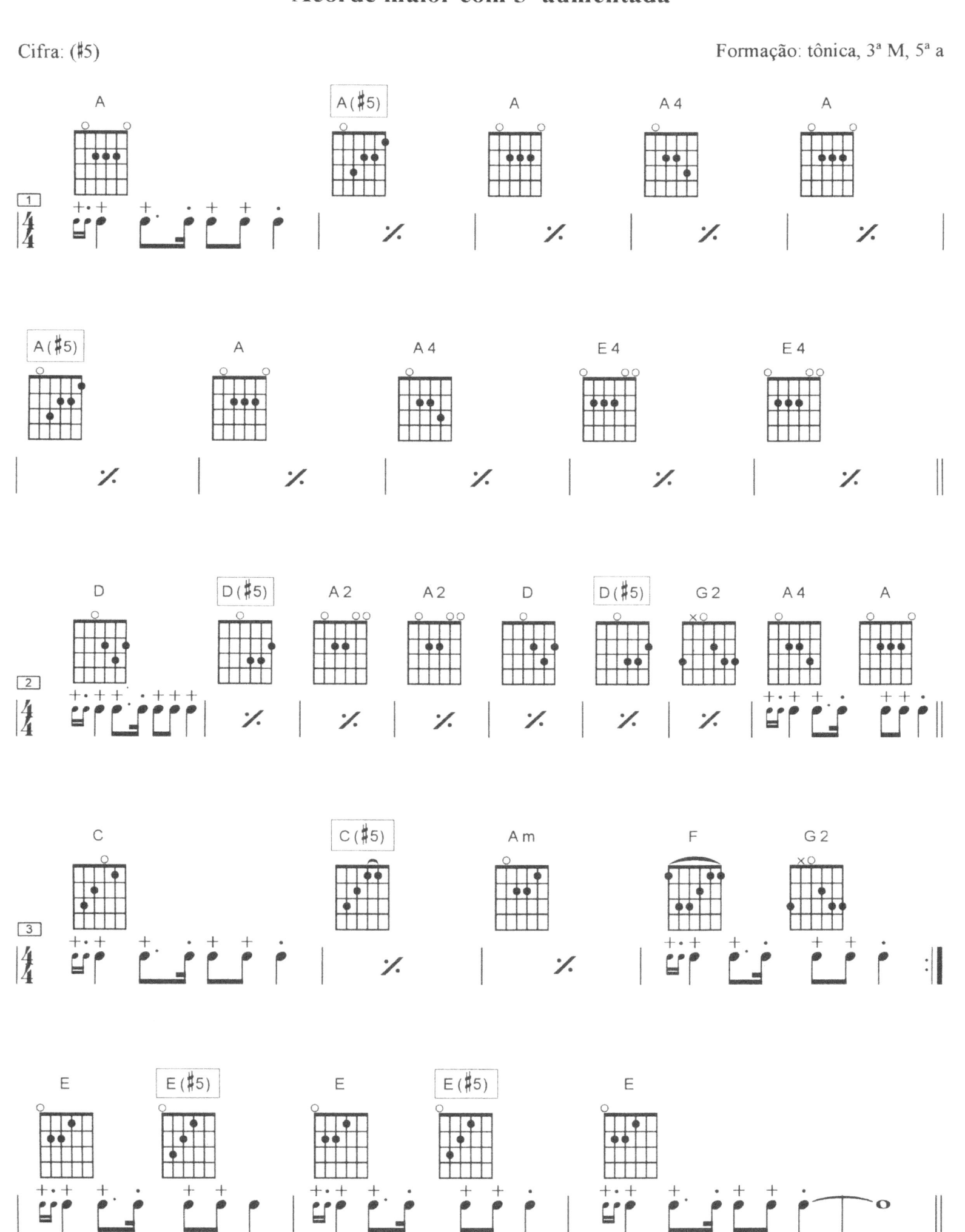

Cifra: (#5) Formação: tônica, 3ª M, 5ª a

Acorde menor com 5ª aumentada

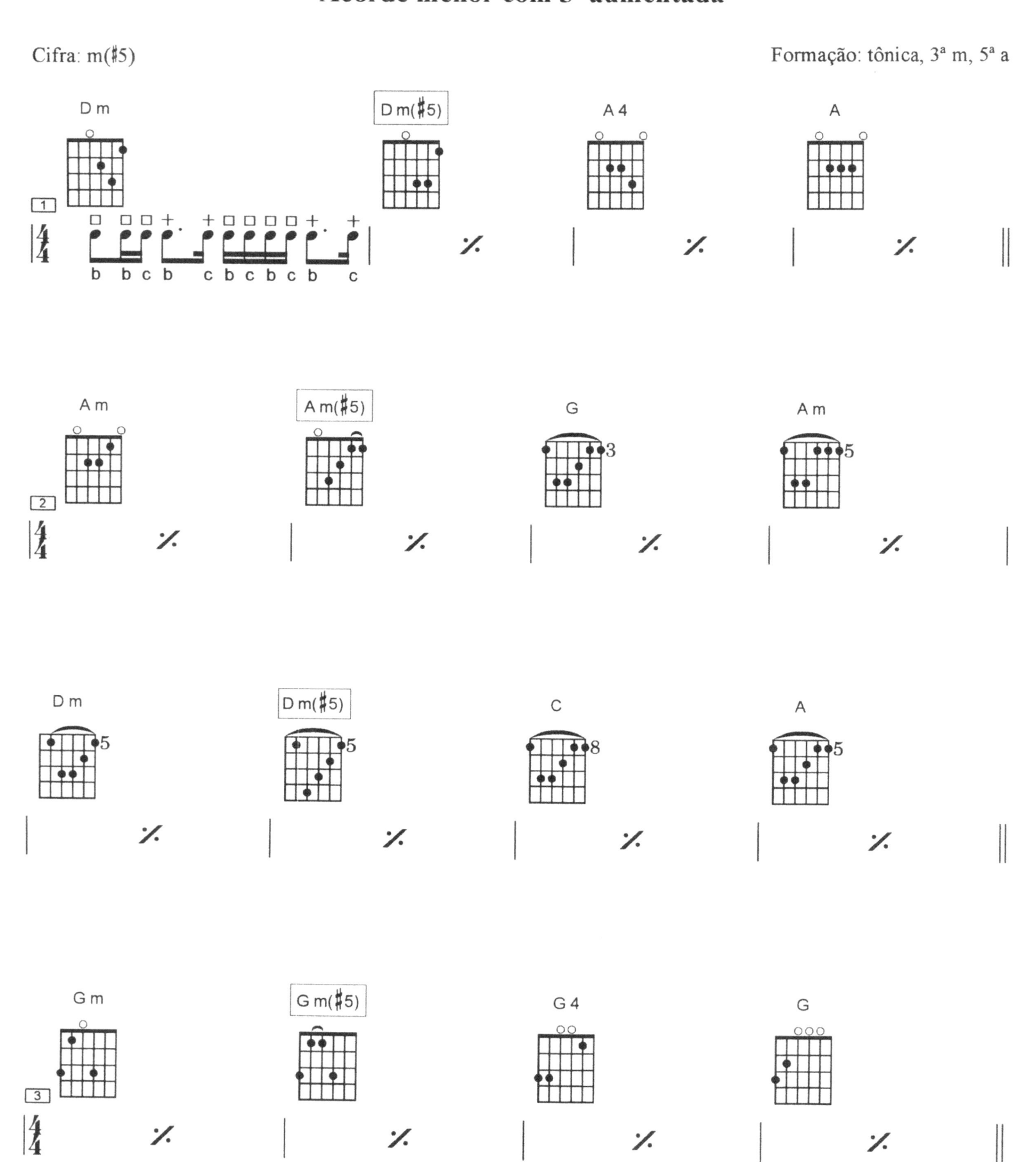

Cifra: m(#5) Formação: tônica, 3ª m, 5ª a

Acorde maior com 5ª diminuta

Cifra: (♭5)　　　　　　　　　　　　　　　　　　　　　　　Formação: tônica, 3ª M, 5ª d

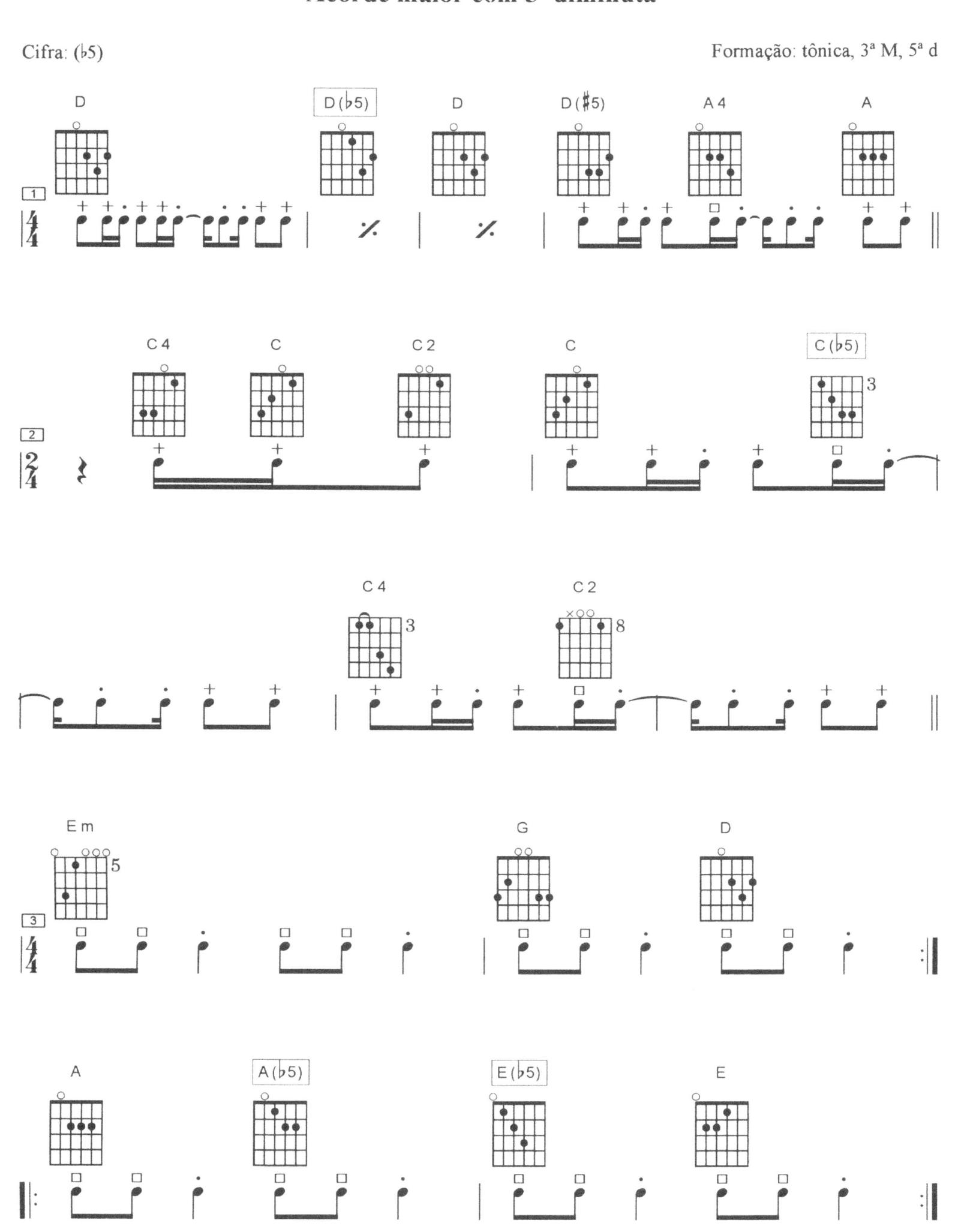

Acorde menor com 5ª diminuta

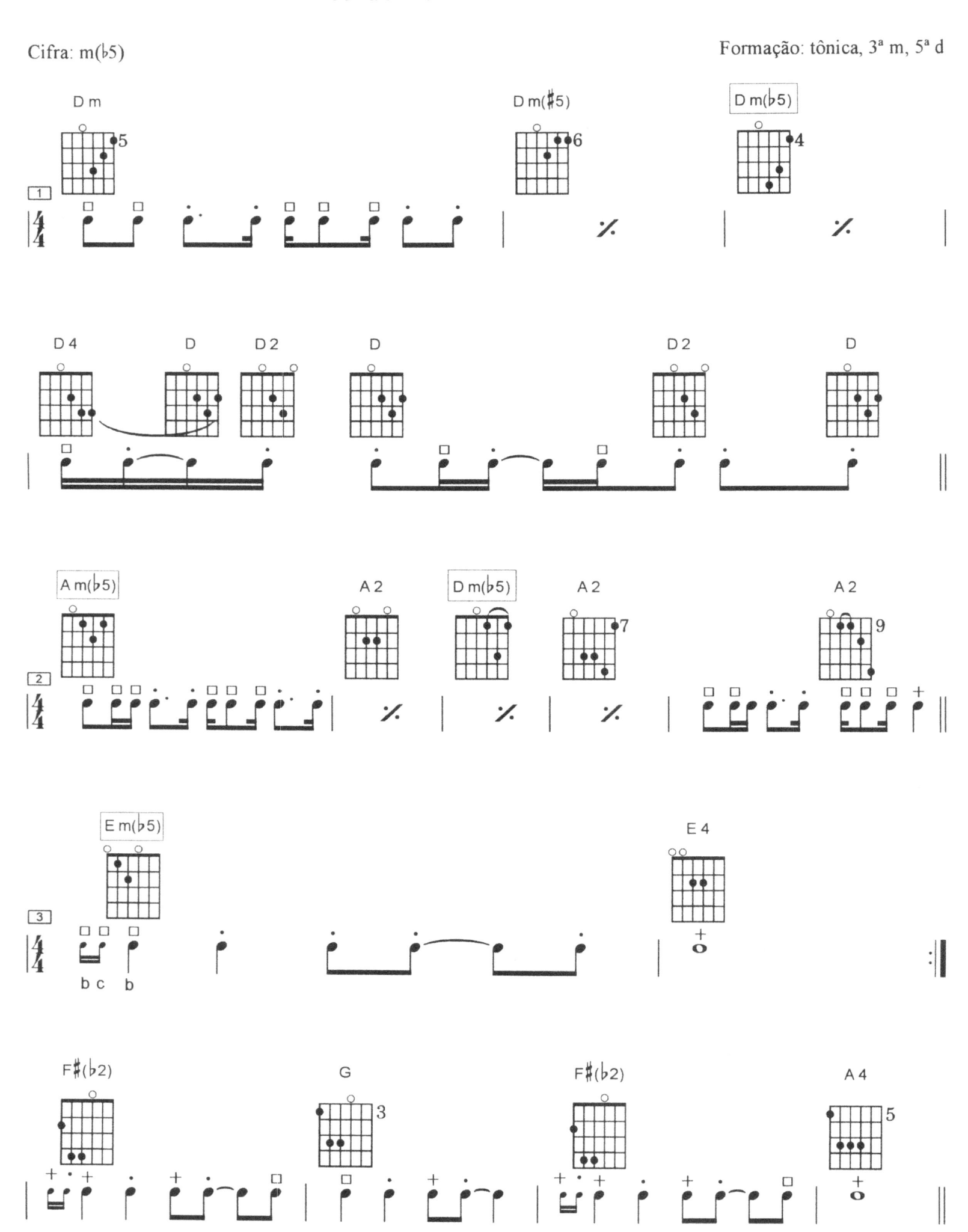

Cifra: m(b5)   Formação: tônica, 3ª m, 5ª d

IMPROVISAÇÃO

A maior parte dos solos que se toca na guitarra é improviso. Para ser um bom improvisador, é necessário adquirir sólidos conhecimentos básicos de escalas e de construção de frases, caso contrário, corre-se o risco de simplesmente executar frases "pobres", subindo ou descendo, ou mesmo executando notas ao acaso, sem nenhuma substância musical.

Neste livro, além das escalas, são apresentadas várias frases que são boas referências para o aluno criar as suas próprias. Um eficaz método de estudo para improvisação deve ser adotado para que o guitarrista desenvolva suas possibilidades. Pratique da seguinte forma:

1. Tire a escala ou exemplo.

2. Estude separadamente os trechos mais difíceis.

3. Repita os exercícios inteiros, várias vezes seguidas, usando uma base registrada em um gravador.

4. Tendo como referência as escalas e os exemplos, pratique a improvisação em andamentos lento, médio e rápido.

Além de criar frases isoladas, o guitarrista deve combiná-las entre si de forma a integrá-las ao estilo e ao ritmo que os outros músicos estão executando. Similarmente a uma estória, um solo deve ter início, desenvolvimento e final. Os elementos de tensão e relaxamento devem ser bem dosados para atingir um bom equilíbrio na forma do improviso.

Acompanhamento para diversas escalas

Estes são alguns exemplos de acompanhamento muito comuns que podem servir de base para o estudo de improvisação com várias escalas.

A numeração abaixo das cifras indica a batida (condução).

Base para escala de blues

Ritmo básico de blues: 12/8 (1 2 3 4) etc.

Base: 12/8 C7 | F7 | C7 | C7 | F7 | F7 | C7 | C7 | G7 | F7 | C7 F7 | C7 G7 ||
            1 2 3 4   1 2 3 4 1 2 3 4

Base para escala de blues com 5ª diminuta

Tocar o mesmo ritmo básico que o exercício anterior.

Base: 12/8 C7 | F7 | C7 | C7 | F7 | F7 | C7 | C7 | G7 | A♭7 G7 | C7 F7 | C7 A♭7 G7 ||
                                                      1 2 3 4   1 2 3 4   1 2   3 4

Basicamente, os acordes de 7ª deste exemplo são C7 e F7. Os demais (G7 e A♭7) têm formação idêntica ao F7, só que na terceira e quarta casas, respectivamente:

C7

F7 → Pestana

Base para escala country

Ritmo básico: | 4/4 ... | etc.
                1   2   3   4

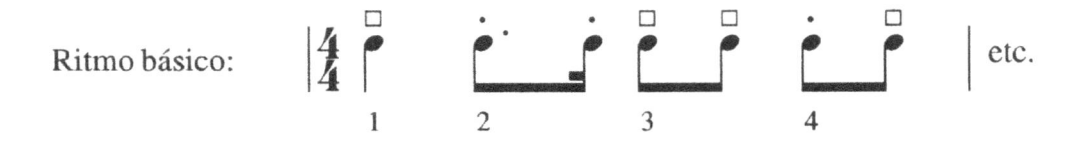

Base: 4/4   C | F | C | C | F | F | C | C | G | F | C F | C G ||
                                                                   1 2 3 4 1 2 3 4

Base para escala country com 3ª menor

Ritmo básico: | 4/4 ... | etc.
                1   2   3   4

Base: 4/4   C | F | C | G | C | F | C G | C G ||
                                          1 2 3 4 1 2 3 4

Escala de blues

Esquema 1

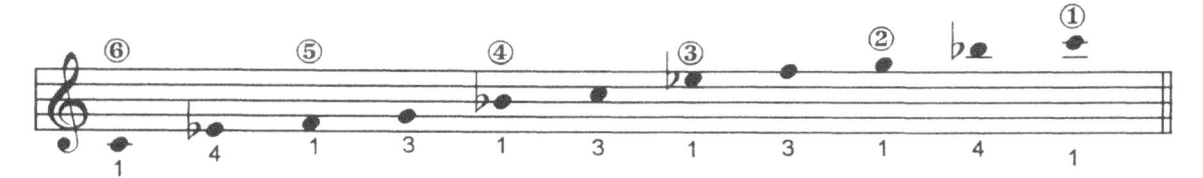

Exemplos

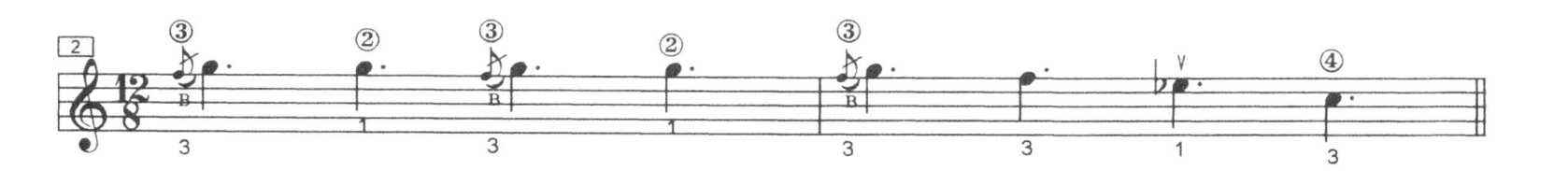

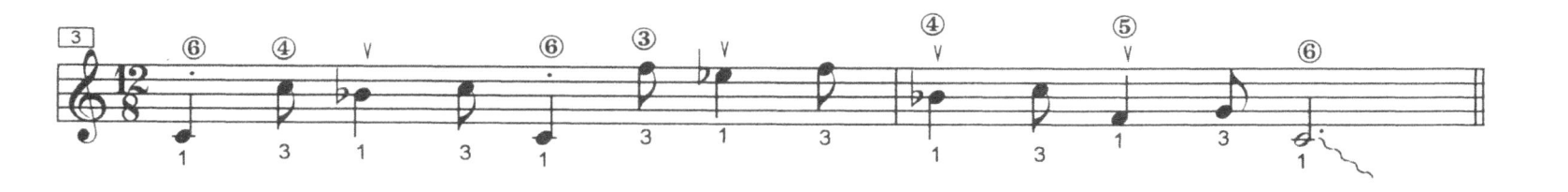

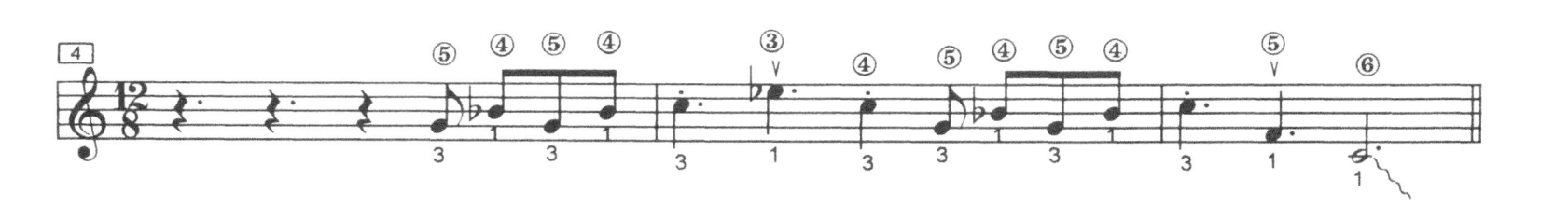

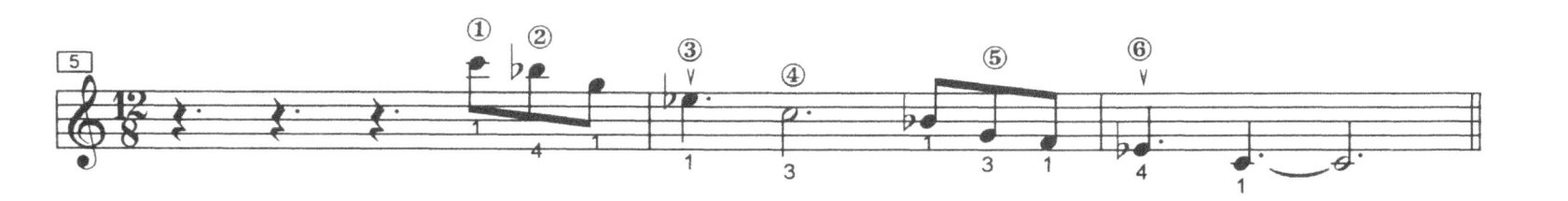

Escala de blues

Esquema 2

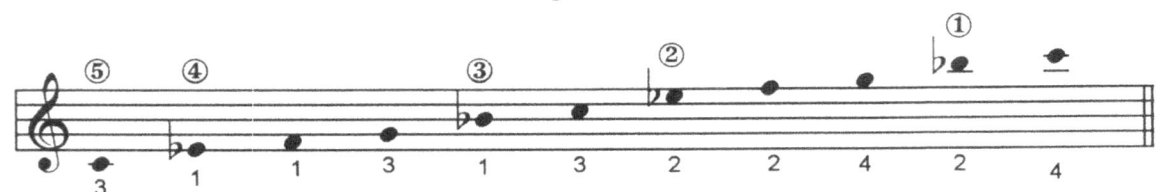

Exemplos

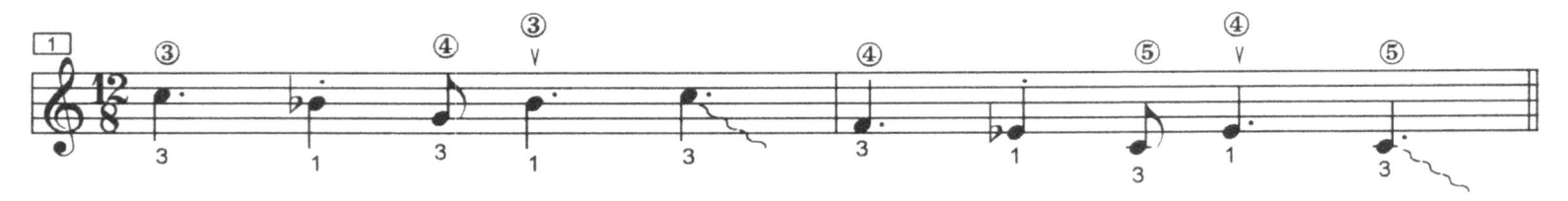

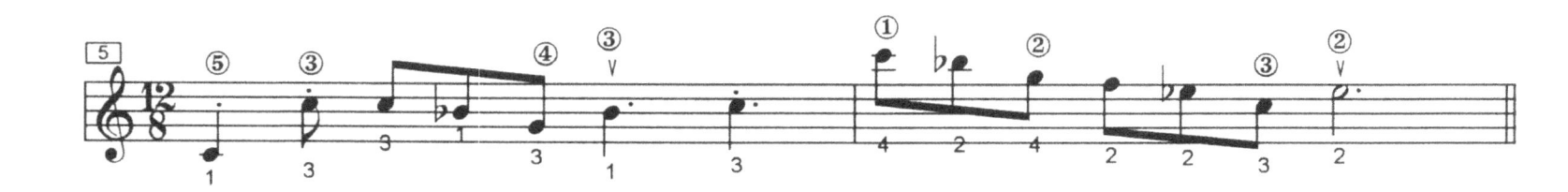

(manter o som da nota Sol da 2ª corda, enquanto toca o Si♭ da 1ª corda)

Escala de blues
(com 5ª diminuta)
Esquema 1

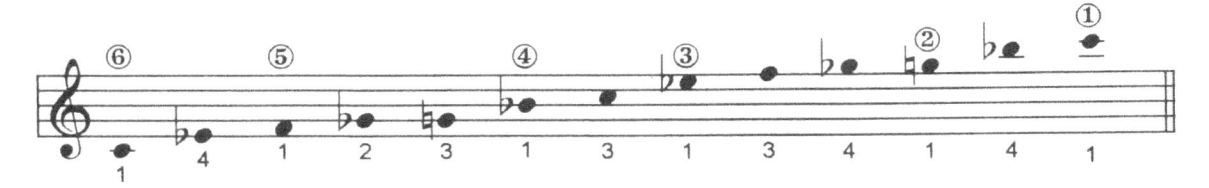

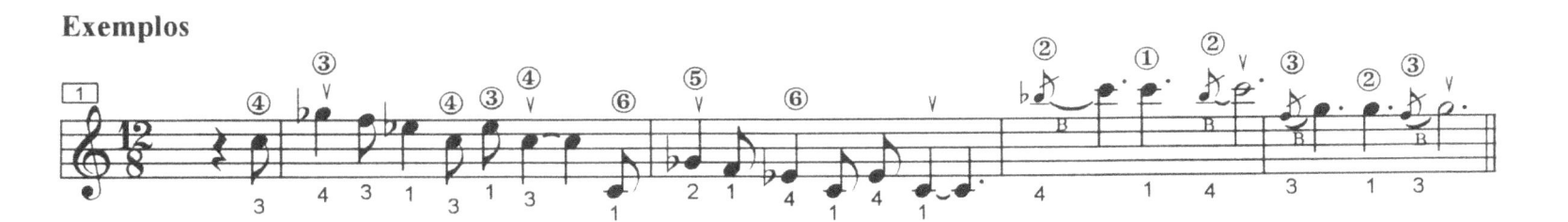

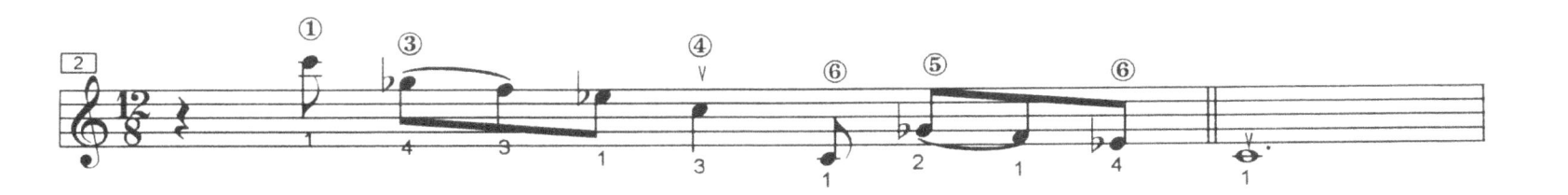

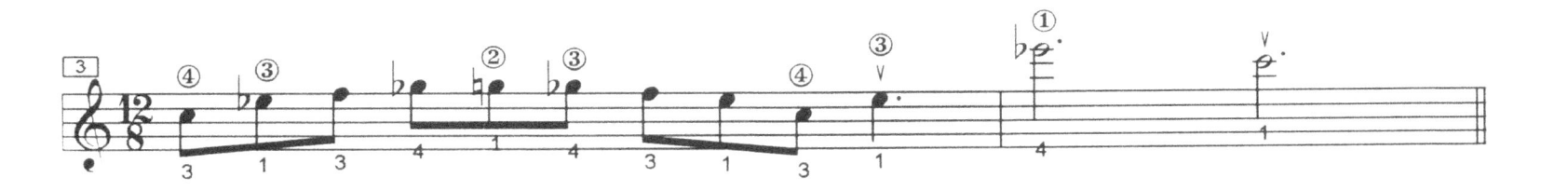

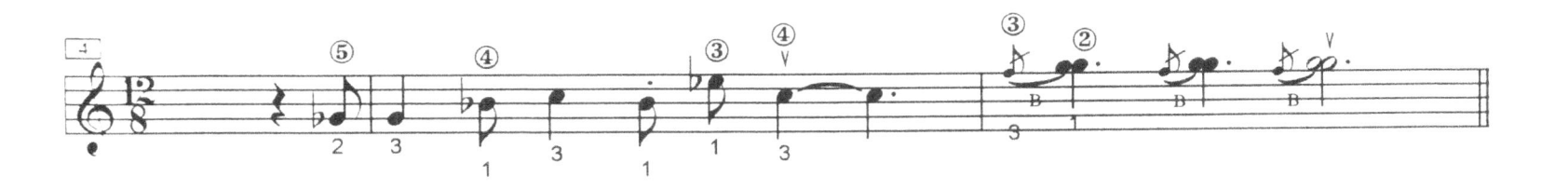

Escala de blues
(com 5ª diminuta)
Esquema 2

Exemplos

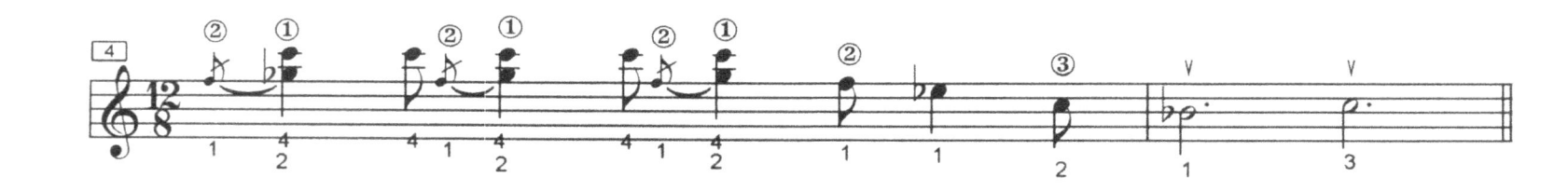

Escala country

Esquema 1

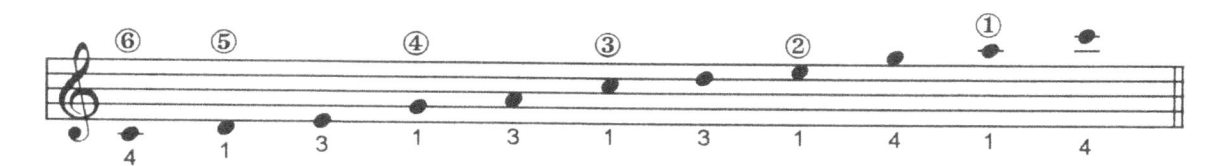

Exemplos

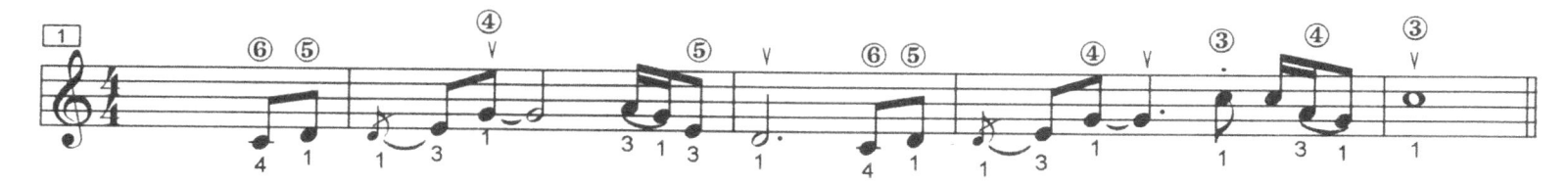

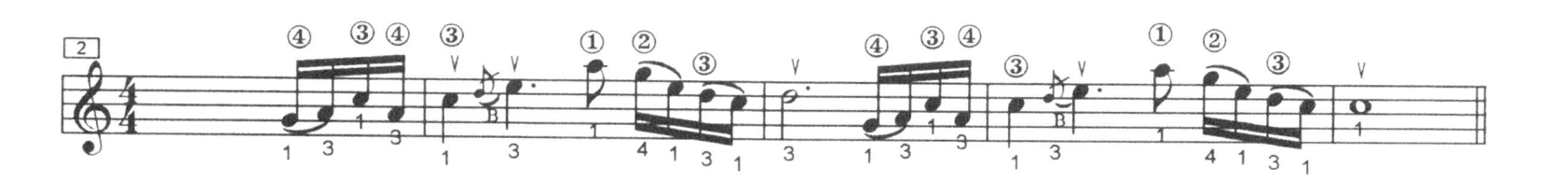

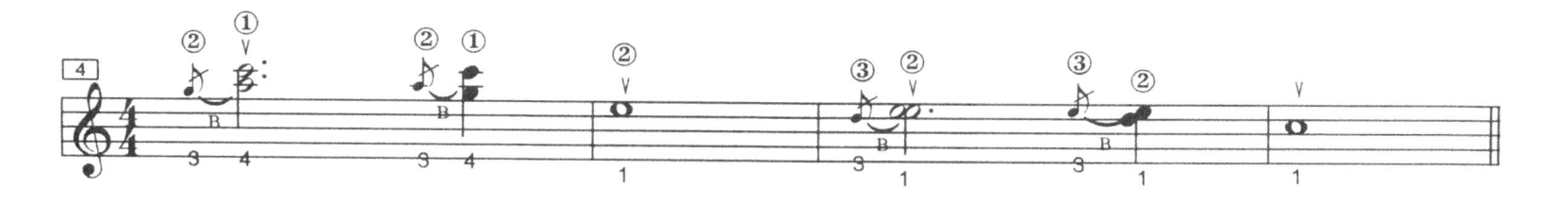

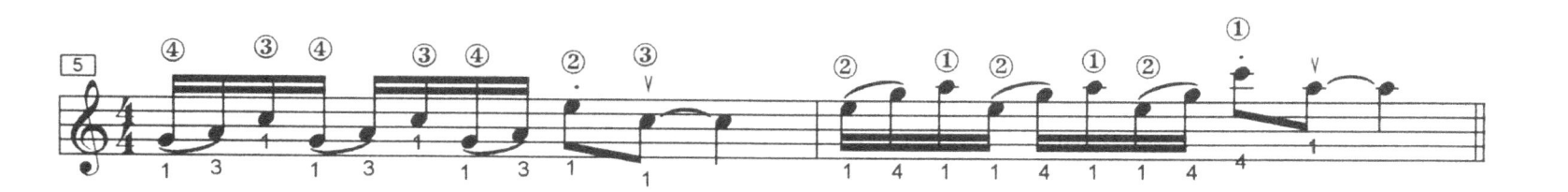

Escala country

Esquema 2

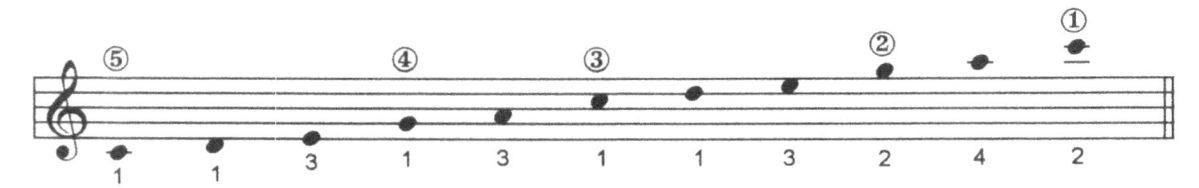

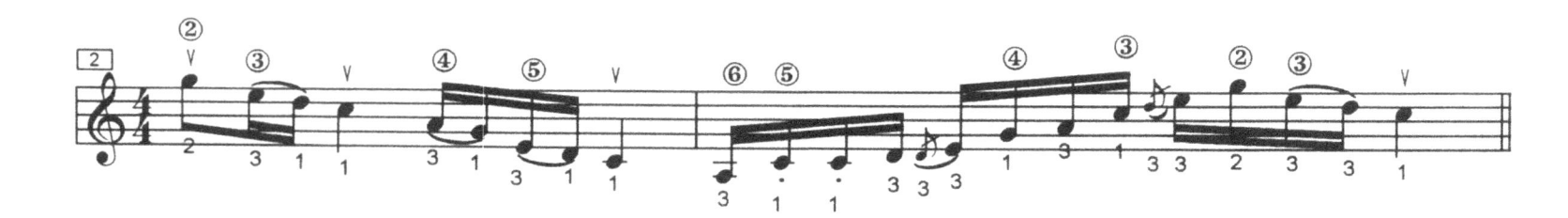

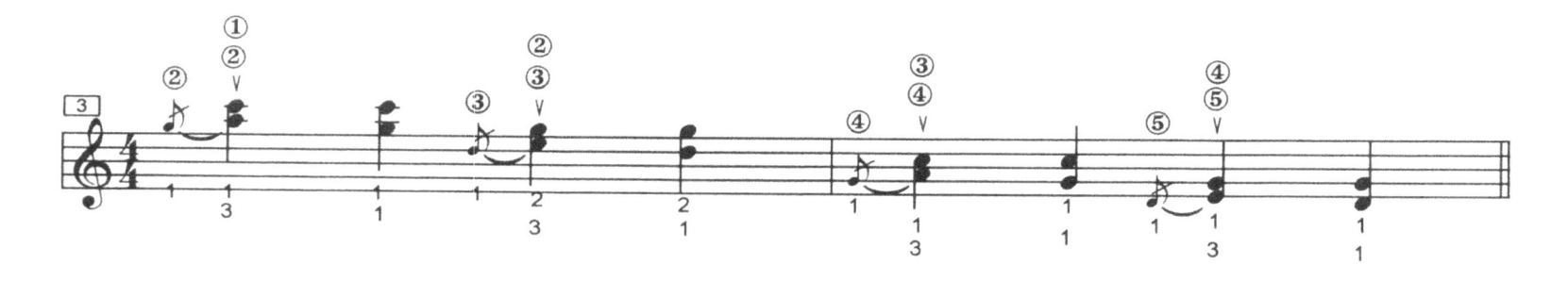

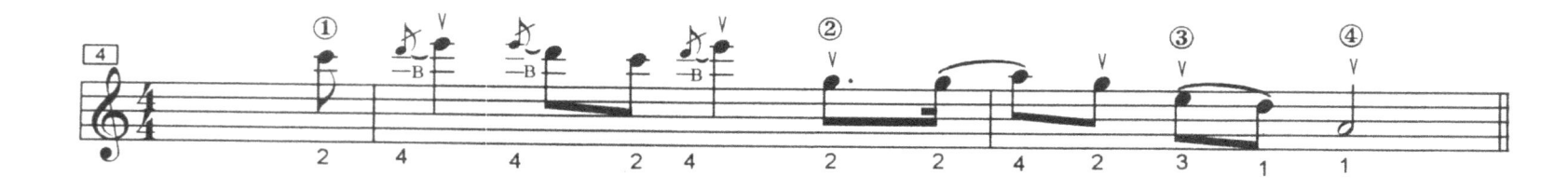

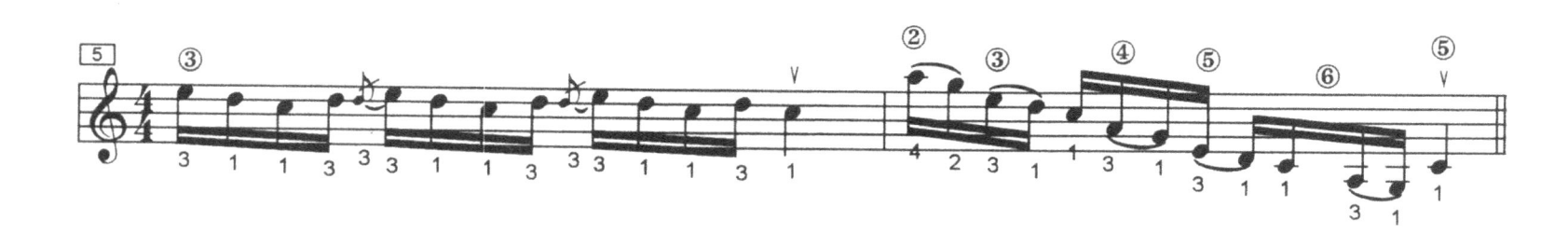

Exemplos

Escala country

(com 3ª menor)

Esquema 1

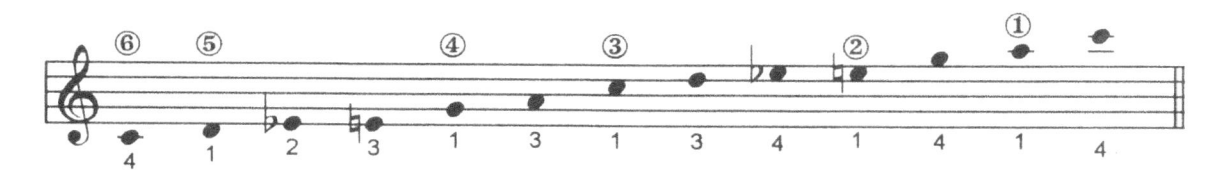

Exemplos

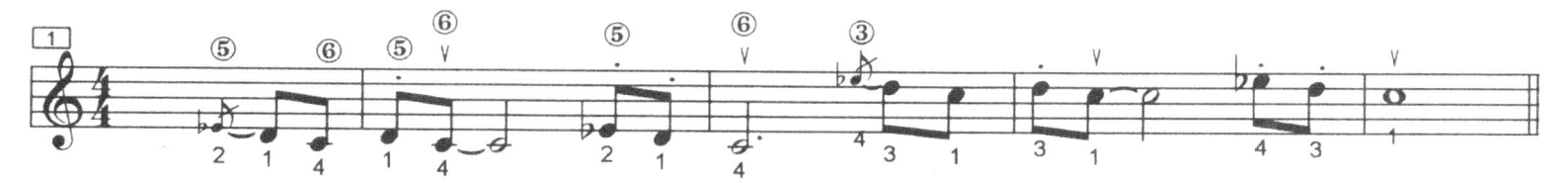

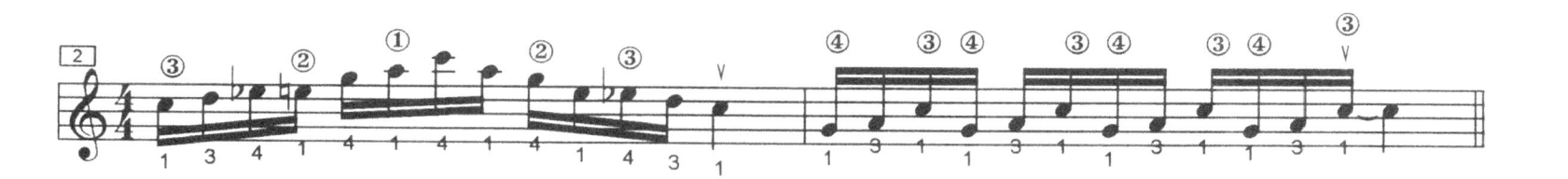

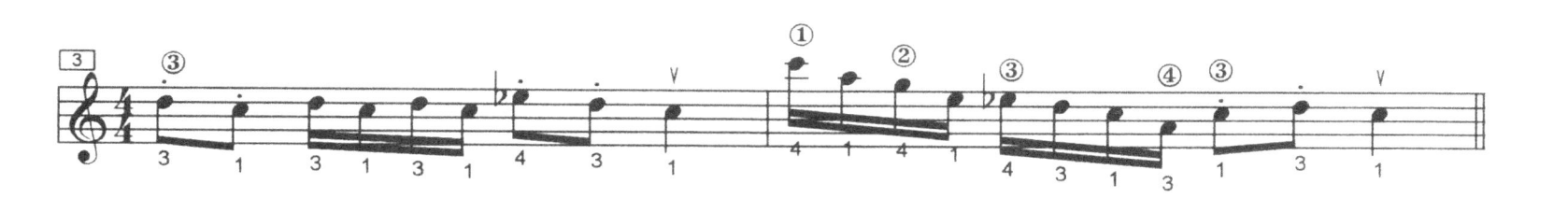

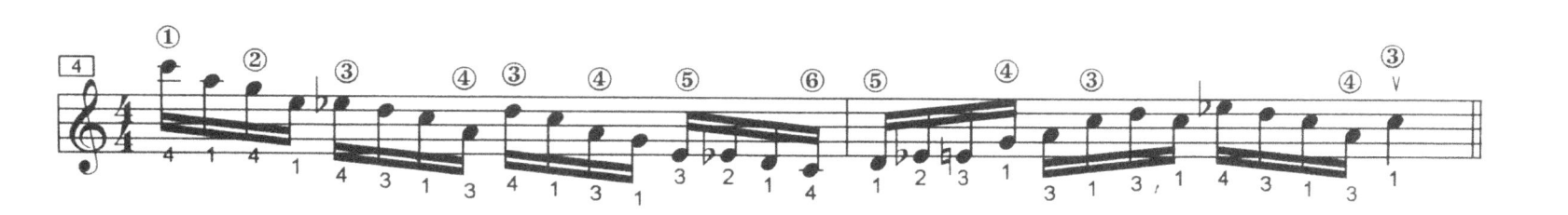

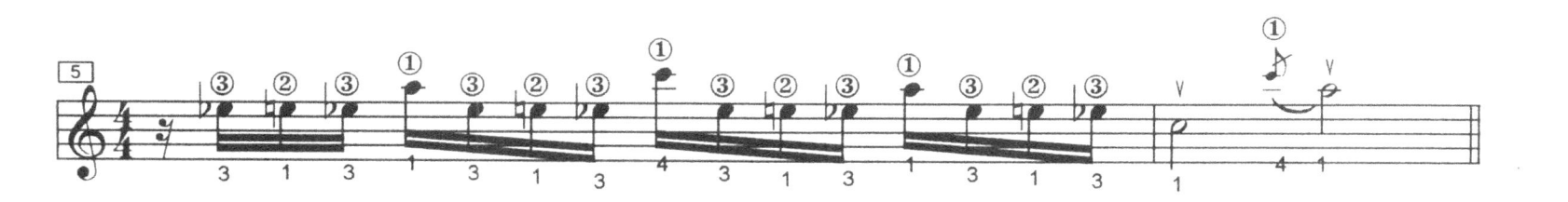

Escala country

(com 3ª menor)

Esquema 2

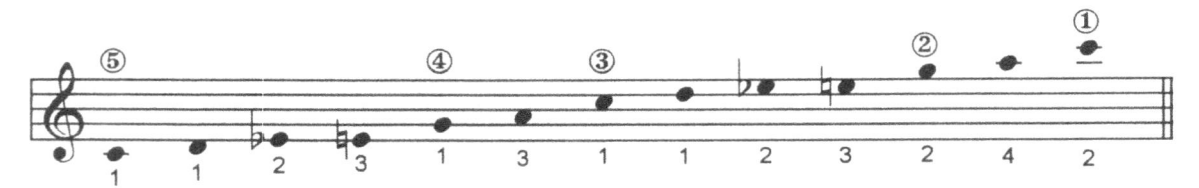

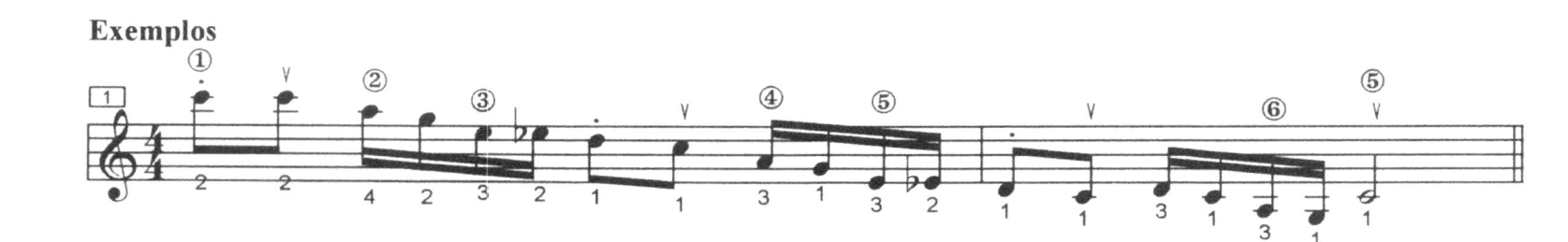

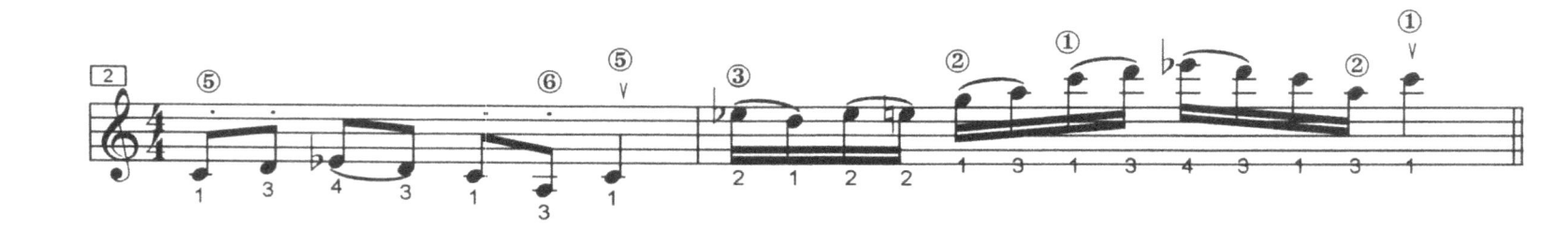

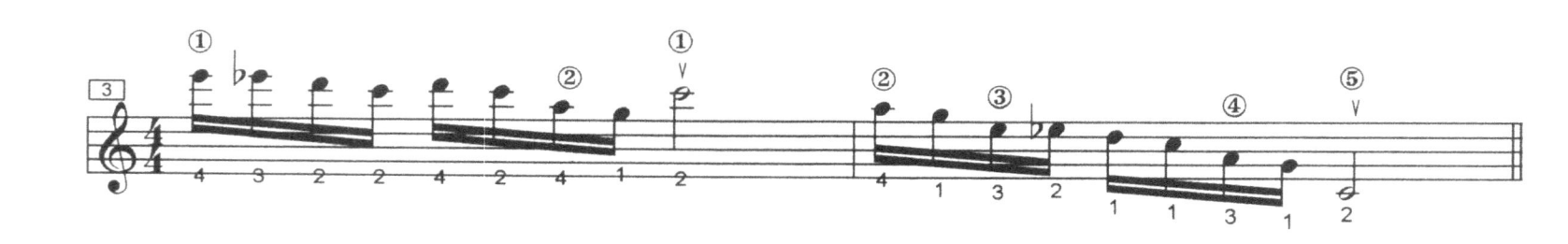

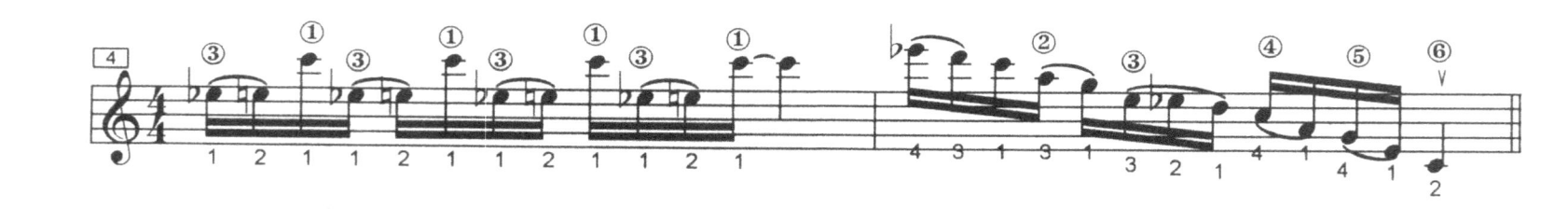

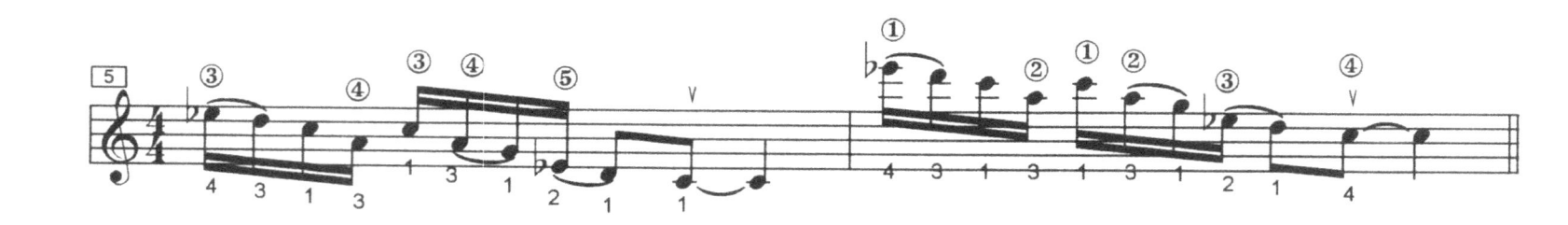

Exemplos

NÍVEL 2

TÉCNICA

Escalas menores

Toque cada escala doze vezes seguidas; seis com apoio e e seis sem apoio. O último compasso (com figura de mínima) deve ser tocado somente no final da sequência, para fechar.

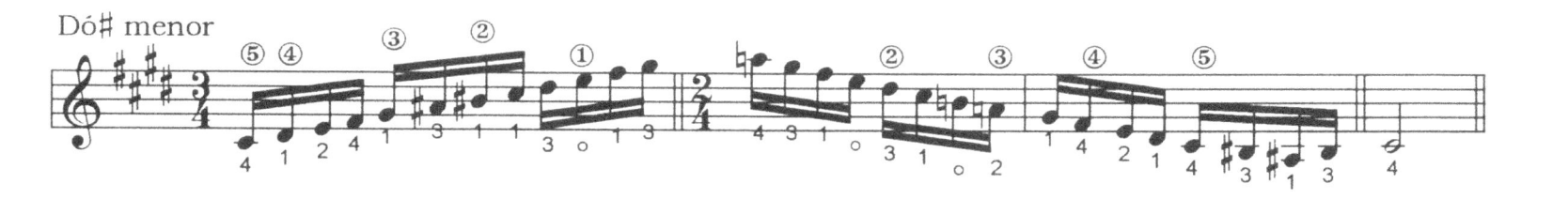

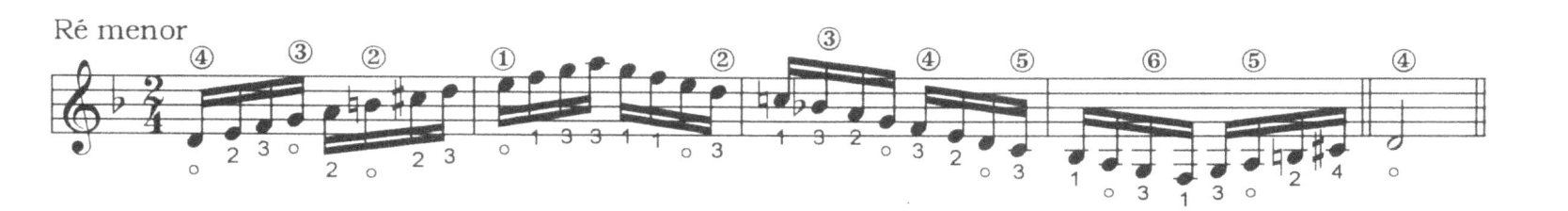

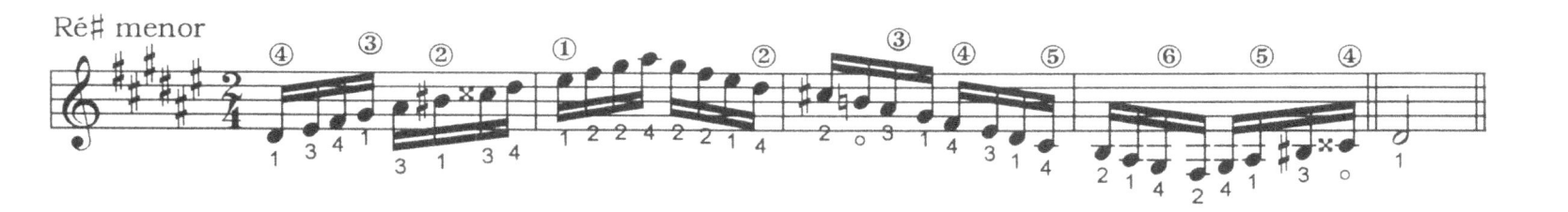

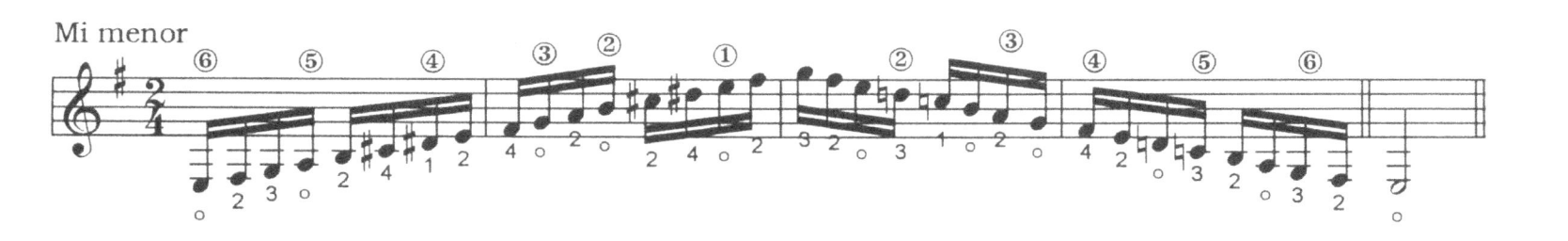

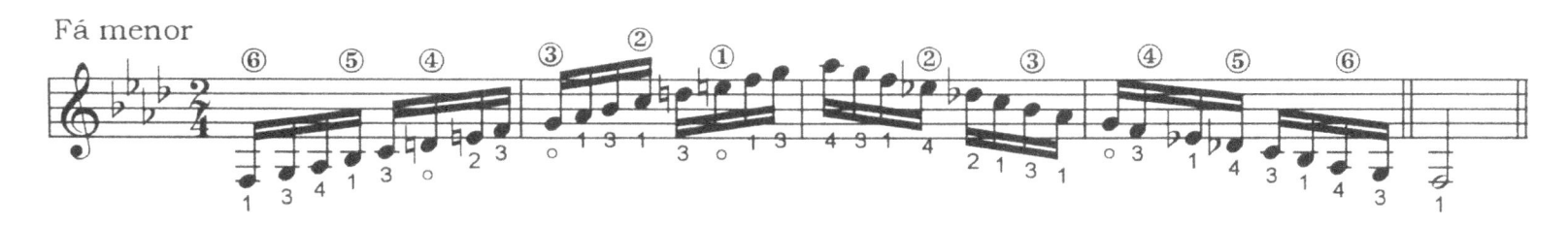

Dó menor

Dó# menor

Ré menor

Ré# menor

Mi menor

Fá menor

Fá♯ menor

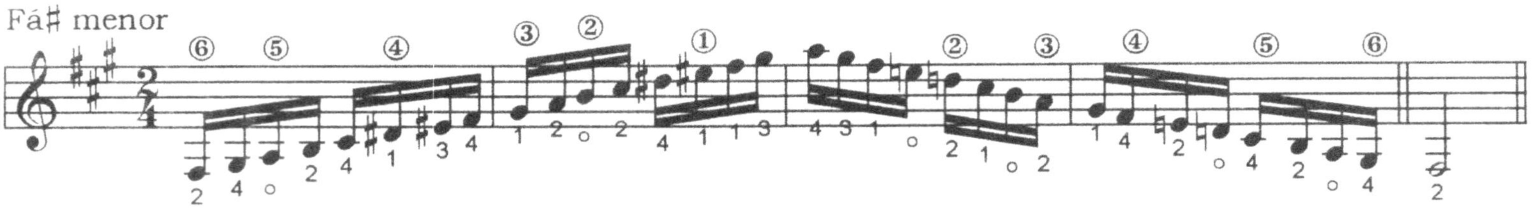

Sol menor

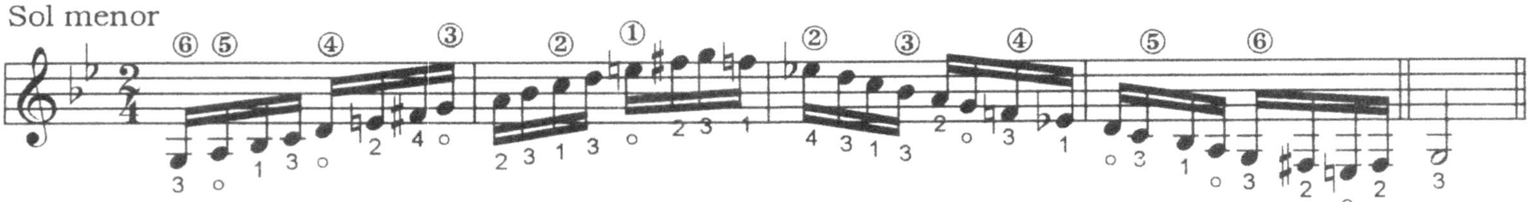

Sol♯ menor

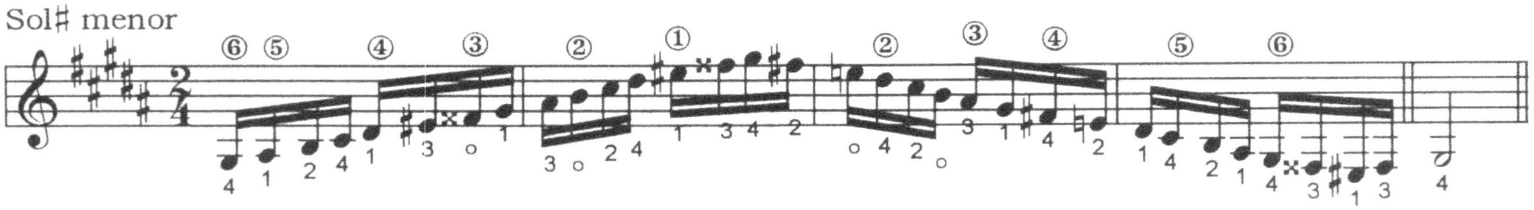

Lá menor

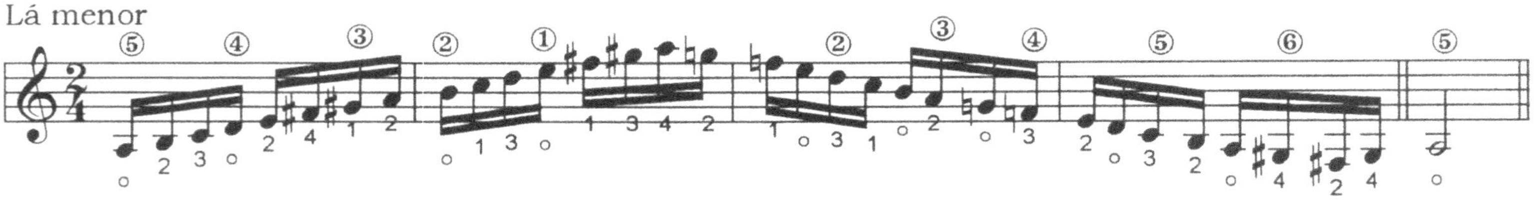

Si♭ menor

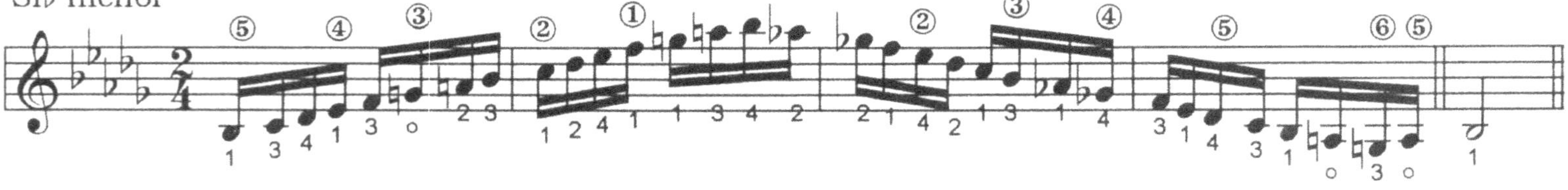

Si menor

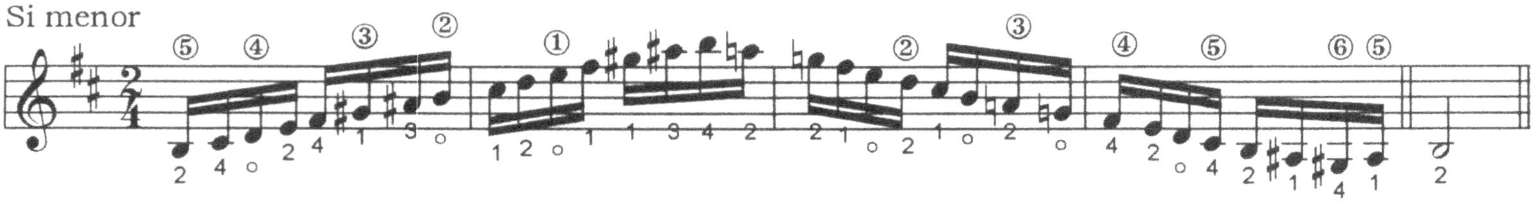

Arpejos

Exercite-os, seguindo o modelo do exercício 1, subindo com apoio até a sexta posição e descendo sem apoio até a primeira.

Para o bom equilíbrio da mão esquerda, é aconselhável substituir, eventualmente, a digitação do acorde de Mi Maior:

Ligados

Execute-os, seguindo o modelo do exercício 1, subindo até a sexta posição, com apoio, e descendo sem apoio. Todos os exercícios são em 6/8.

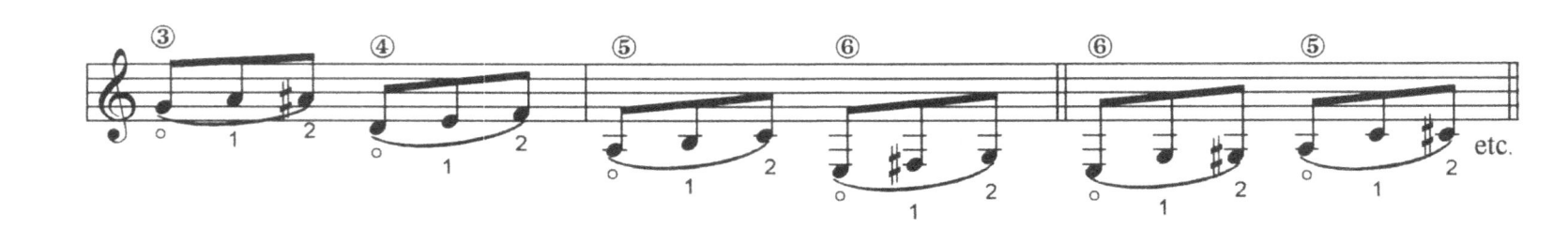

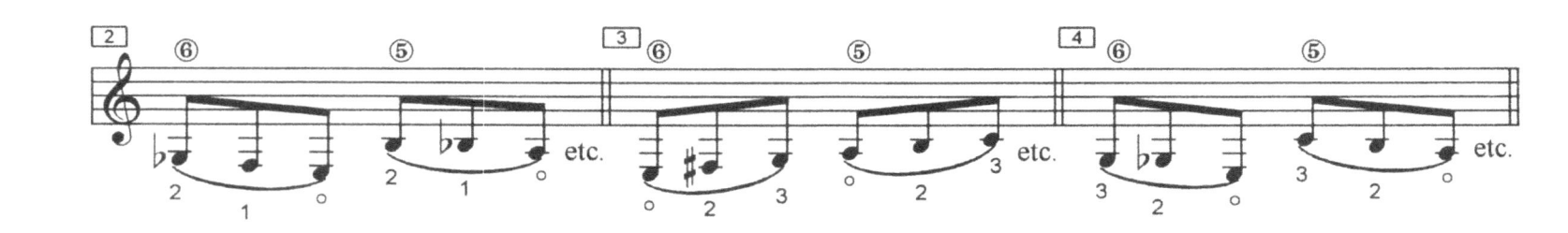

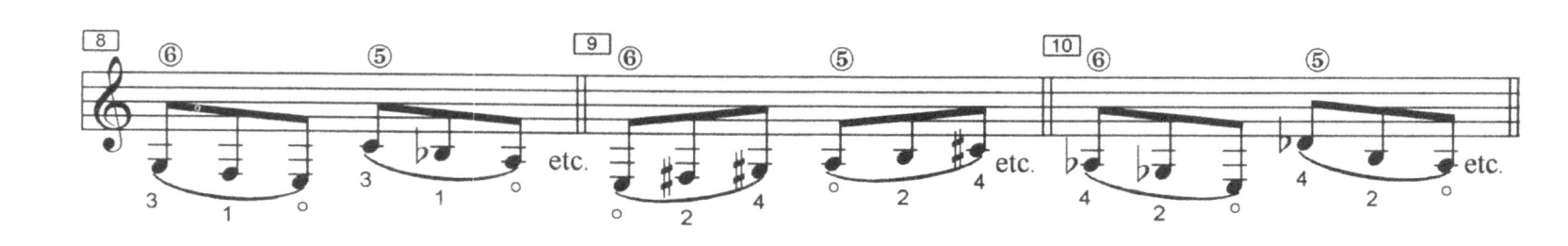

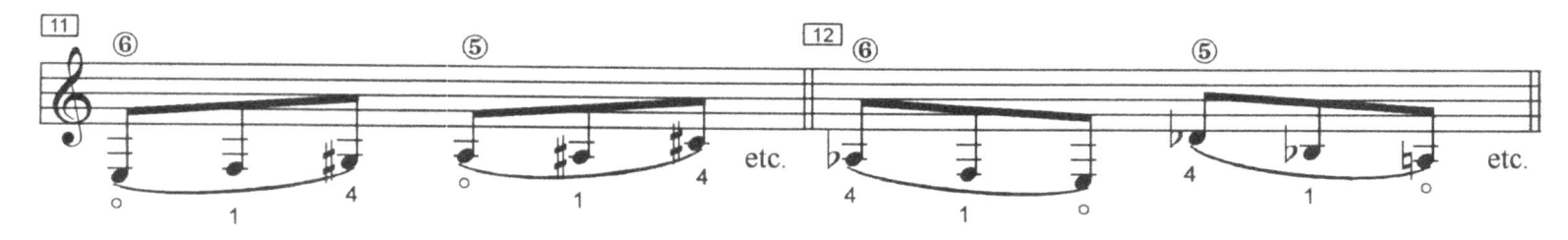

Intervalos

Execute cada exercício doze vezes seguidas; seis com apoio e seis sem apoio. O último compasso é de finalização. Todos os exemplos estão em Sol Maior.

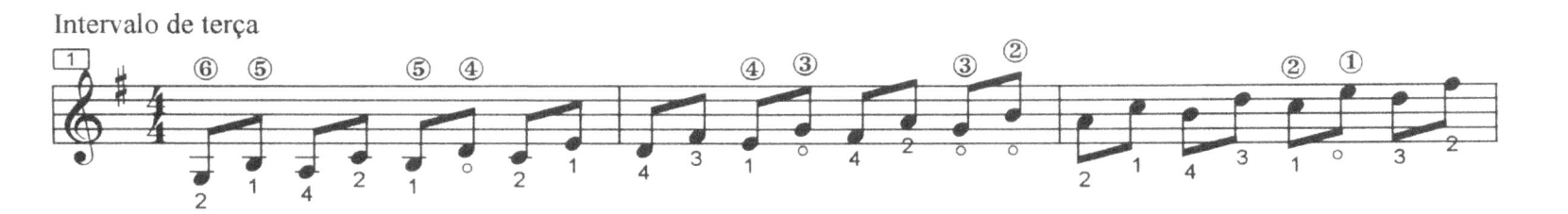

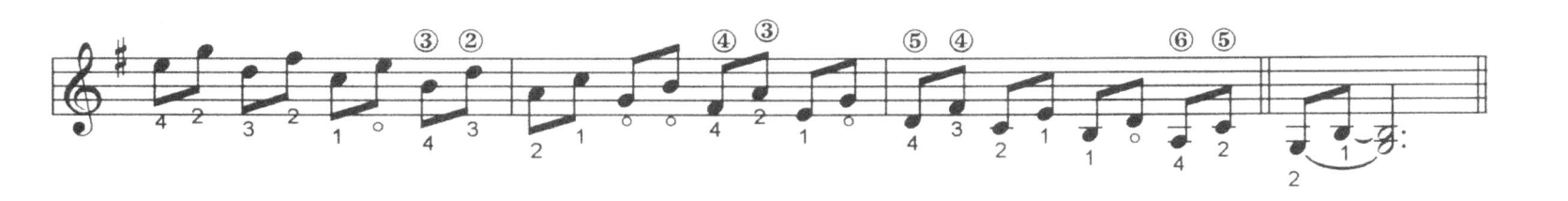

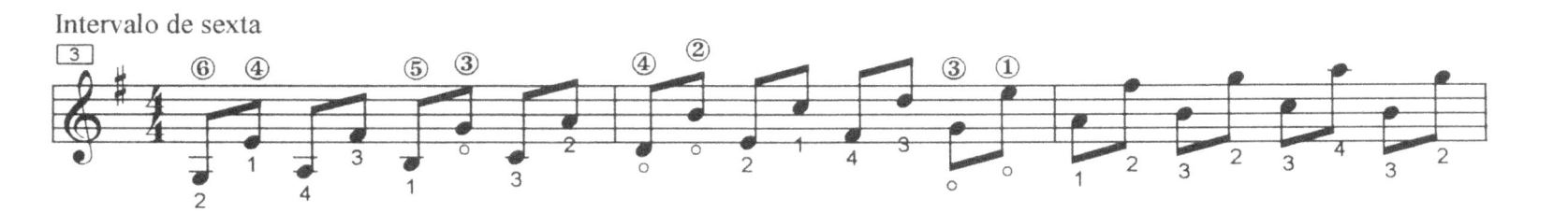

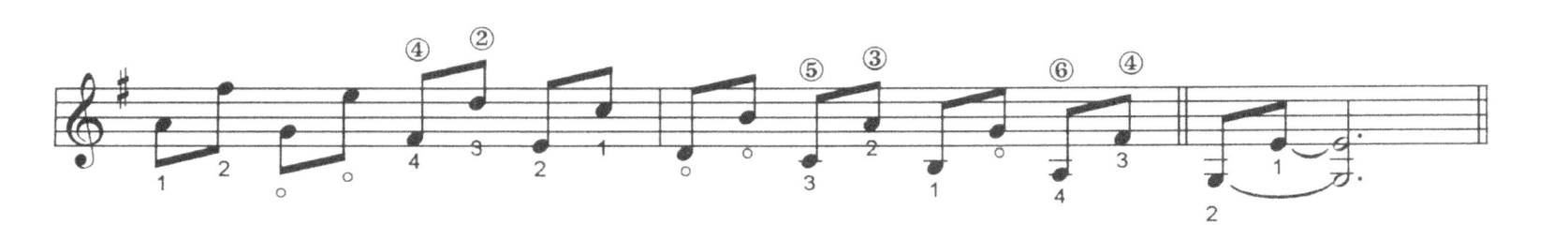

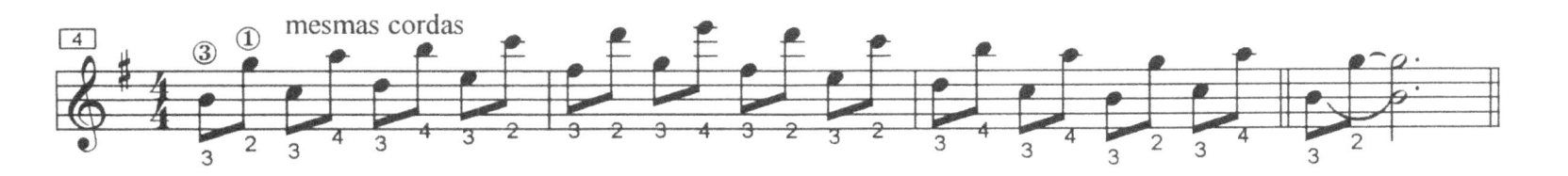

Intervalo de terça

Intervalo de sexta

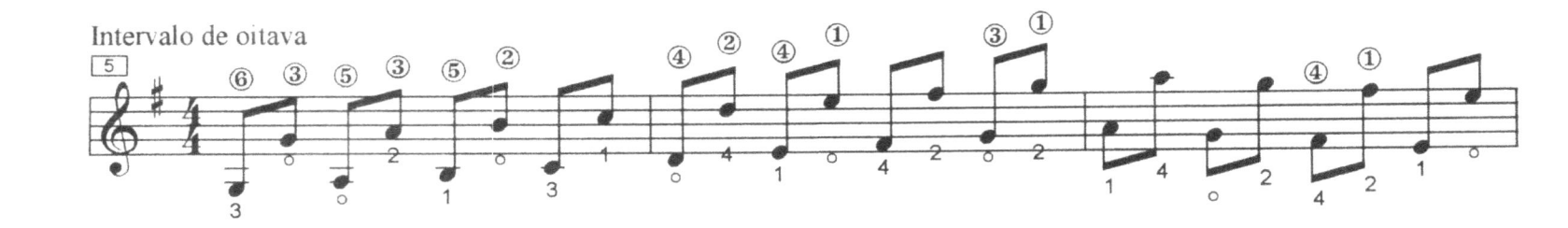

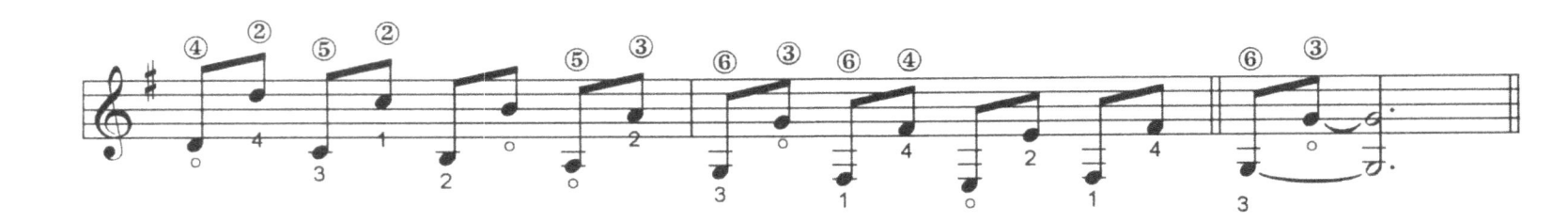

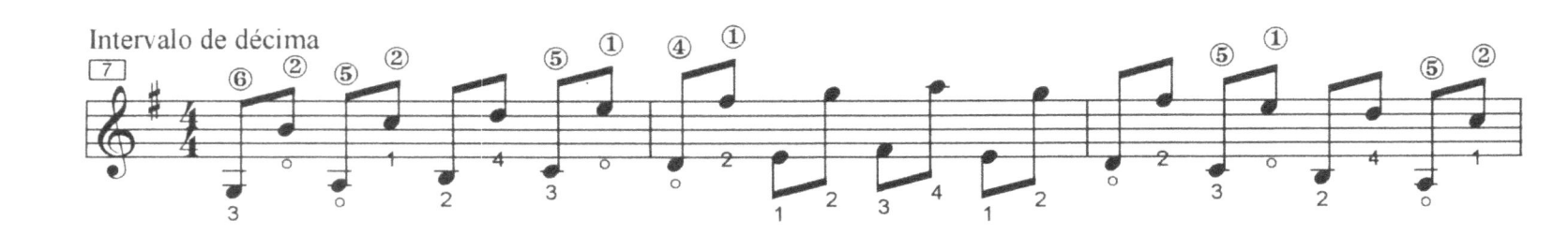

Intervalo de oitava

Intervalo de décima

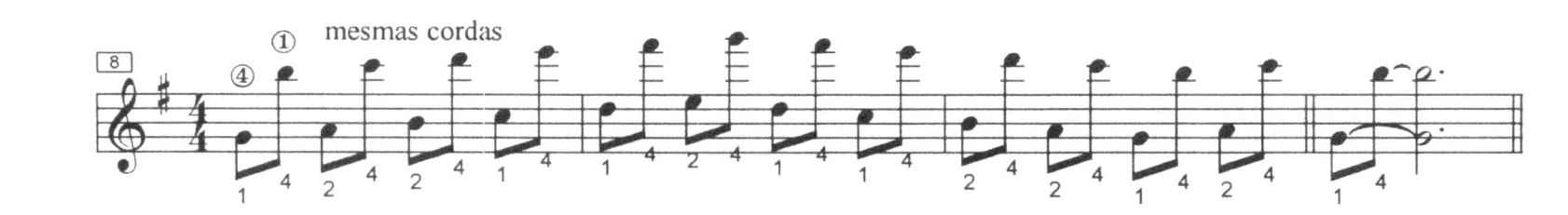

Exercício para a palhetada

Neste exercício, não se utiliza o som, mas apenas a pressão da palheta nas cordas. Deve-se empurrar cada corda com a palheta para baixo e para cima alternadamente.

Pestana: Casa 1 — — — — — — — — — — — — — Casa 2 — — — — — — — — — — — — — Casa 3 — — —

(Sobe assim até a 6ª posição e volta igualmente)

Exercícios para abertura e fortalecimento dos dedos da mão esquerda

As cordas 6, 5 e 4, depois de tocadas, devem ser empurradas com os dedos da mão esquerda para baixo, e as cordas 3, 2 e 1, para cima.

(Sobe assim até a 6ª posição e volta igualmente)

Nota: Uma vez estudados todos os exercícios técnicos, passe a praticá-los apenas sem apoio.

HARMONIA

Sequências com acordes de quatro sons

Nos acordes de quatro ou mais sons, a 5ª pode ser suprimida, e, no caso das sequências apresentadas nesse livro (principalmente as de rock), eventualmente, a 3ª não é executada, criando assim, novas sonoridades de acordes.

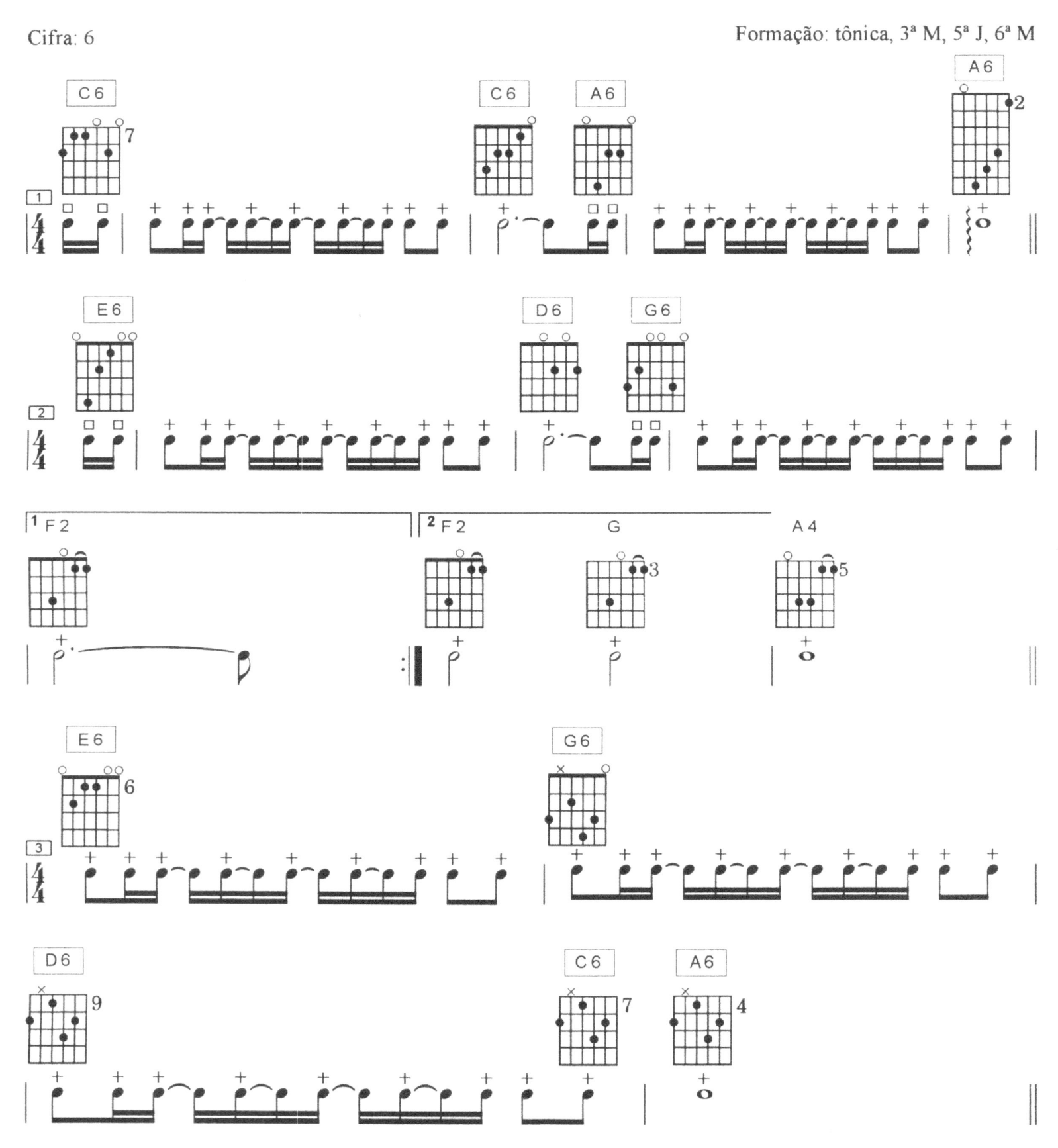

Acorde maior com 6ª

Cifra: 6   Formação: tônica, 3ª M, 5ª J, 6ª M

Acorde menor com 6ª

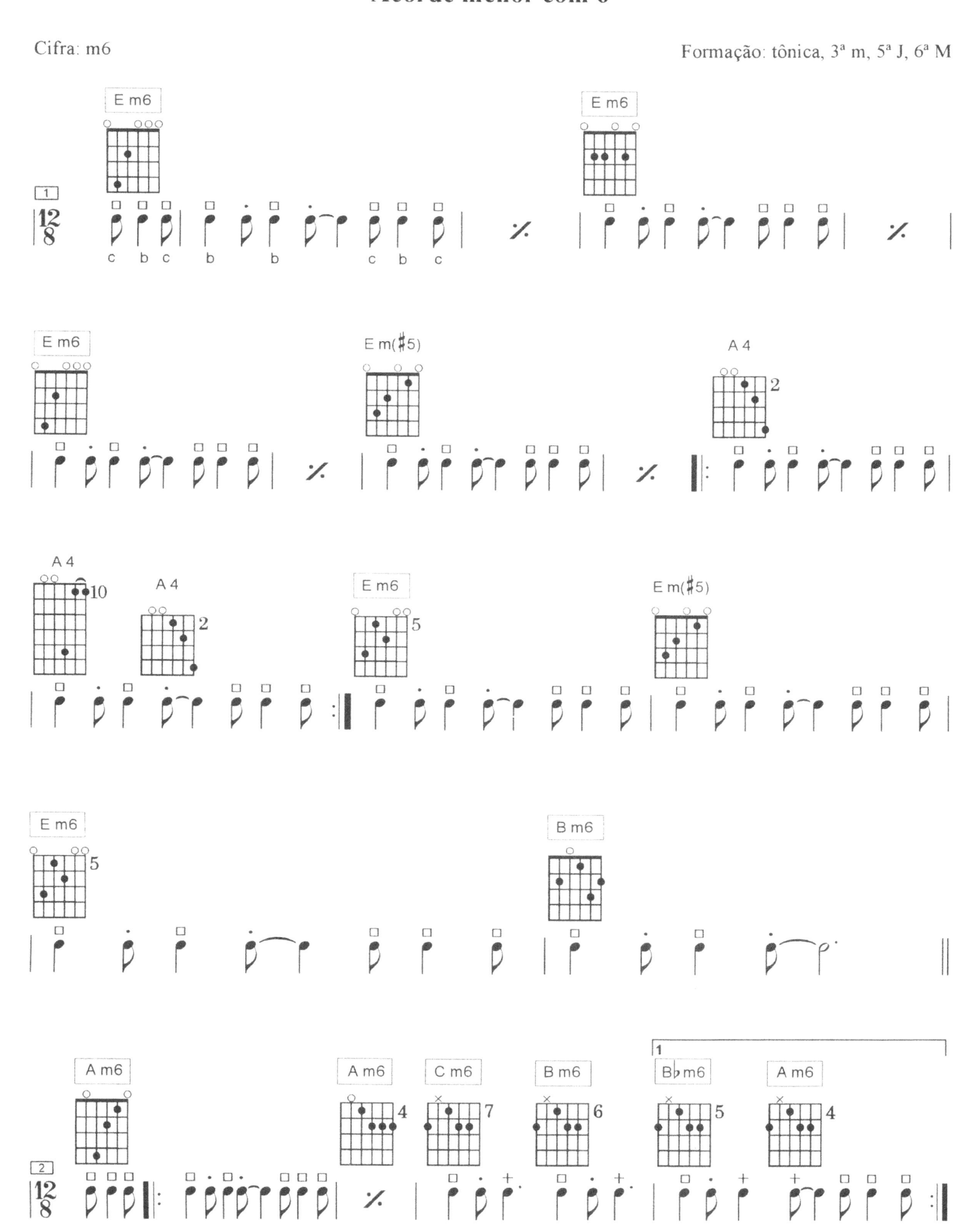

Cifra: m6
Formação: tônica, 3ª m, 5ª J, 6ª M

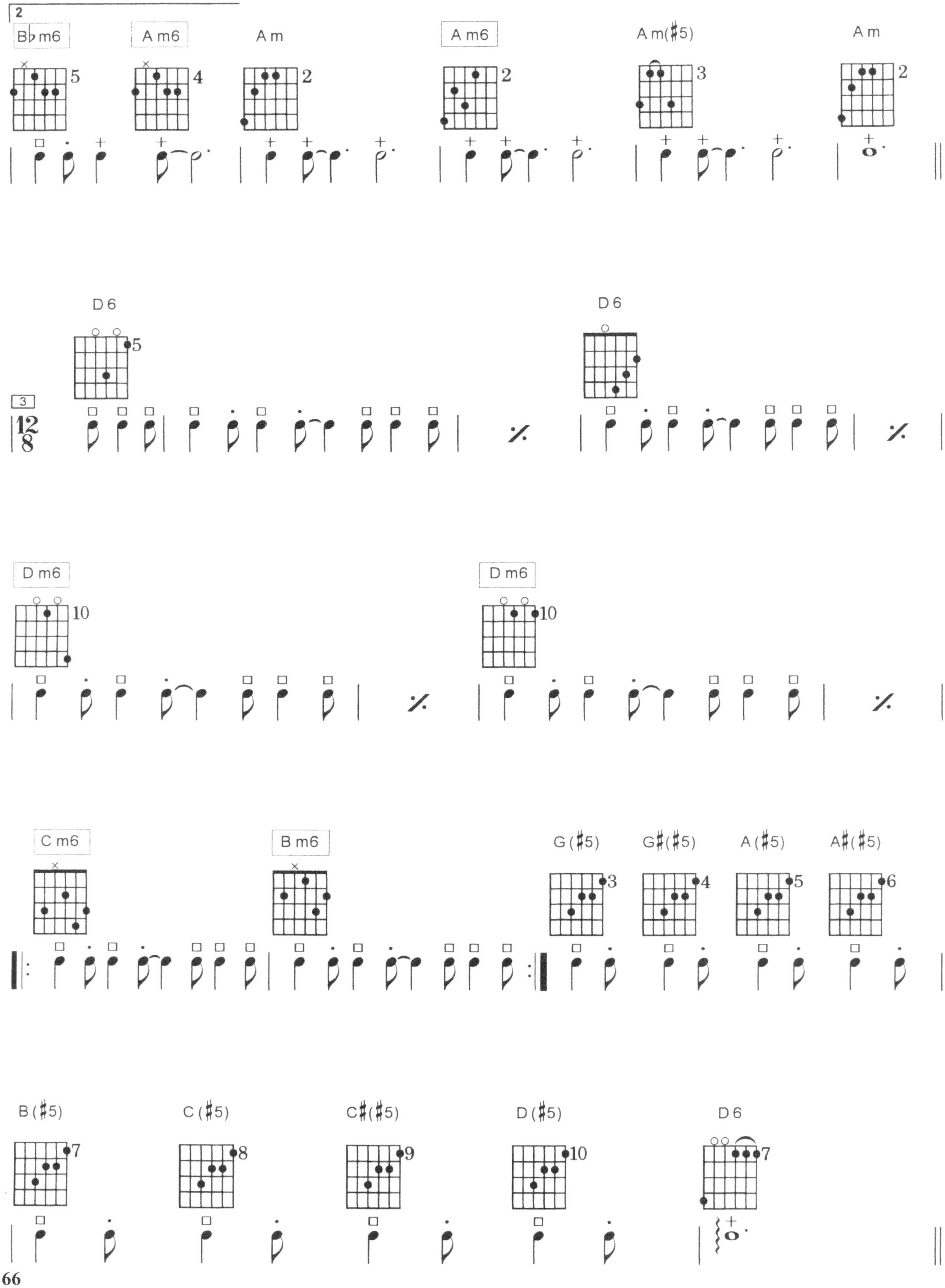
2
B♭m6
Am6
Am
Am6
Am(♯5)
Am
3
12/8
D6
D6
Dm6
Dm6
Cm6
Bm6
G(♯5)
G♯(♯5)
A(♯5)
A♯(♯5)
B(♯5)
C(♯5)
C♯(♯5)
D(♯5)
D6

Acorde maior com 7ª maior

Cifra: M7   Formação: tônica, 3ª M, 5ª J, 7ª M

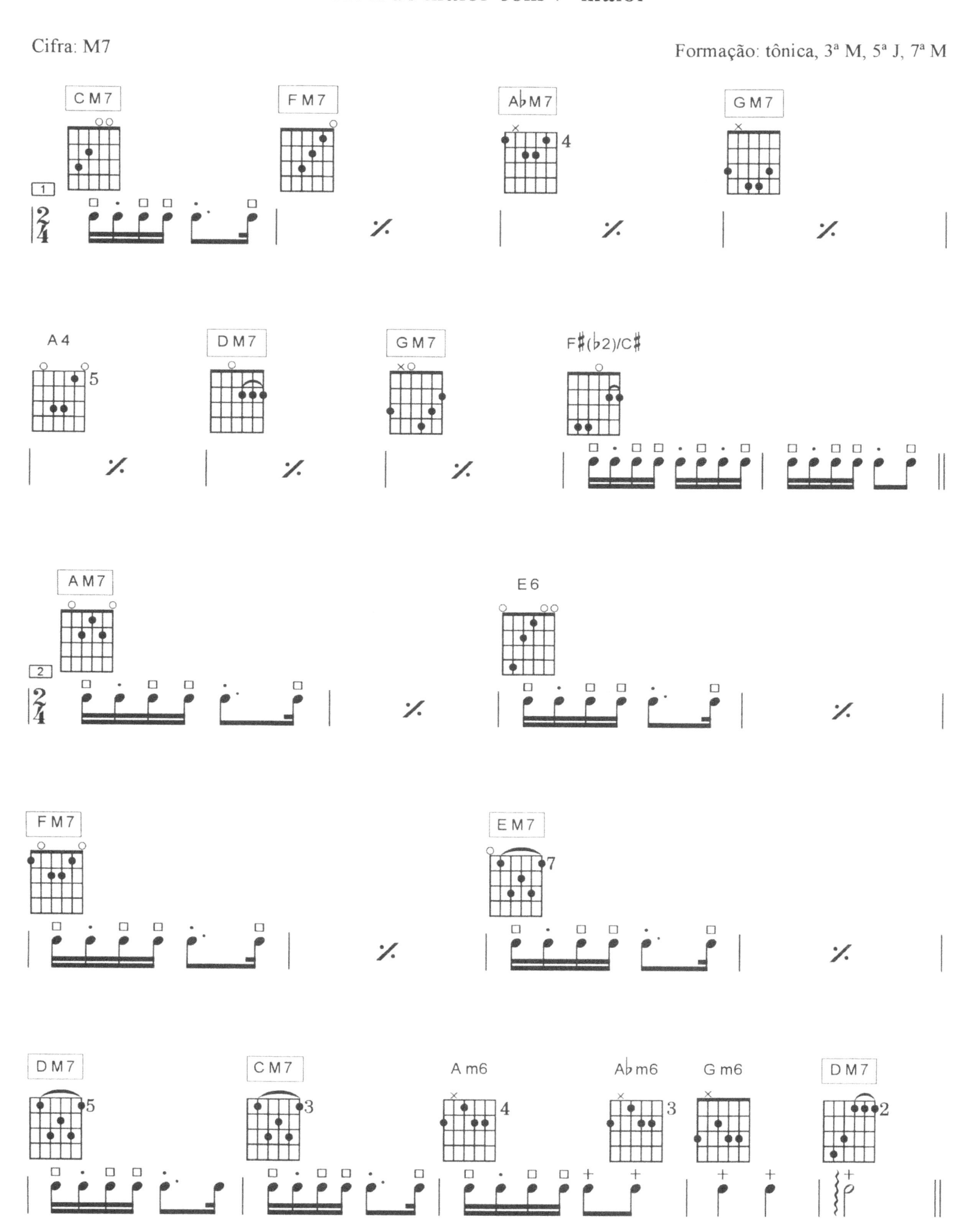

Acorde menor com 7ª maior

Cifra: m(M7)   Formação: tônica, 3ª m, 5ª J, 7ª M

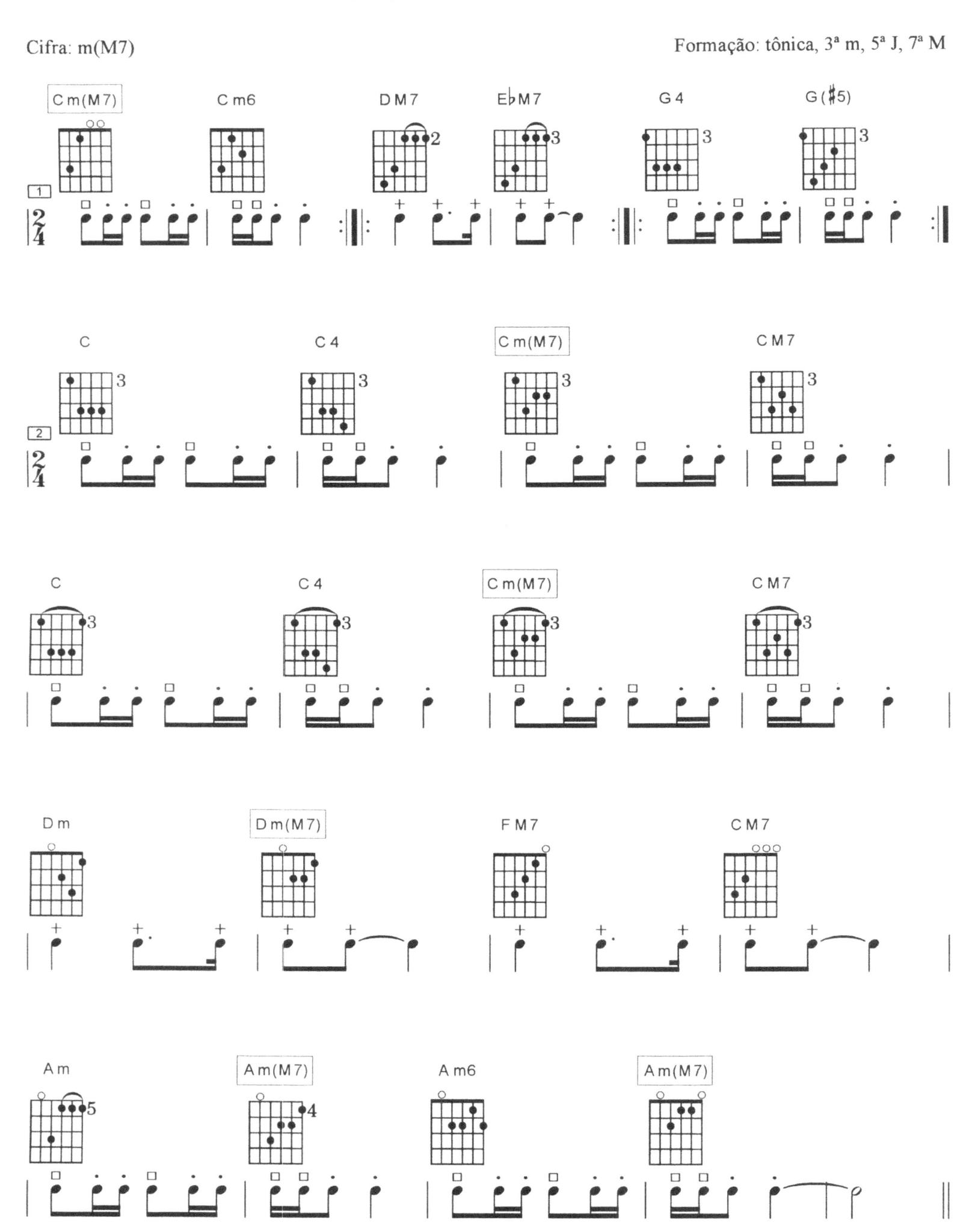

Acorde menor com 7ª maior (continuação)

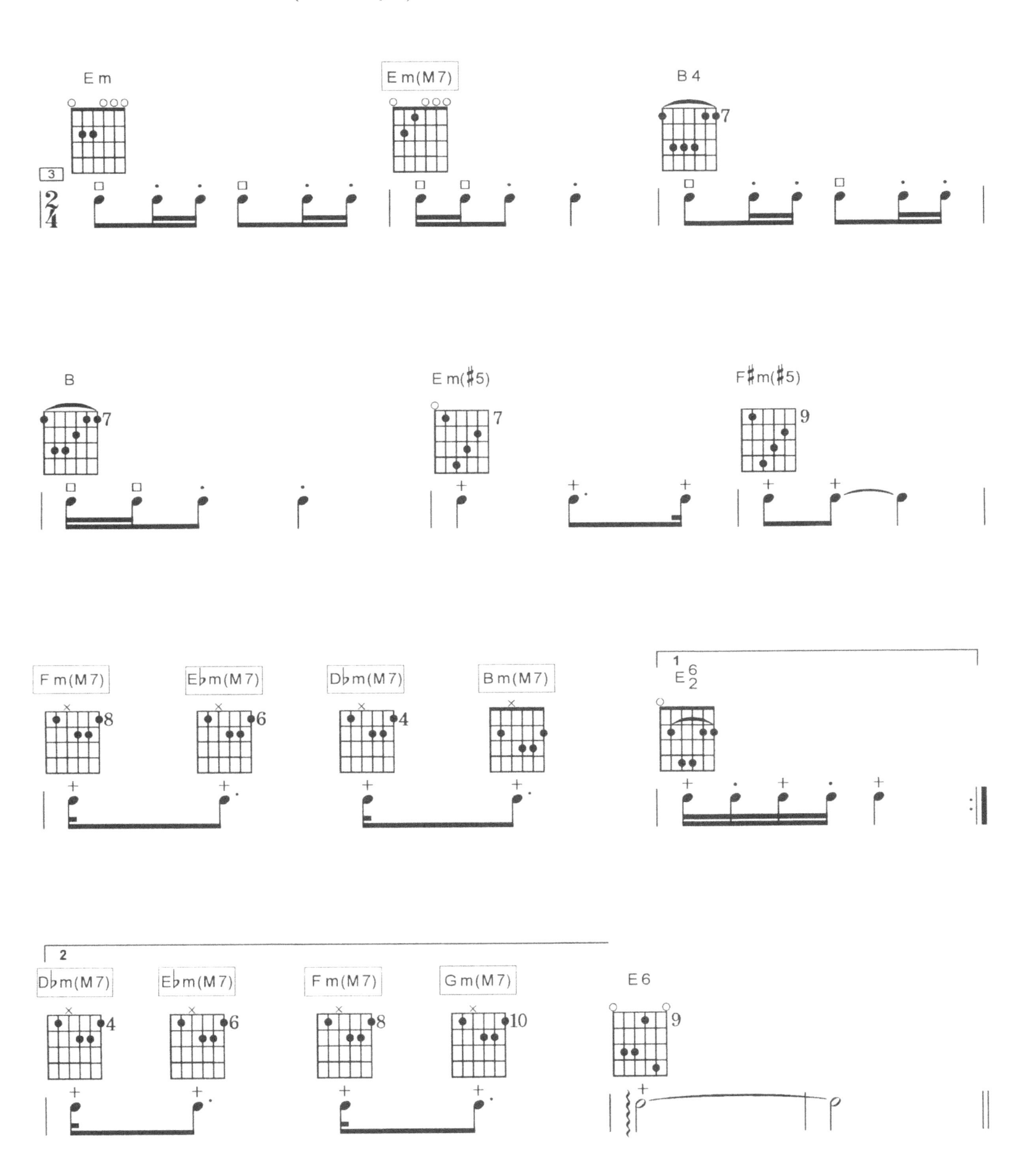

Acorde maior com 7ª menor

Cifra: 7

Formação: tônica, 3ª M, 5ª J, 7ª m

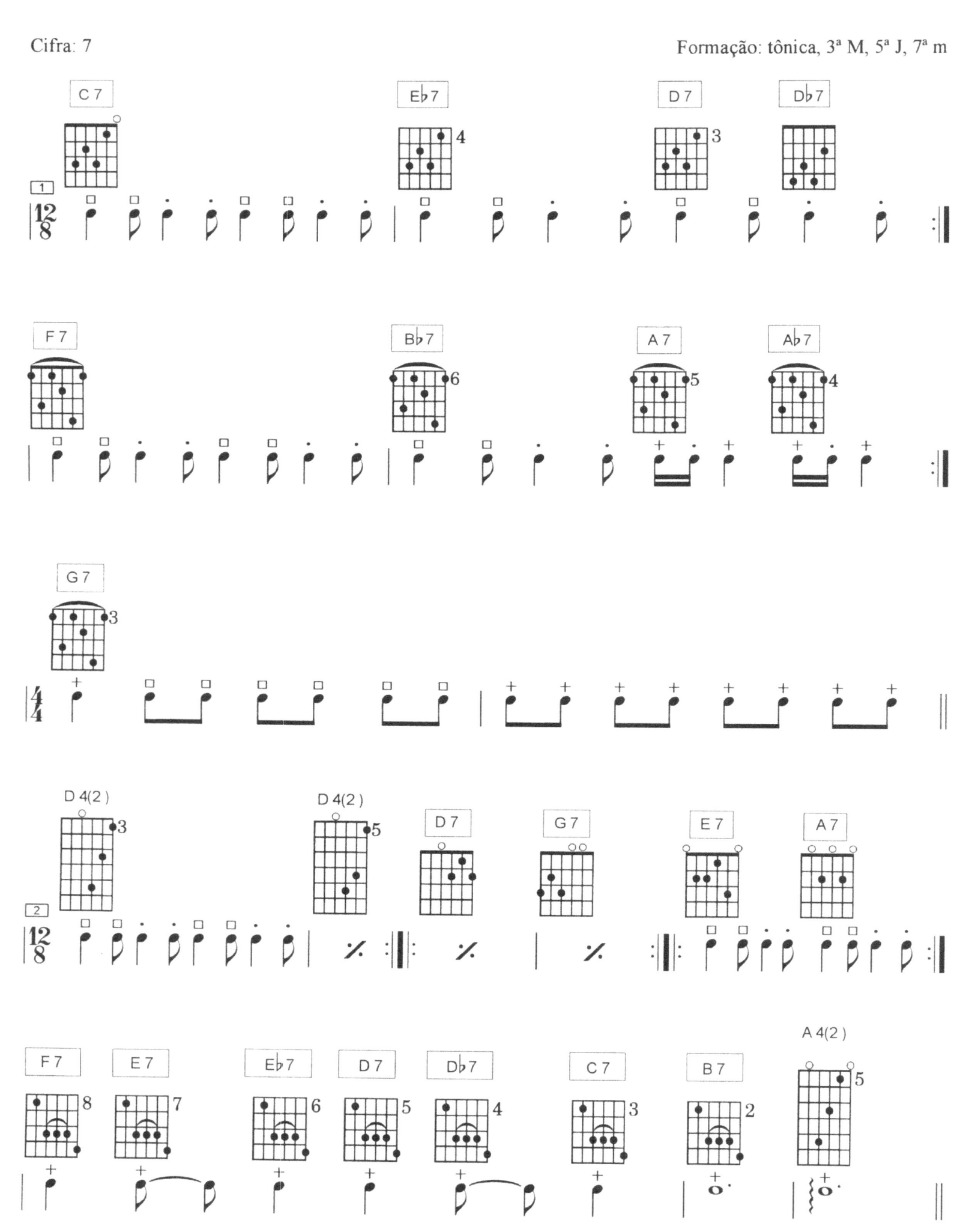

Acorde maior com 7ª menor (continuação)

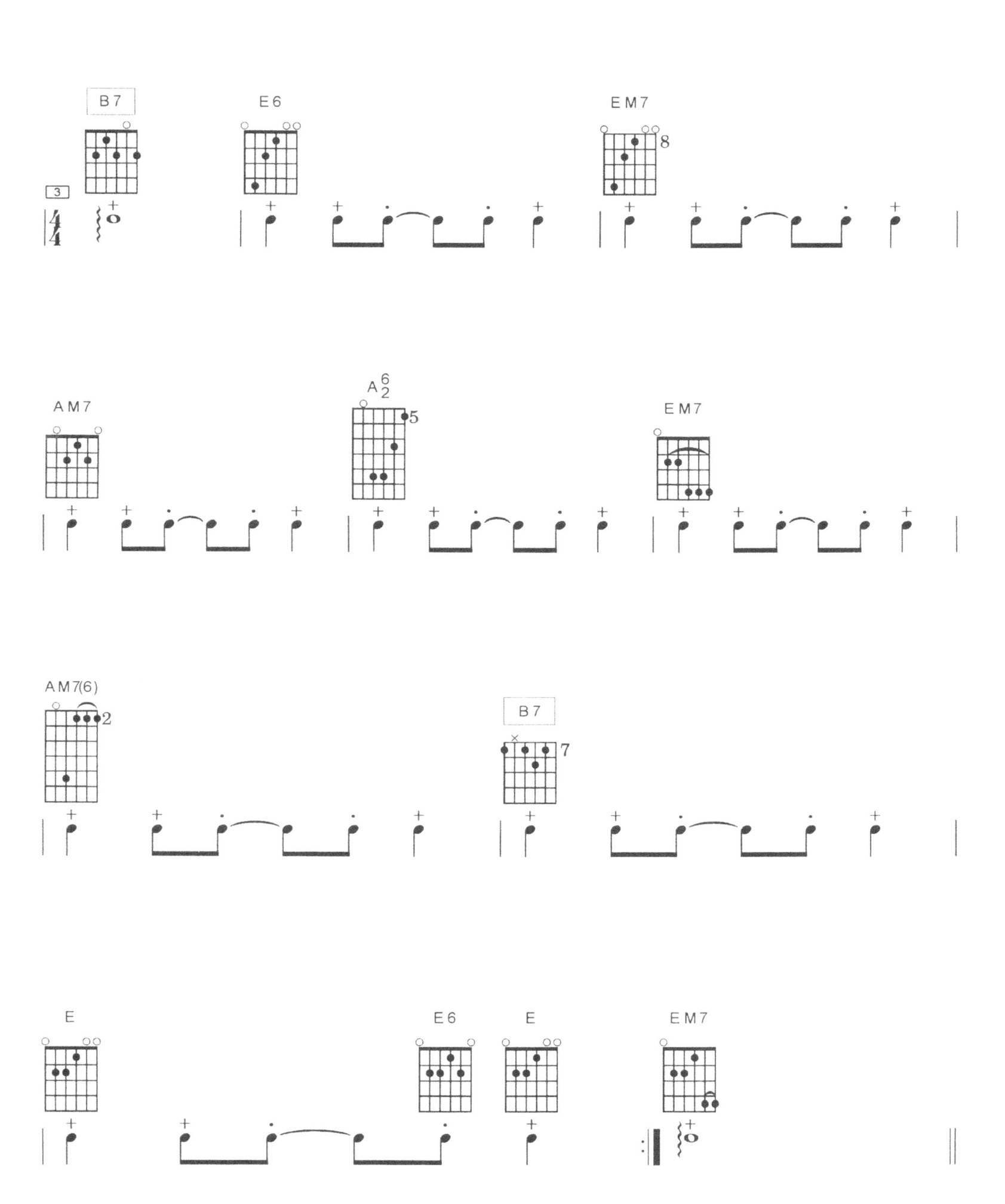

Acorde menor com 7ª menor

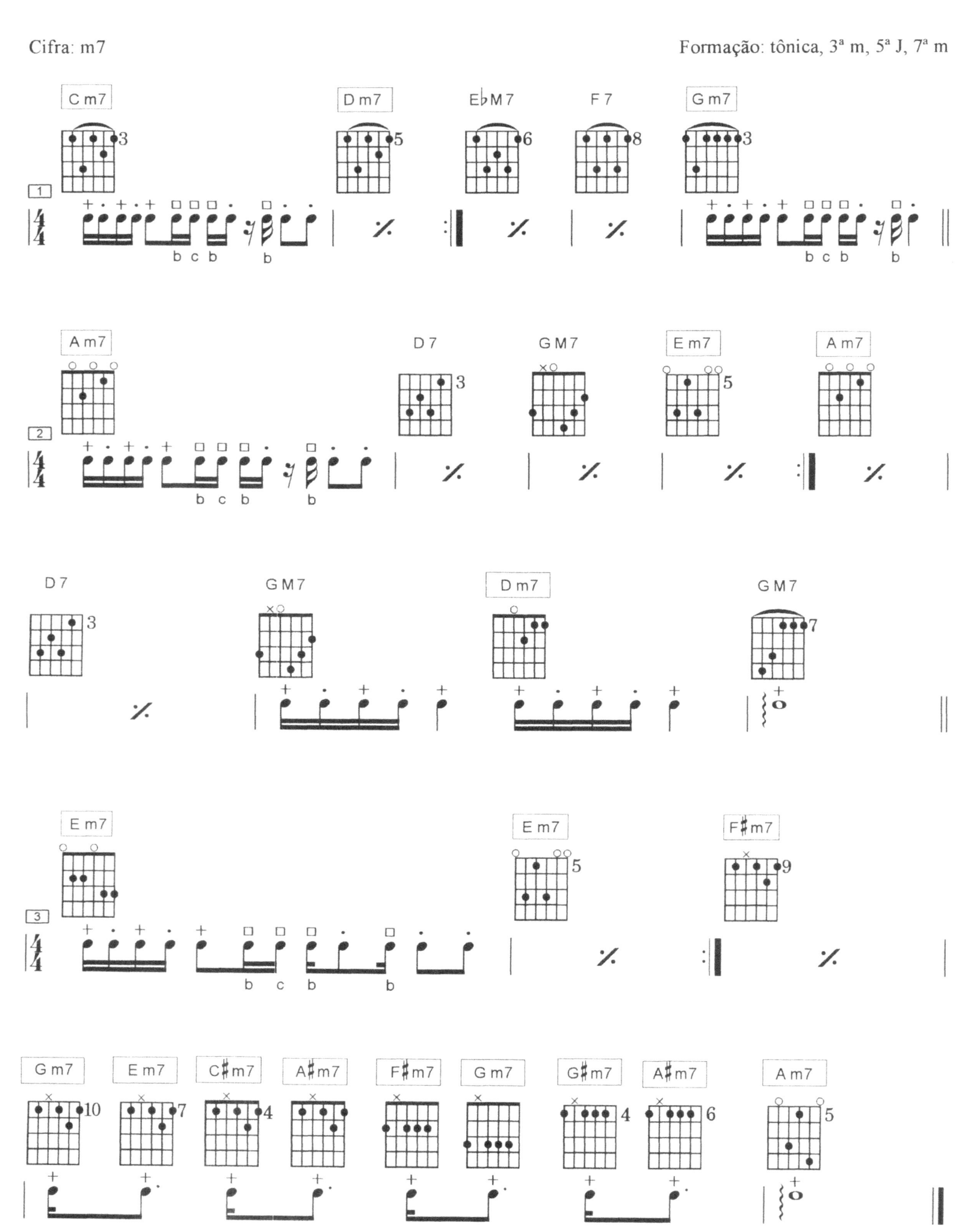

Cifra: m7   Formação: tônica, 3ª m, 5ª J, 7ª m

Acorde maior com 9ª maior

Cifra: 9   Formação: tônica, 3ª M, 5ª J, 9ª M

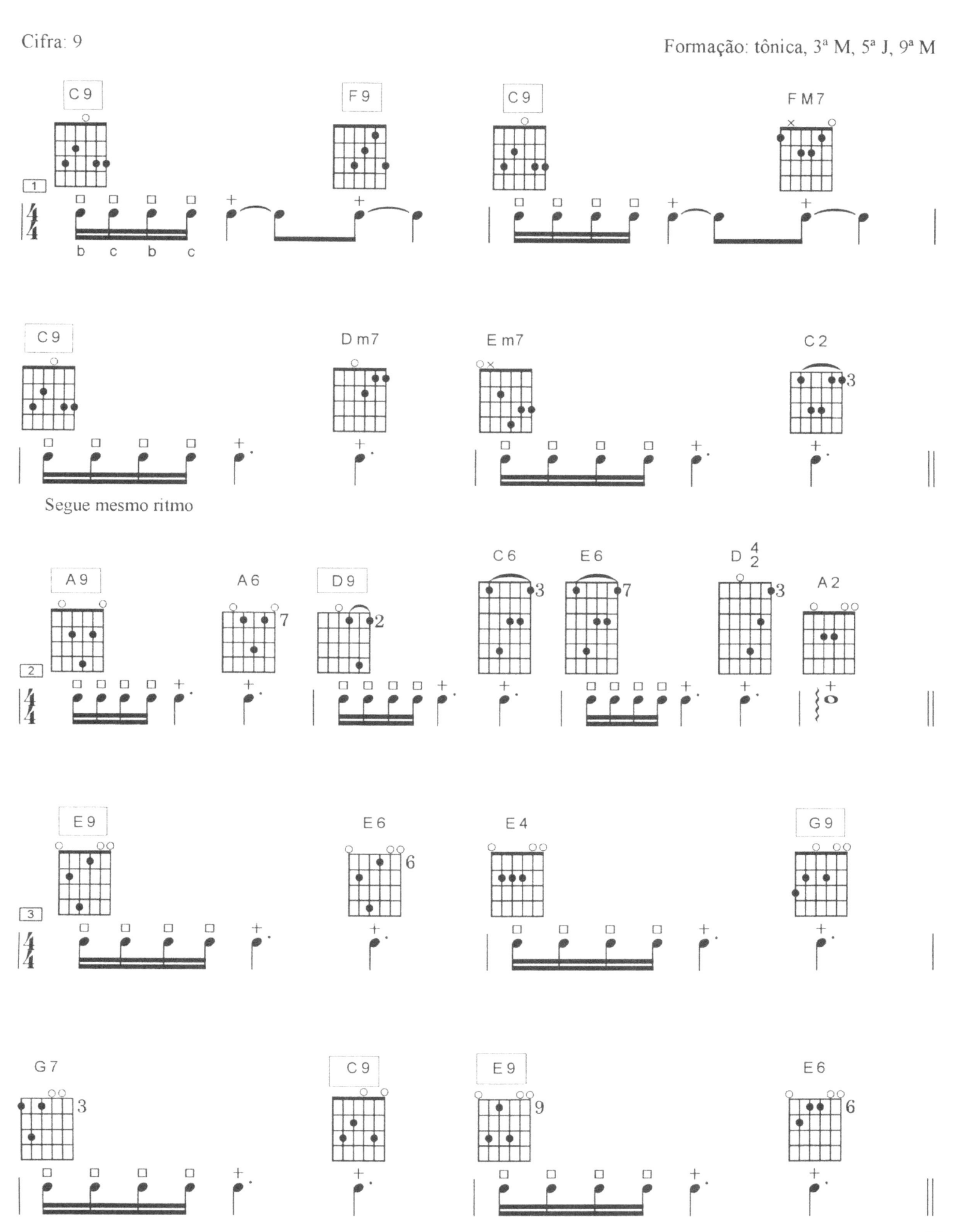

Acorde menor com 9ª maior

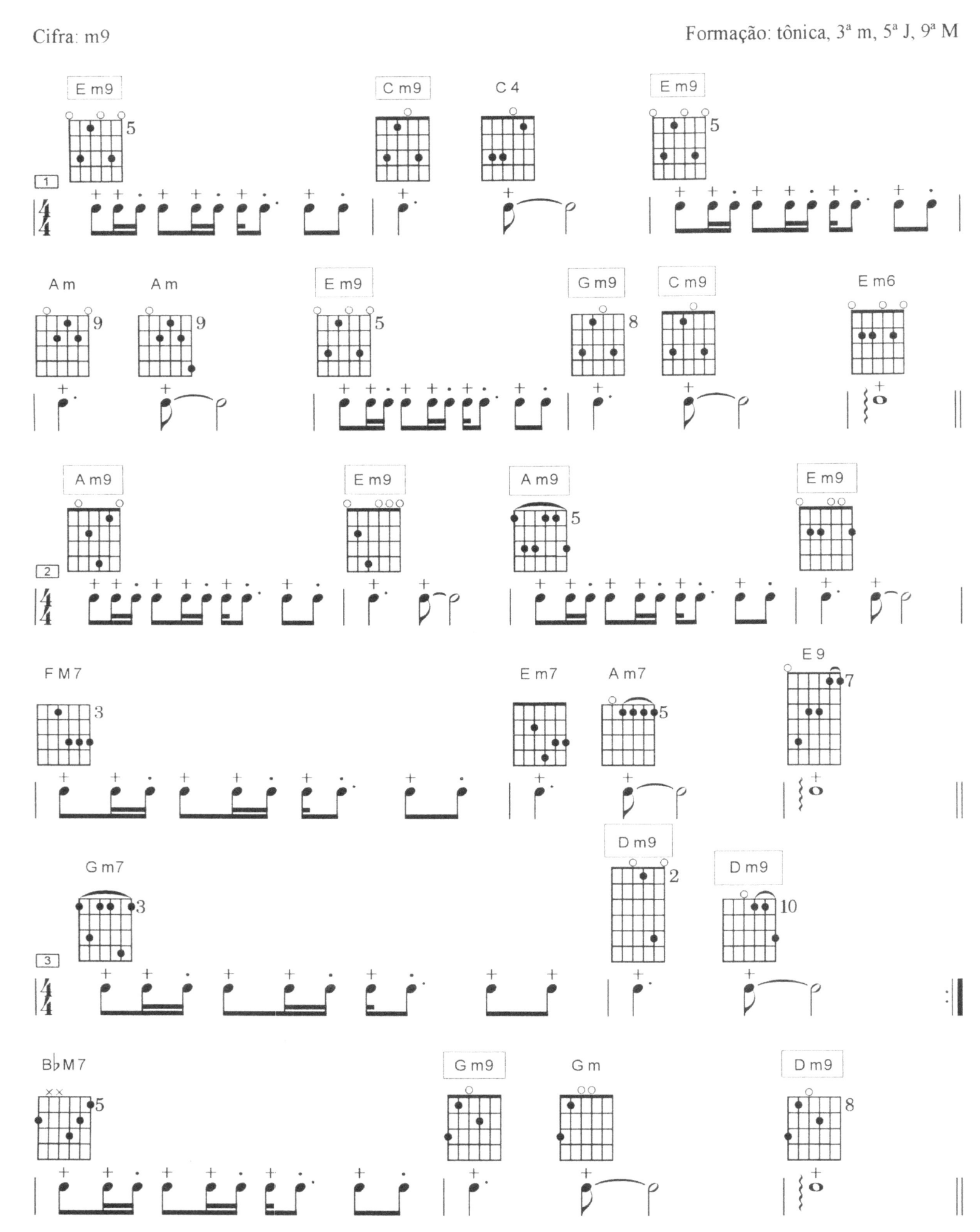

Cifra: m9   Formação: tônica, 3ª m, 5ª J, 9ª M

Acorde maior com 9ª menor

Cifra: (b9)   Formação: tônica, 3ª M, 5ª J, 9ª m

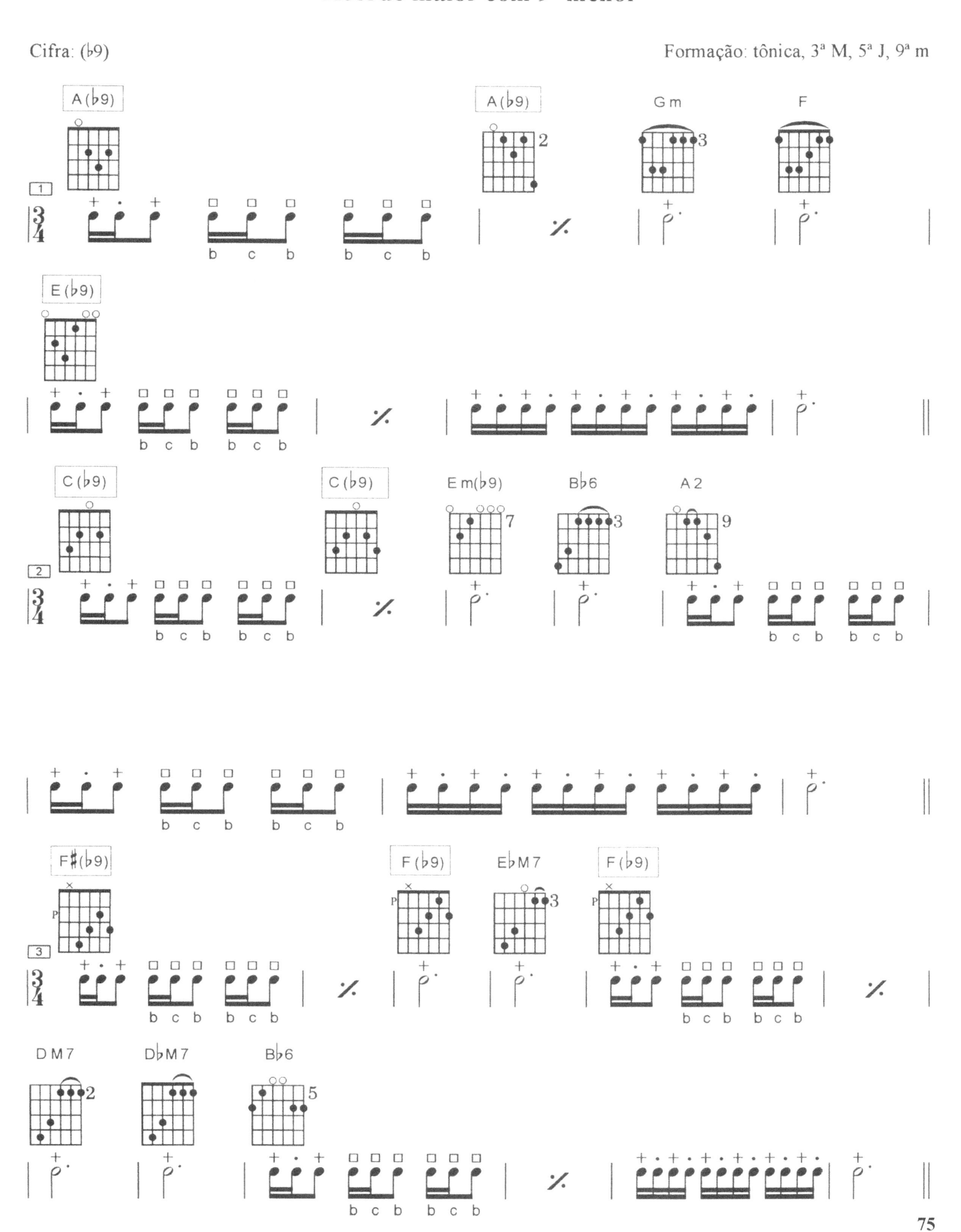

Acorde menor com 9ª menor

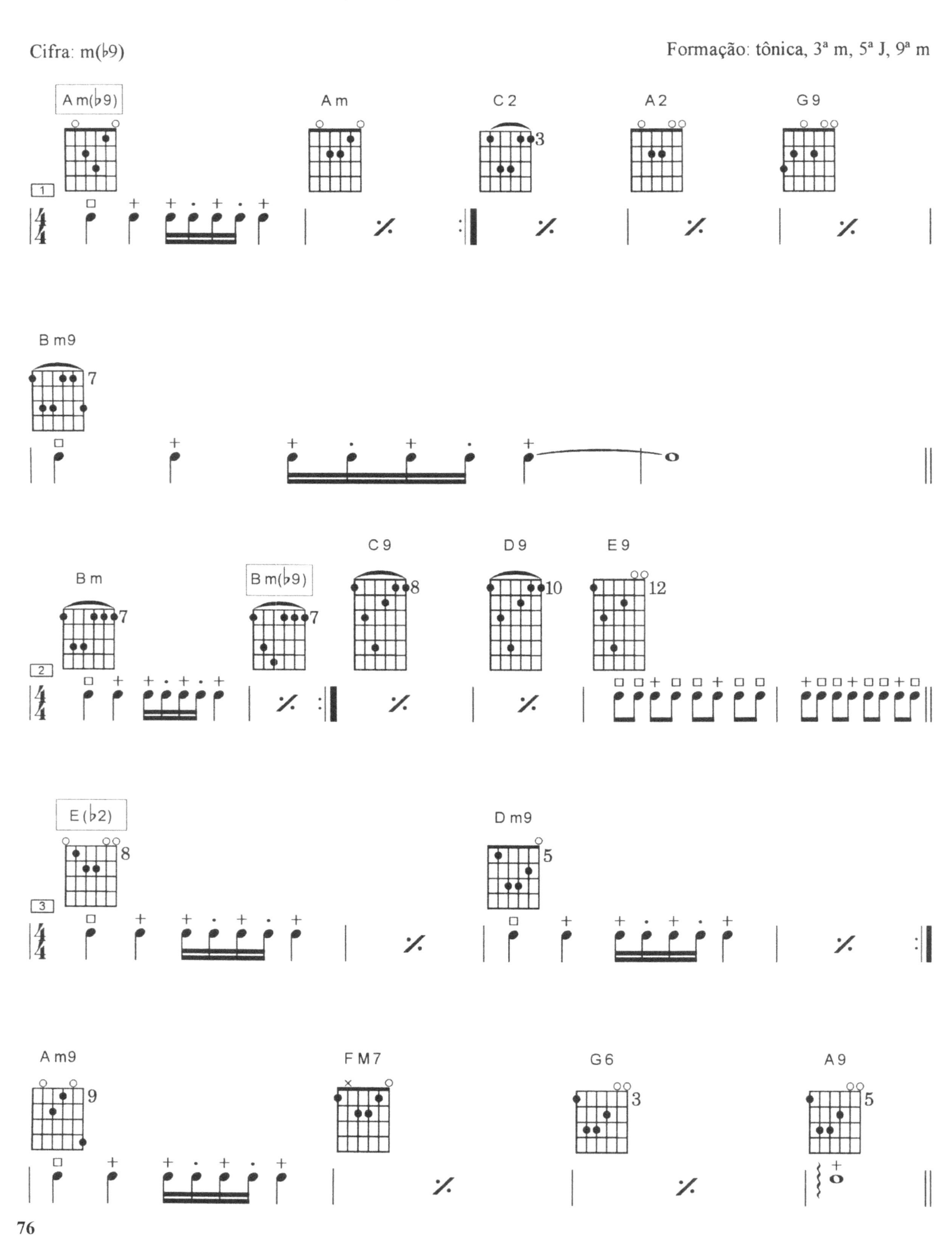

Cifra: m(♭9)   Formação: tônica, 3ª m, 5ª J, 9ª m

Acorde maior com 9ª aumentada

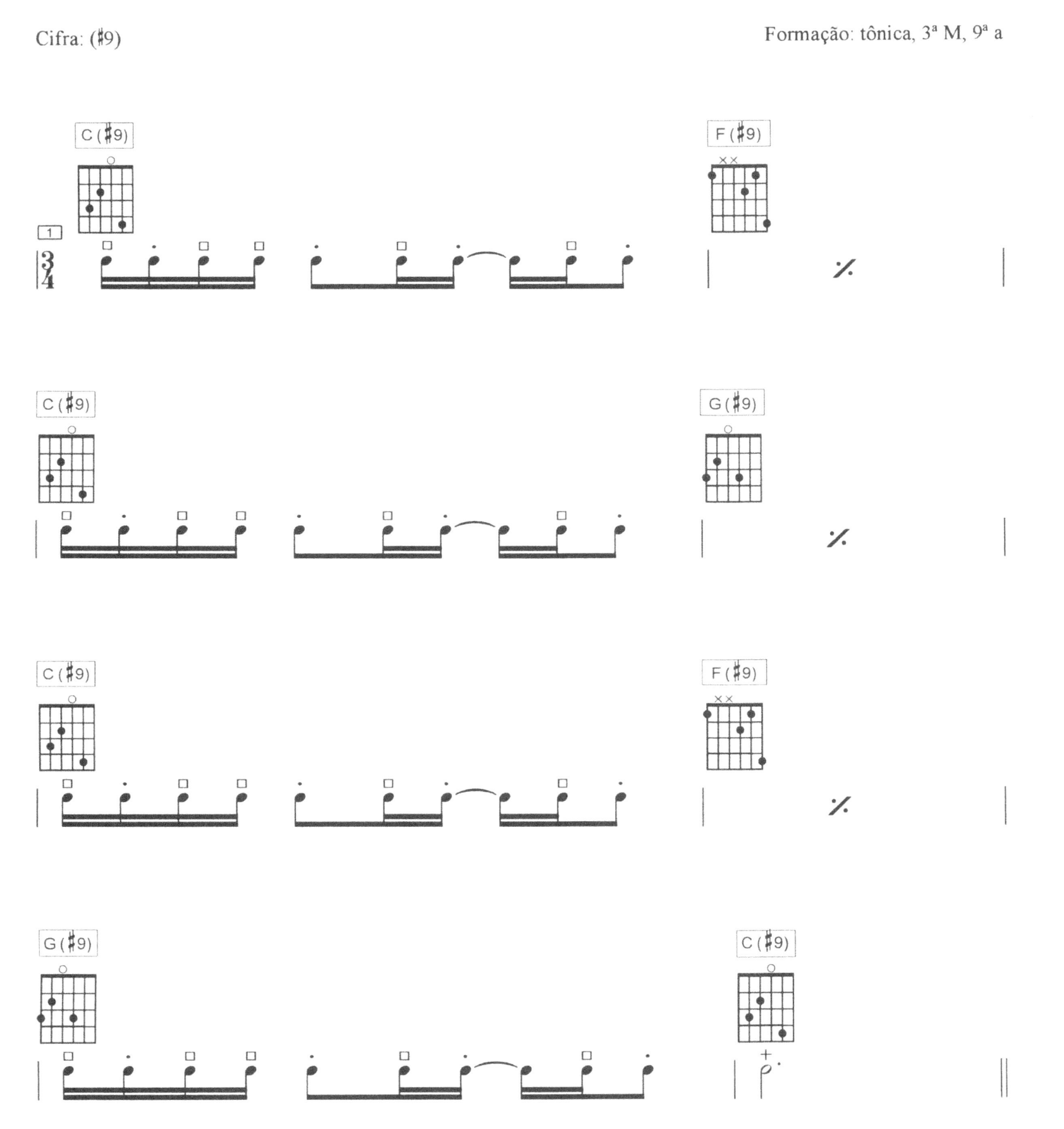

Cifra: (#9)

Formação: tônica, 3ª M, 9ª a

Acorde de 4ª justa com 7ª menor

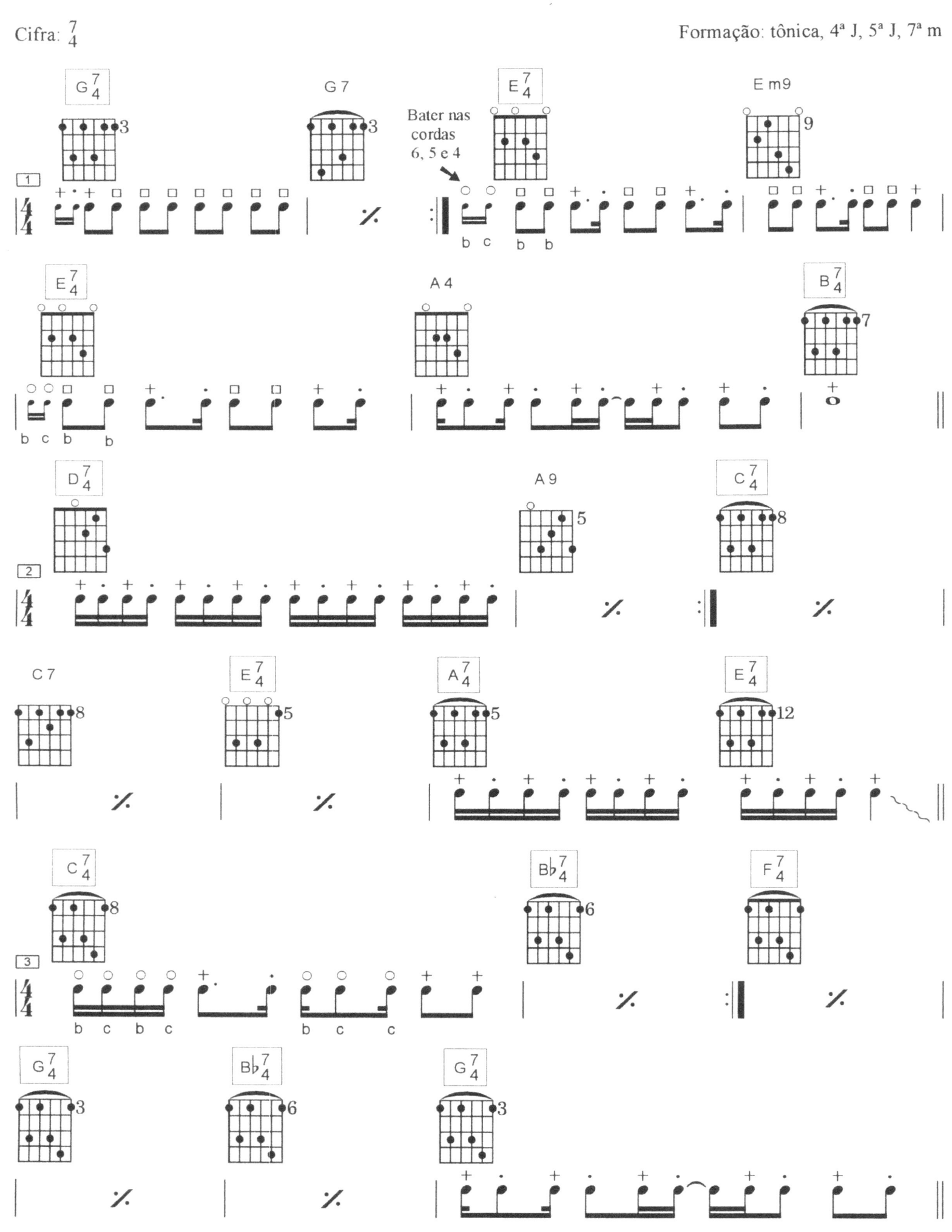

Cifra: $\frac{7}{4}$

Formação: tônica, 4ª J, 5ª J, 7ª m

Acorde maior com 7ª menor e 5ª aumentada

Cifra: 7(♯5) Formação: tônica, 3ª M, 5ª a, 7ª m

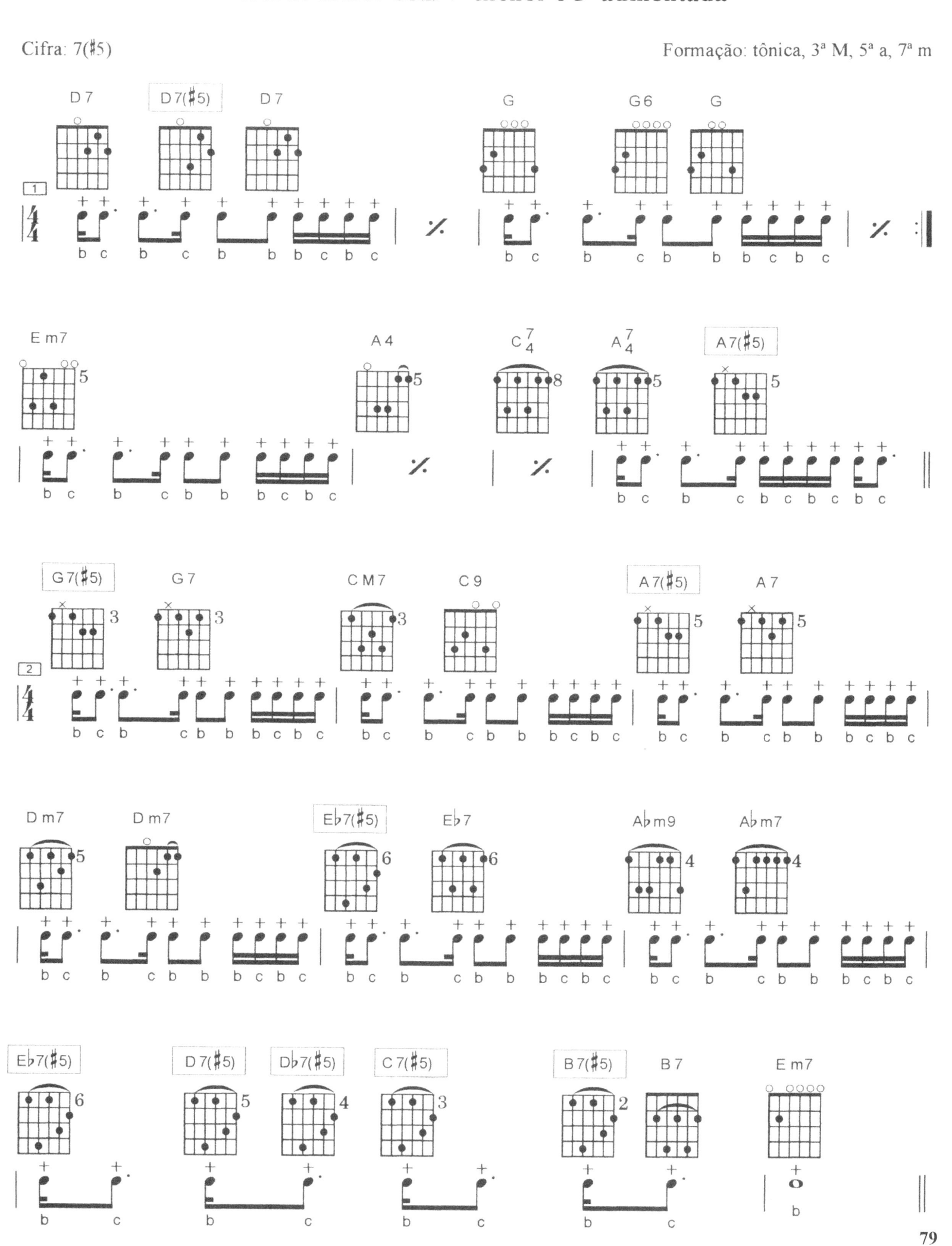

Acorde menor com 7ª menor e 5ª aumentada

Cifra: m7(#5)
Formação: tônica, 3ª m, 5ª a, 7ª m

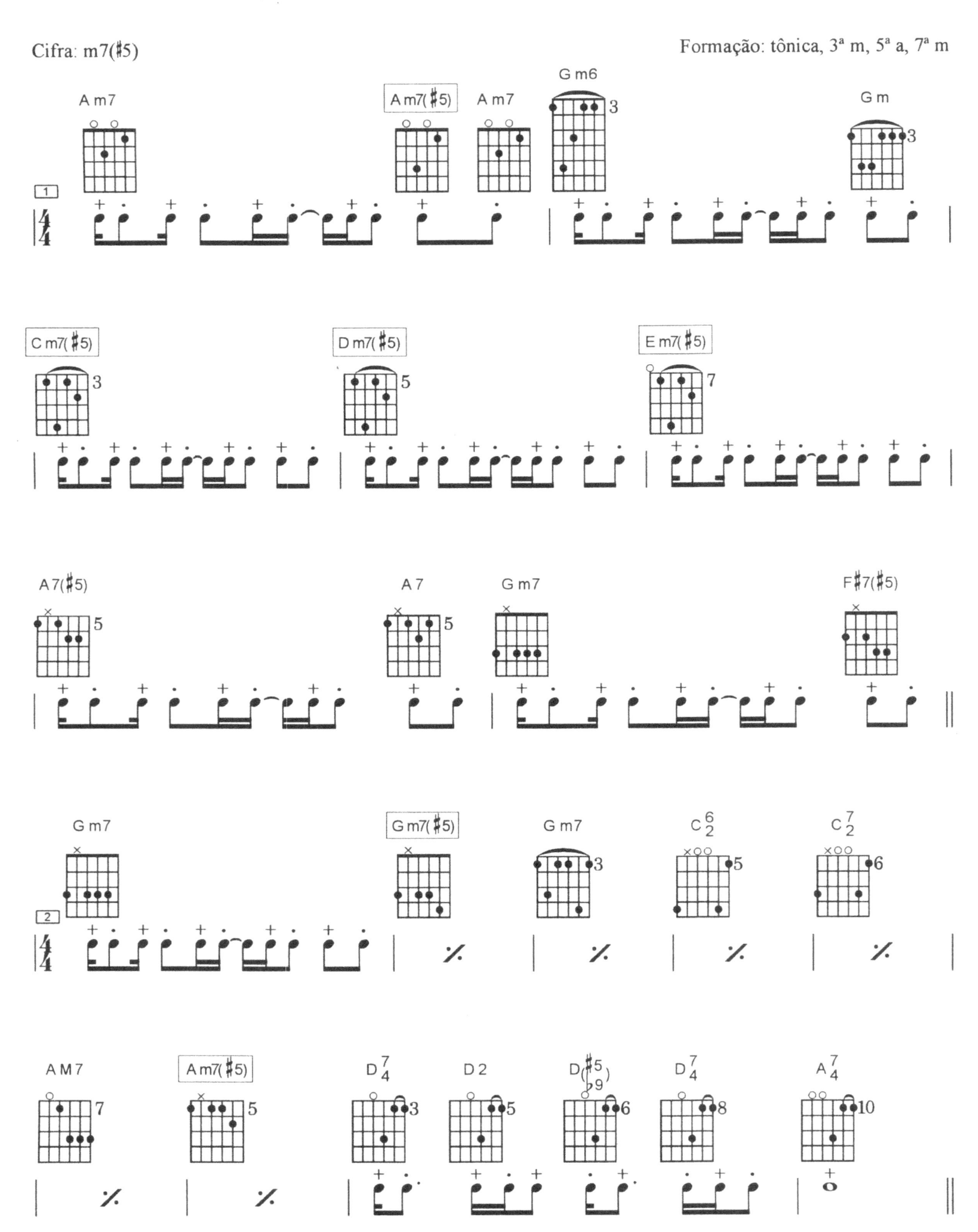

Acorde maior com 7ª menor e 5ª diminuta

Cifra: 7(b5) Formação: tônica, 3ª M, 5ª d, 7ª m

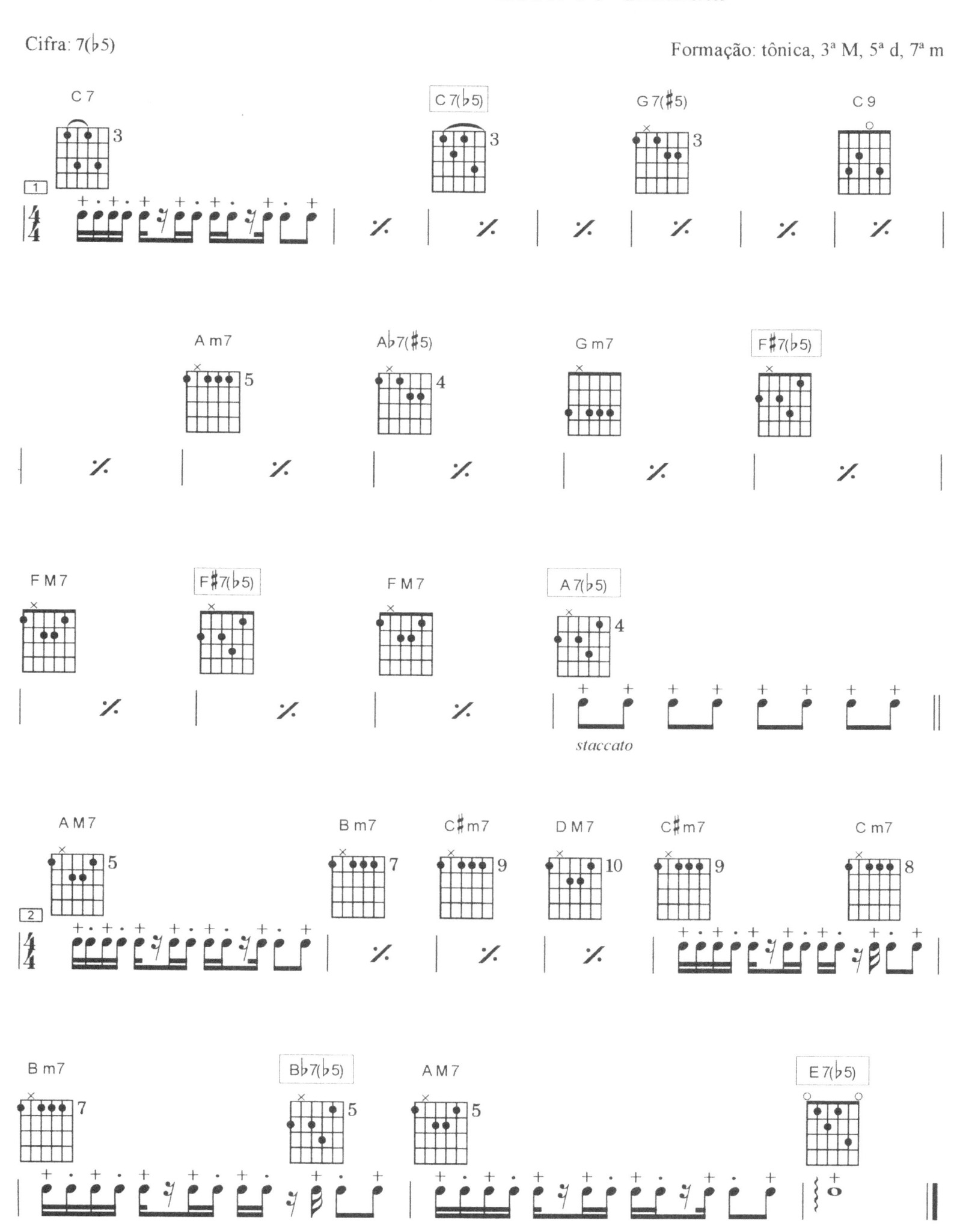

Acorde menor com 7ª menor e 5ª diminuta

Cifra: m7(♭5)   Formação: tônica, 3ª m, 5ª d, 7ª m

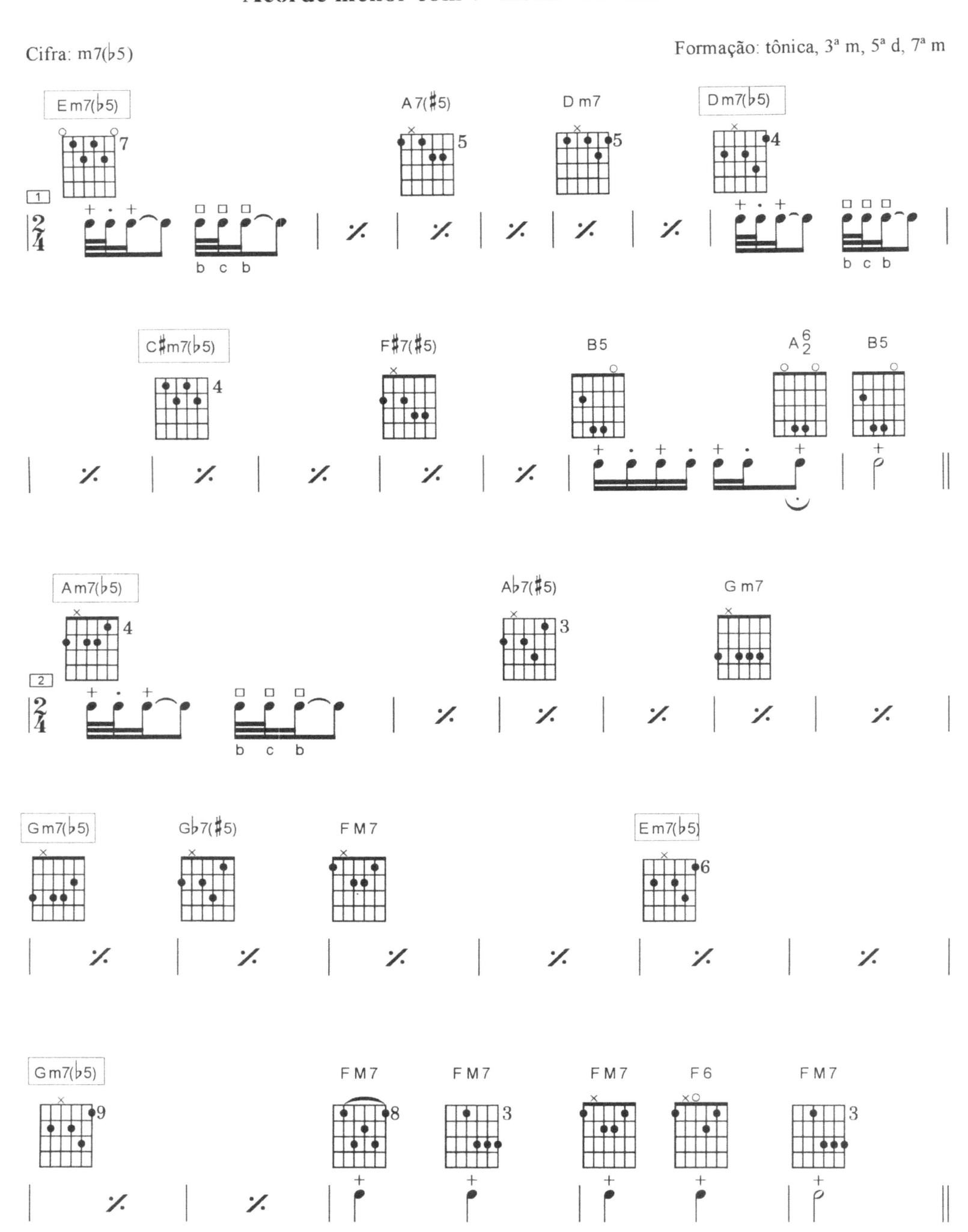

Acorde menor com 7ª diminuta e 5ª diminuta

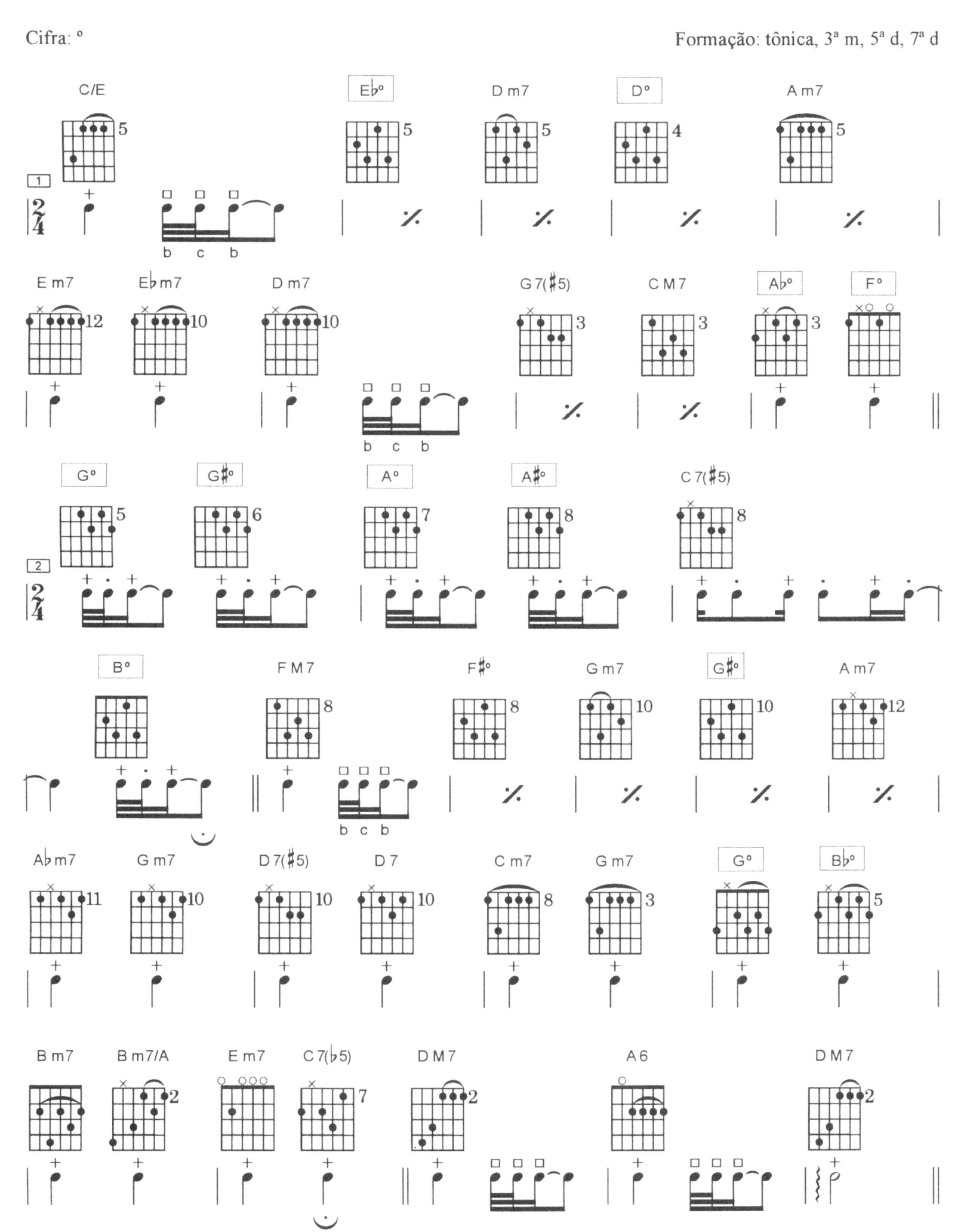

Cifra: º   Formação: tônica, 3ª m, 5ª d, 7ª d

Acorde maior com 5ª diminuta e 7ª maior

Cifra: M7(b5)   Formação: tônica, 3ª M, 5ª d, 7ª M

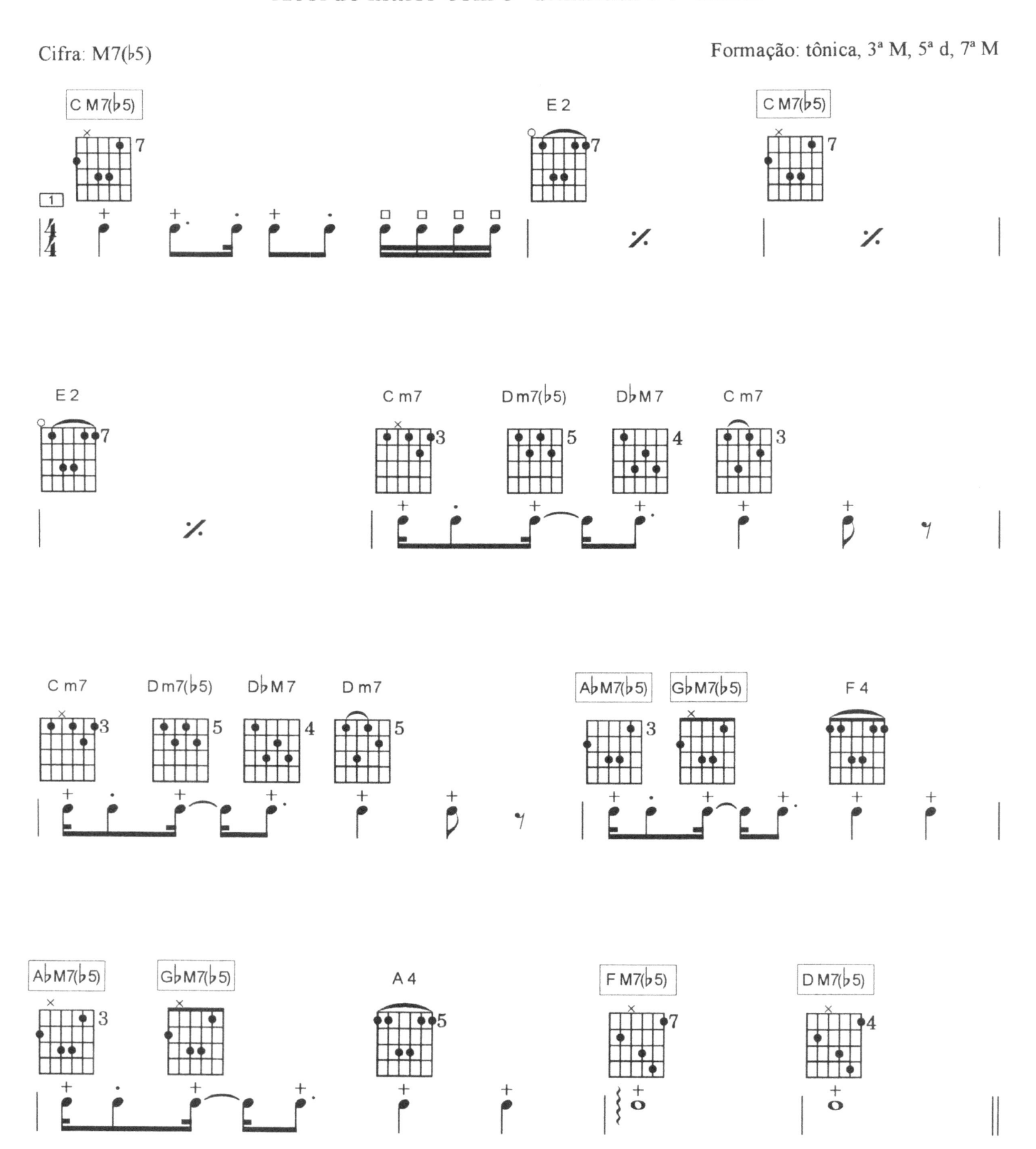

Acorde maior com 5ª aumentada e 9ª maior

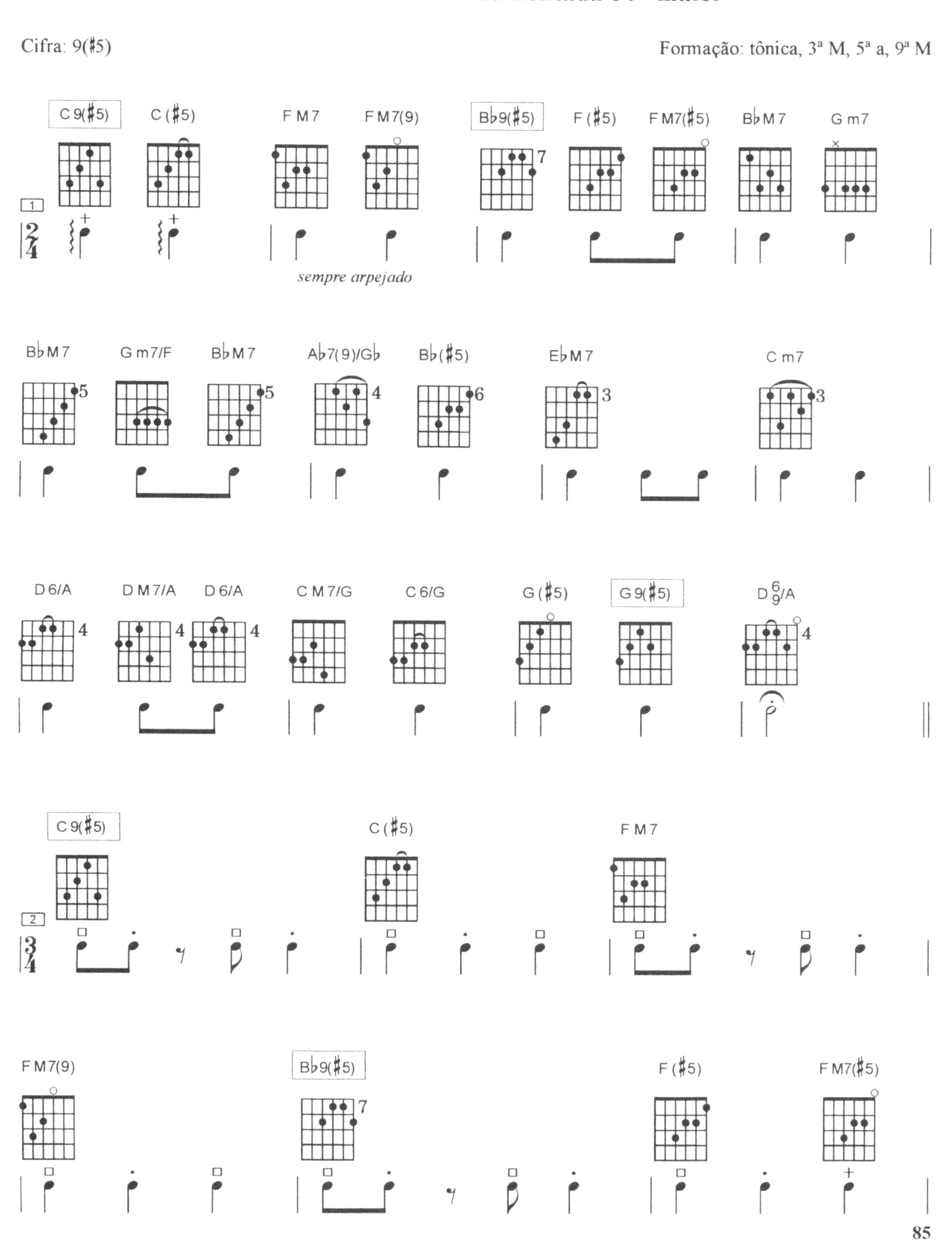

Cifra: 9(#5)   Formação: tônica, 3ª M, 5ª a, 9ª M

sempre arpejado

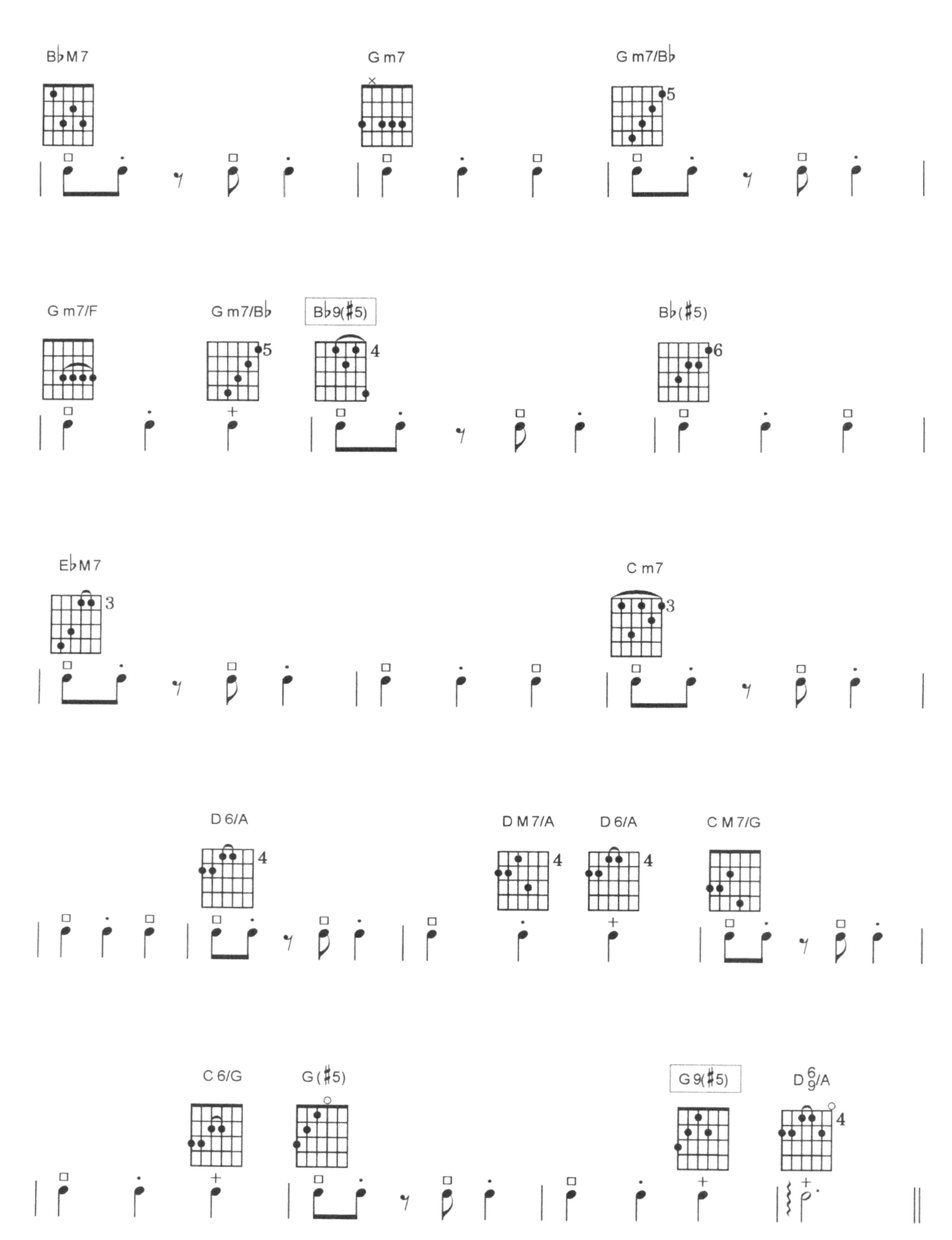

IMPROVISAÇÃO

Nesta parte, são apresentadas mais algumas escalas para aumentar o vocabulário de improvisação: hexacordal menor, hexacordal maior, dórica e diatônica. Primeiramente, observe as bases para acompanhamento, de forma a memorizá-las, para depois estudar as escalas sobre uma harmonia. Estas escalas, juntamente com as de blues e as de country, são as mais utilizadas no rock.

A partir daqui, não serão mais indicados o vibrato e o staccato, ficando a interpretação a critério do aluno.

Acompanhamento

Estes são alguns exemplos de acompanhamento que podem servir de base para o estudo de improvisação com as escalas apresentadas nessa parte.

A numeração abaixo das cifras indica a batida (condução).

Base para a escala hexacordal menor

Ritmo básico:

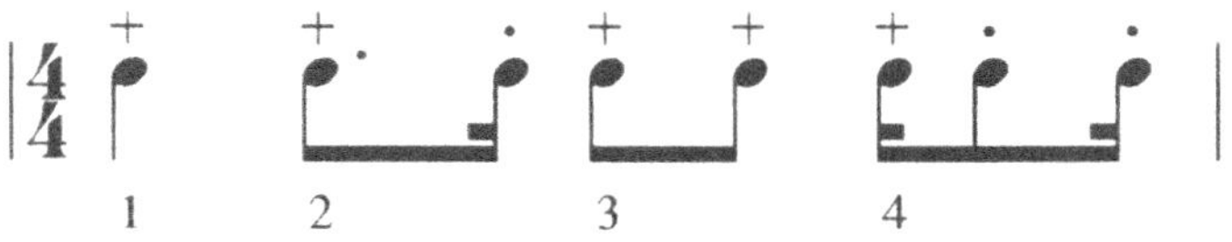

Base: 4/4   Cm7 | Fm7 | Cm7 | Cm7 | Fm7 | Fm7 | Cm7 | Cm7 | A♭M7 | B♭7 | Cm7 | Gm7 ||

Base para a escala hexacordal maior

Ritmo básico igual ao anterior.

Base: 4/4   C9 | F9 | C9 | C9 | F9 | F9 | C9 | C9 | G | F9 | C9 F9 | C9 G ||
                                                          1 2 3 4   1 2 3 4

Acordes: C9   F9   G

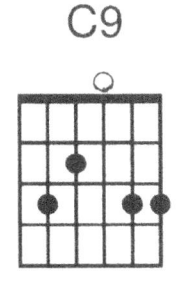

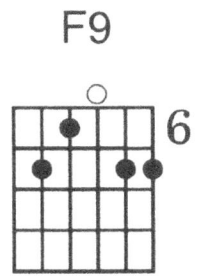

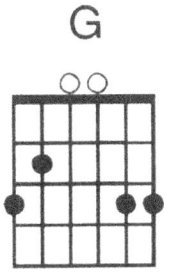

Base para a escala dórica

Ritmo básico: [notação rítmica em 4/4]

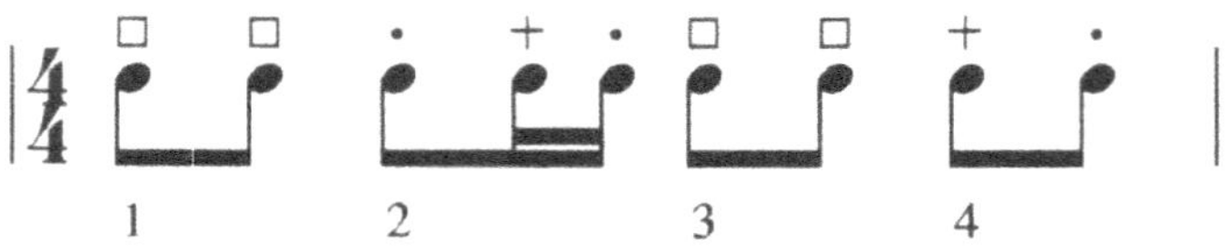

Base: 4/4   Cm7 | F7(9) | Cm7 | F7(9) | Cm7 | F7(9) | Cm7 | F7(9) | B♭M7 | E♭M7 | B♭M7 | E♭M7 | Dm7 | Cm7 | Gm7 | Gm7 ||

Base para a escala diatônica

Ritmo básico: [notação rítmica em 4/4]

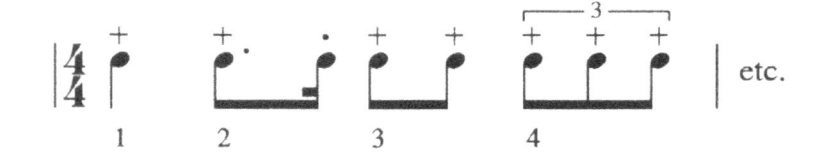

Base: 4/4   CM7 | FM7/A | CM7 | CM7 | FM7/A | FM7/A | CM7 | CM7 | G7(9 11) | G7(♭9) |

CM7   FM7/A | CM7   G7(9 11)   G7(♭9) ||
1 2   3 4   1 2   3   4

Acordes:

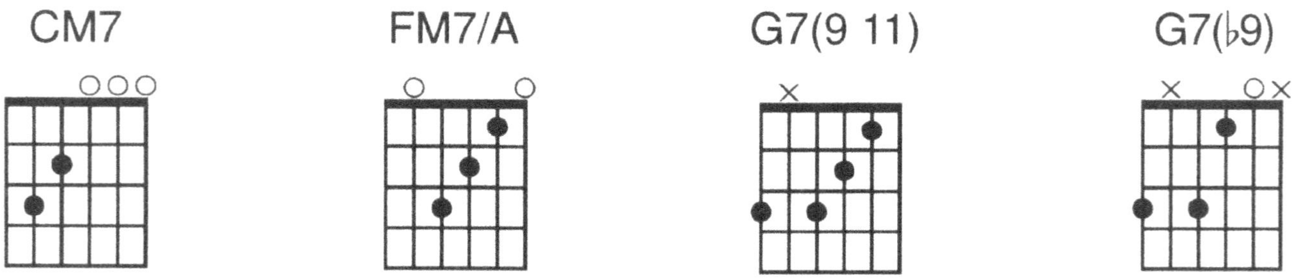

CM7   FM7/A   G7(9 11)   G7(♭9)

Escala hexacordal menor

Esquema 1

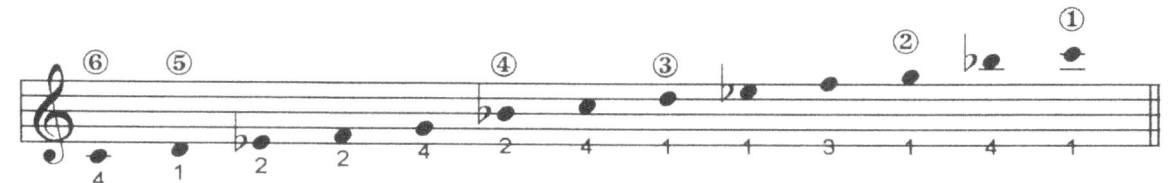

Exemplos

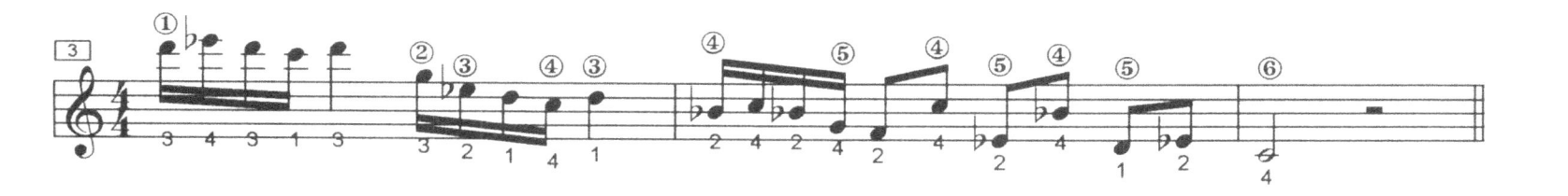

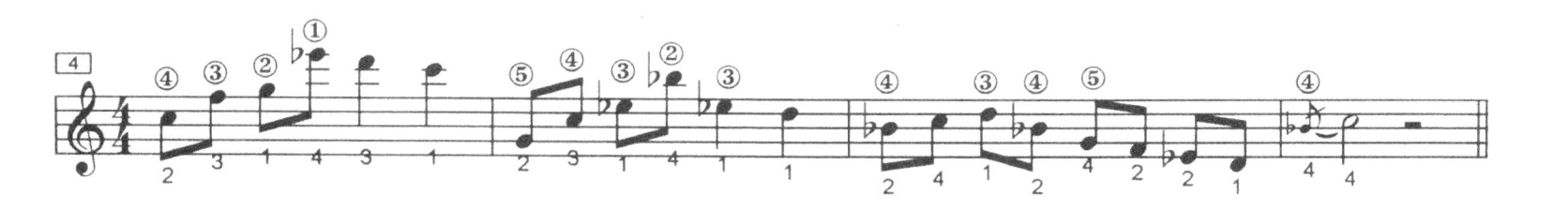

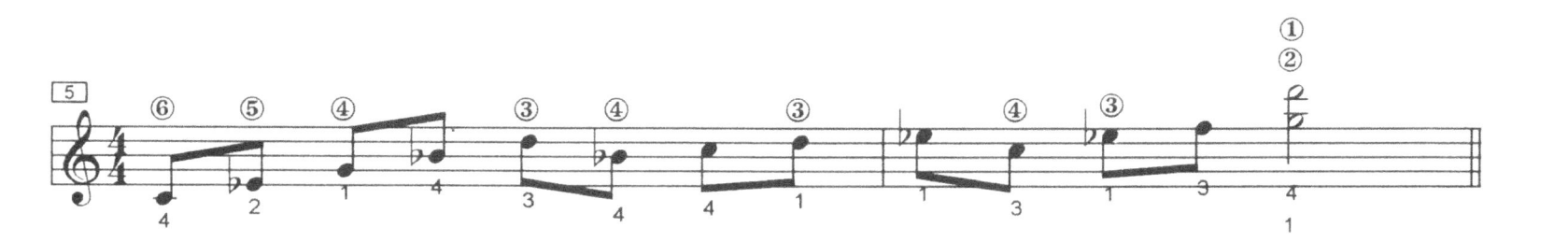

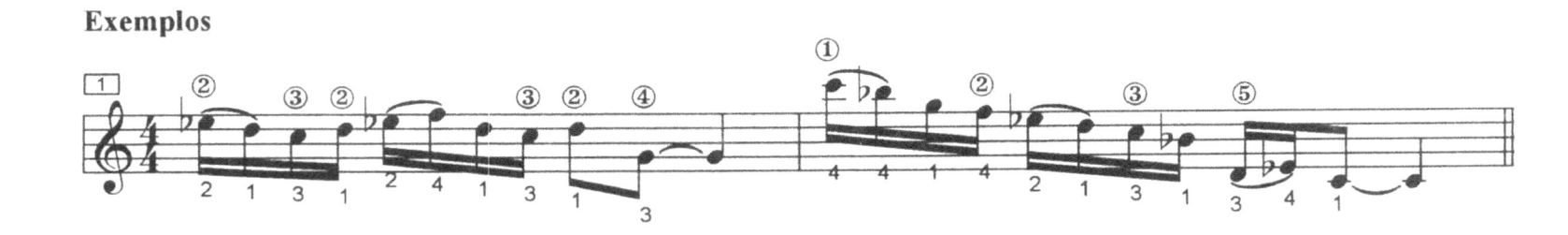

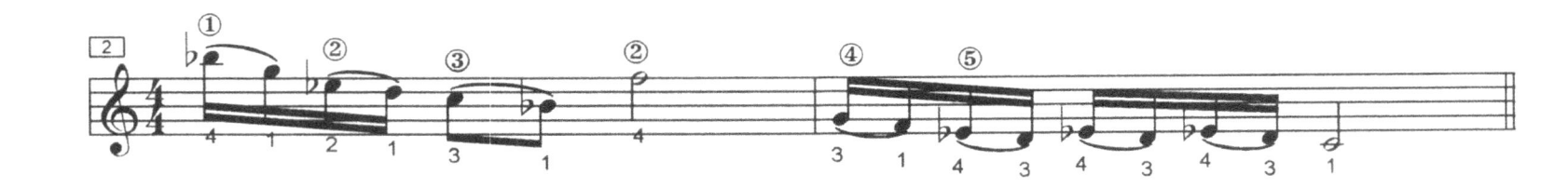

Escala hexacordal menor

Esquema 2

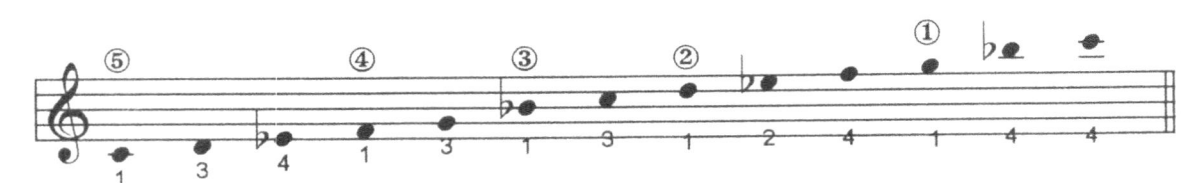

Exemplos

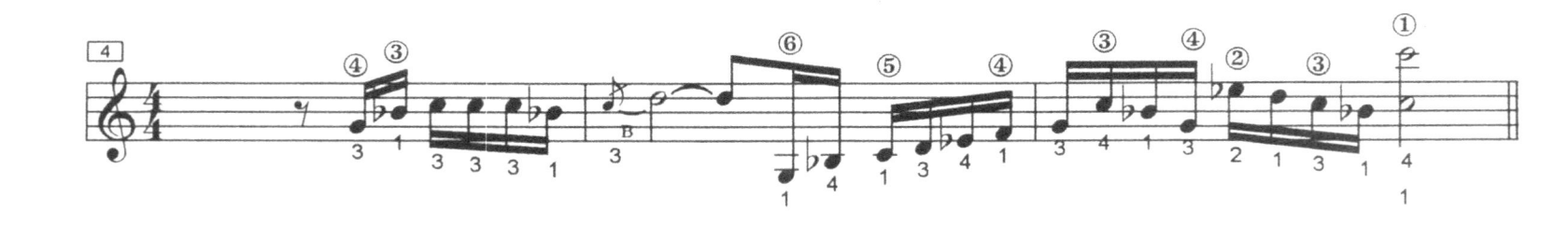

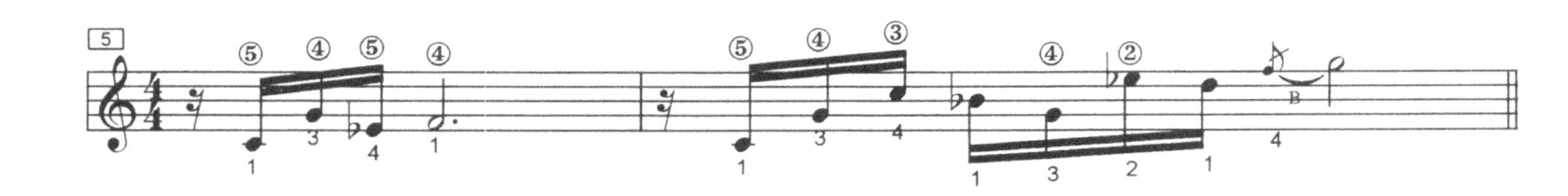

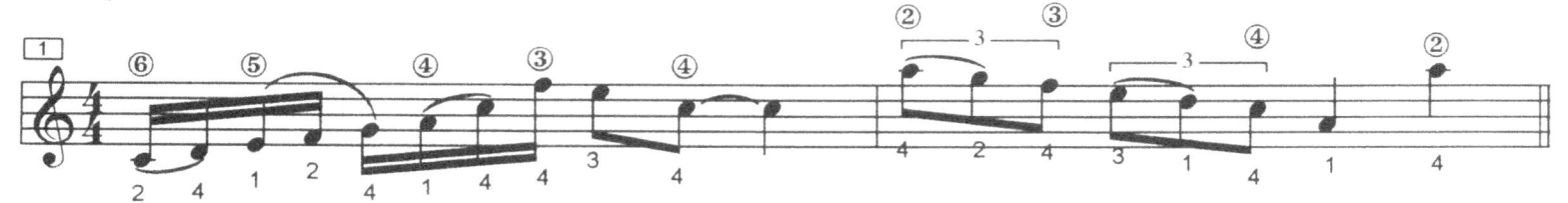

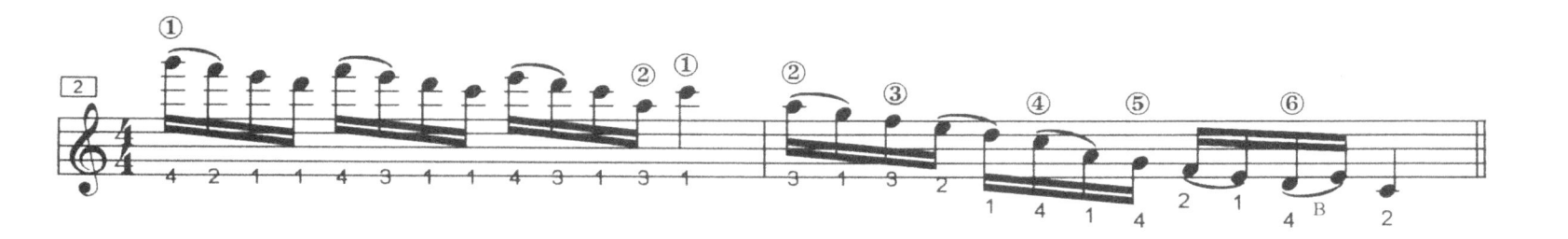

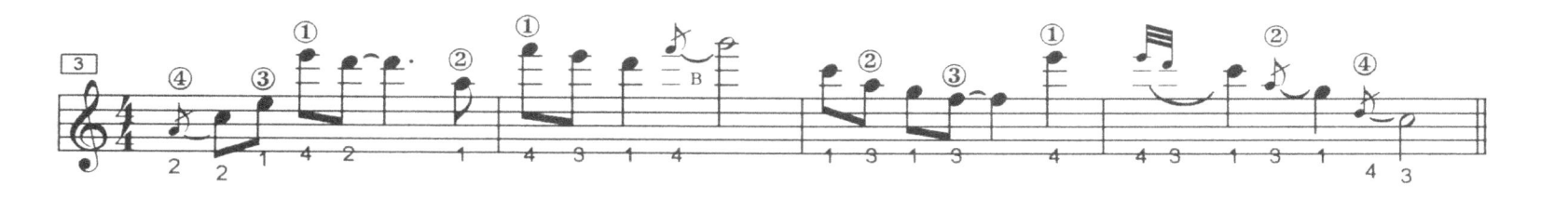

Escala hexacordal maior

Esquema 1

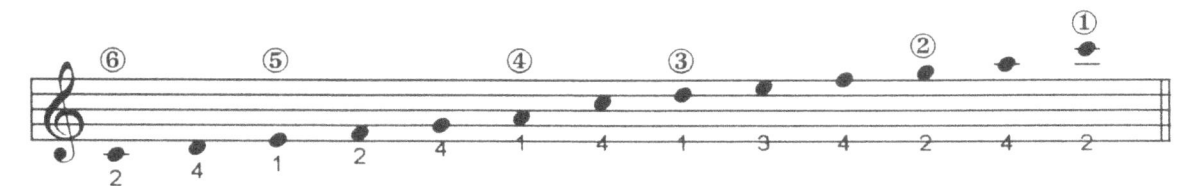

Exemplos

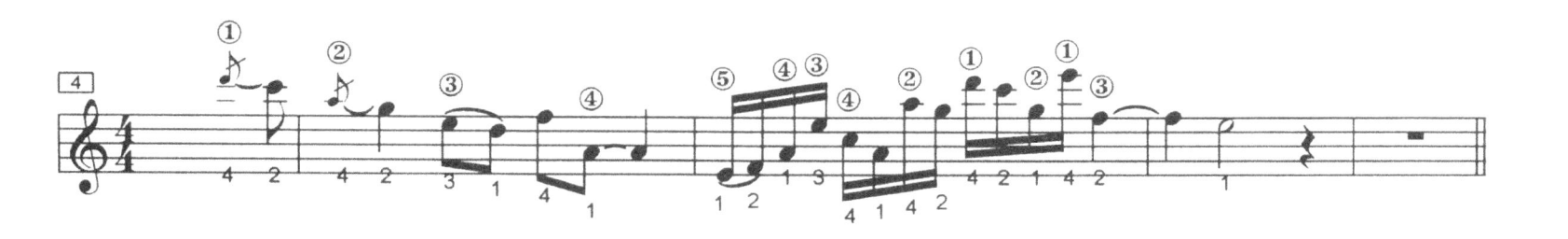

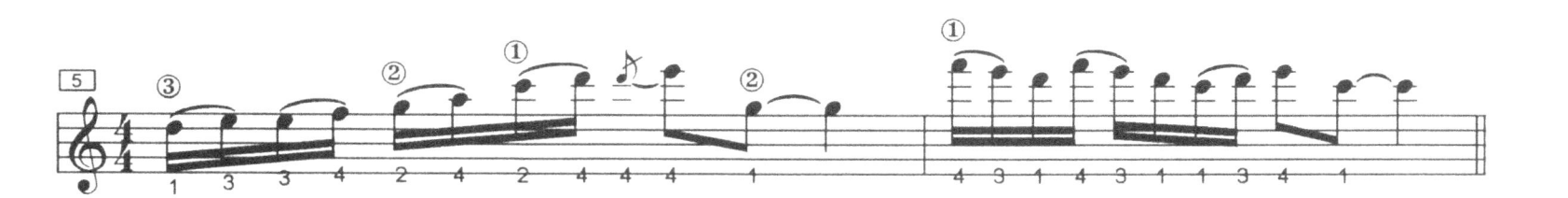

Escala hexacordal maior

Esquema 2

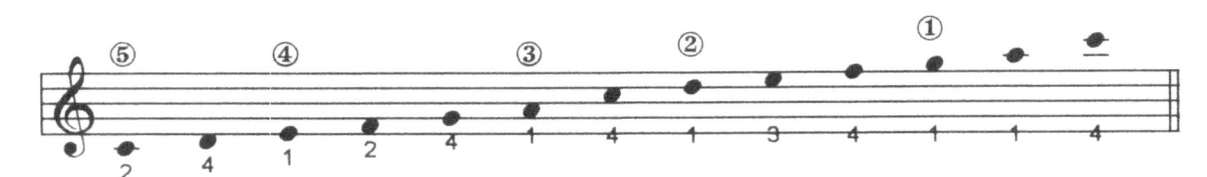

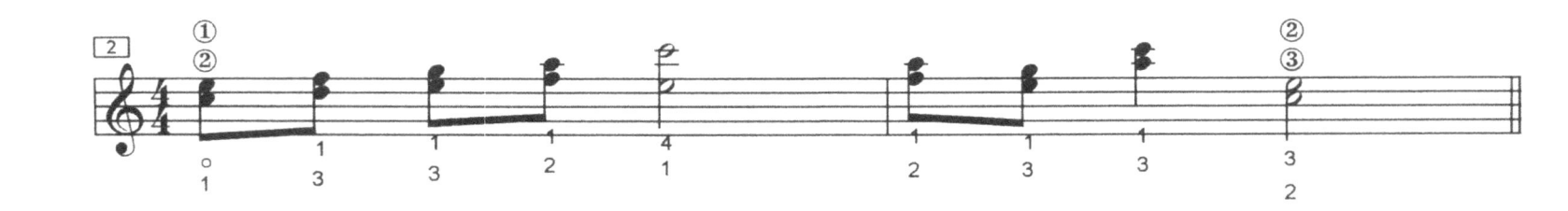

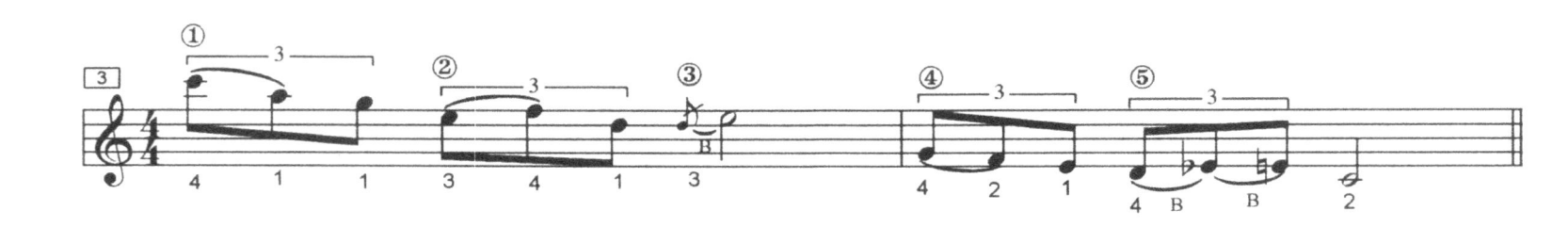

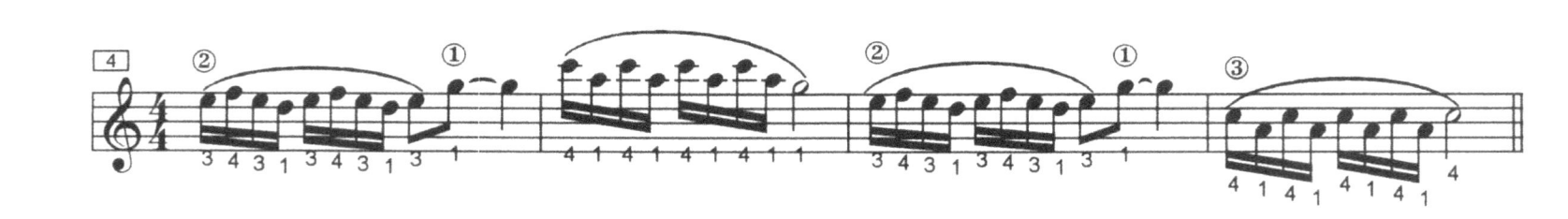

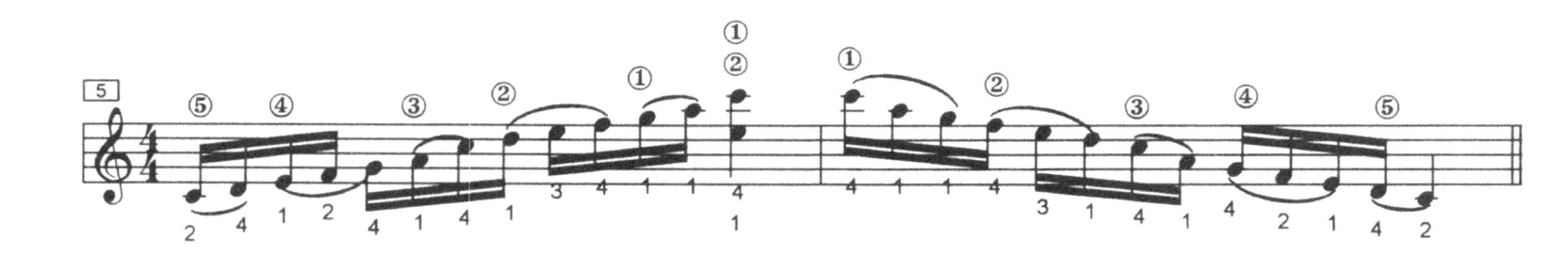

Exemplos

Escala dórica

Esquema 1

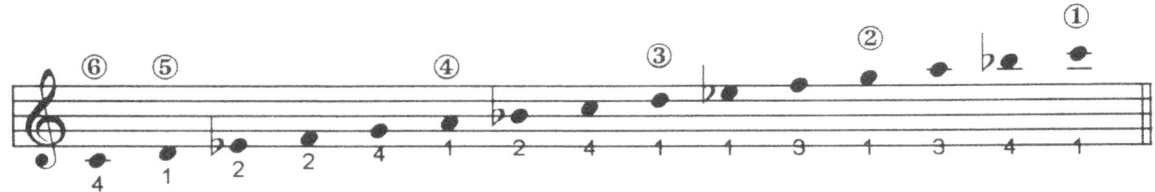

Exemplos

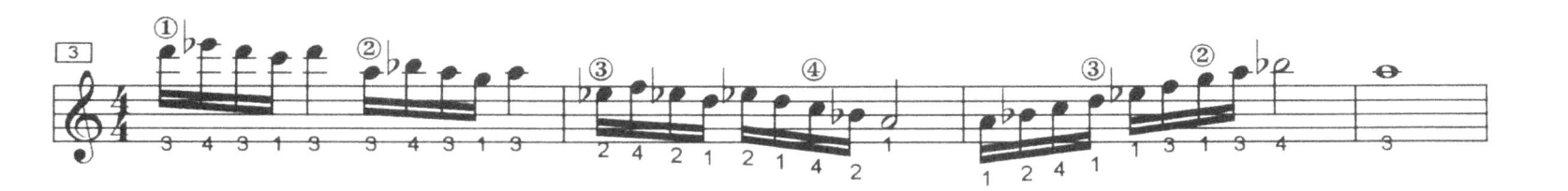

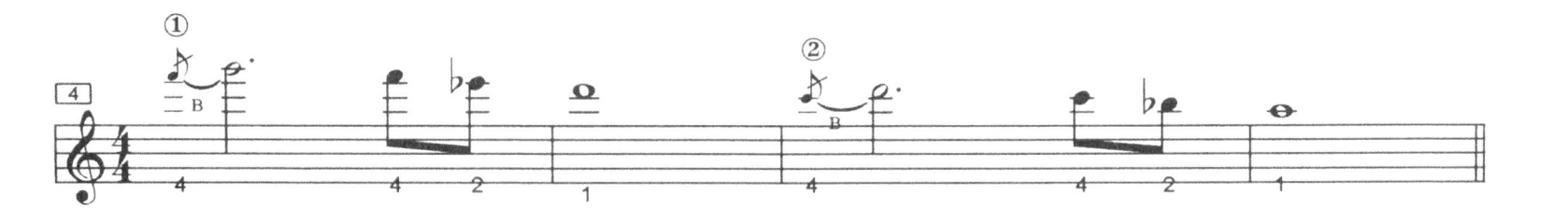

Escala dórica

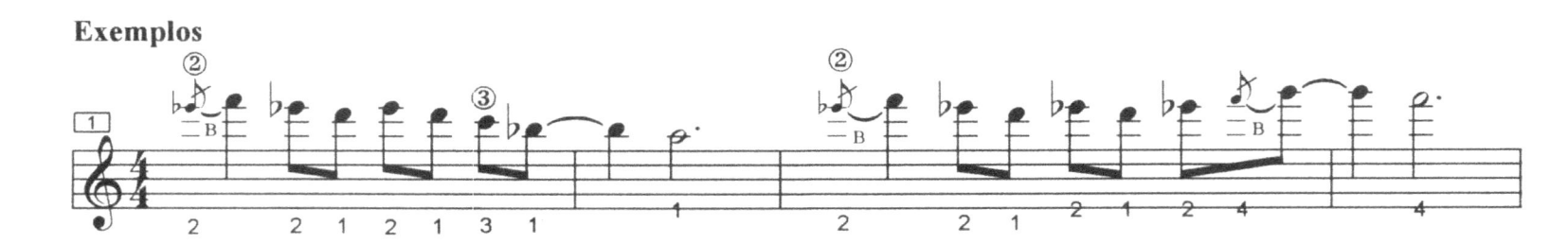

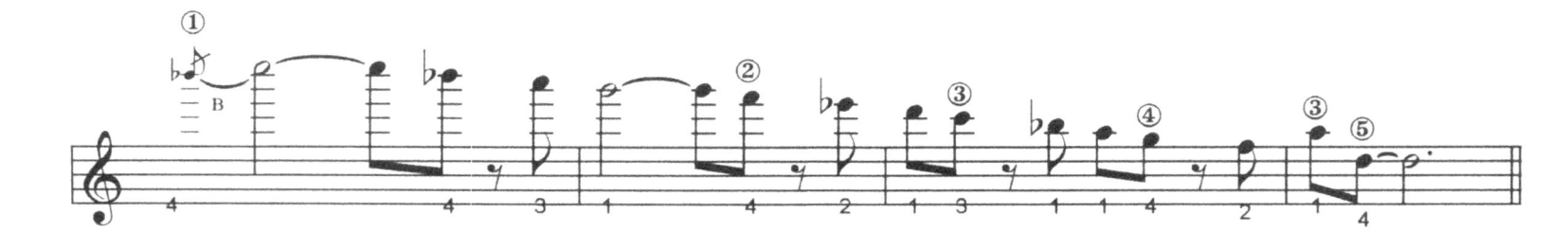

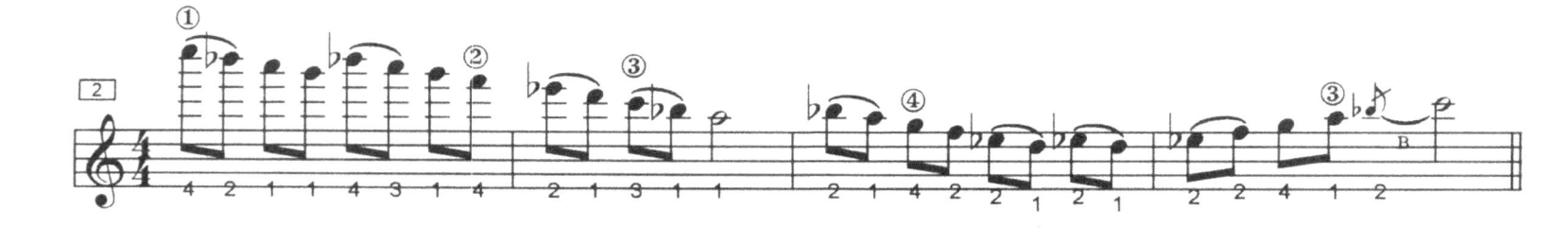

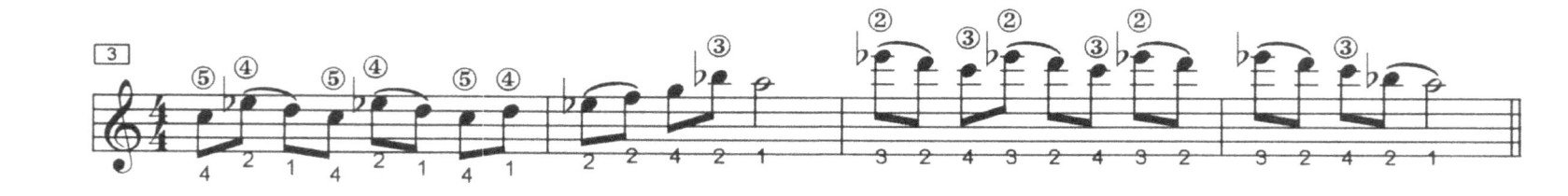

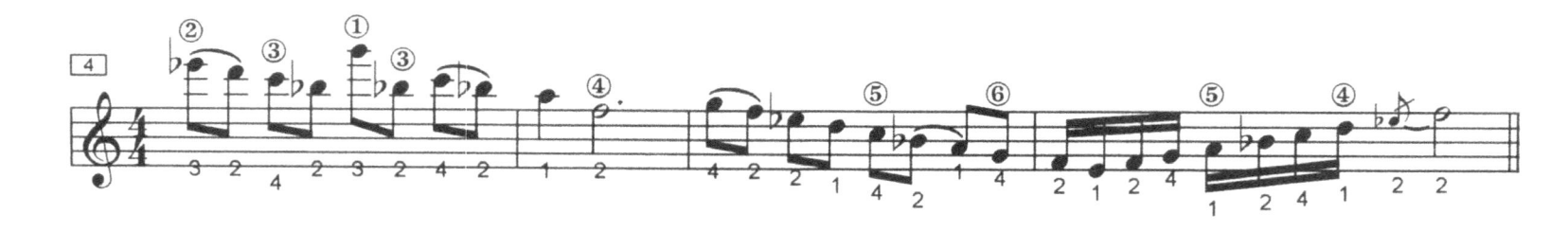

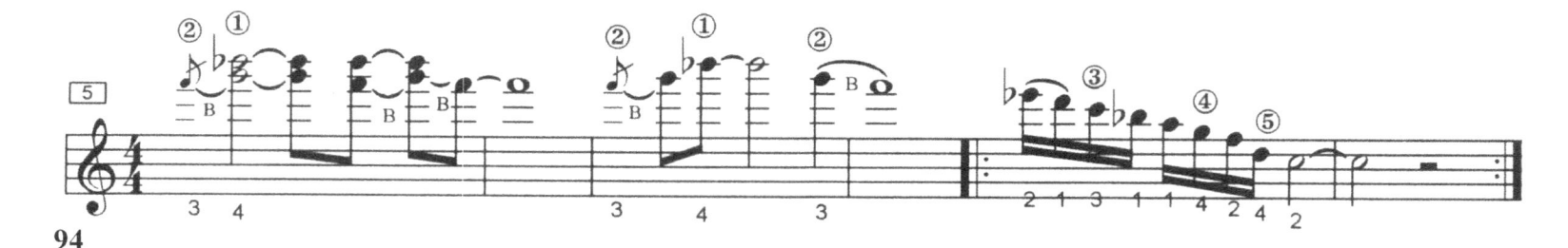

Esquema 2

Exemplos

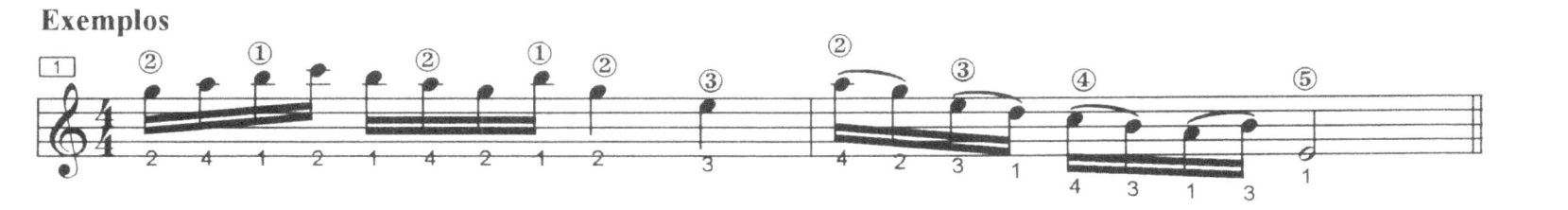

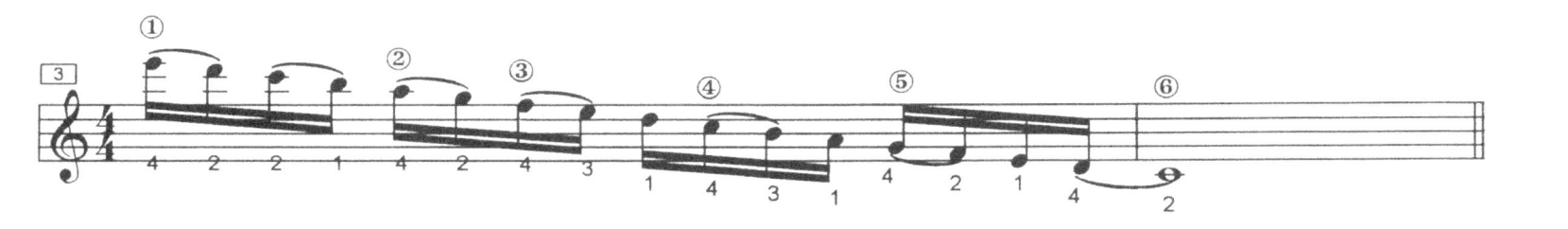

Escala diatônica

Esquema 1

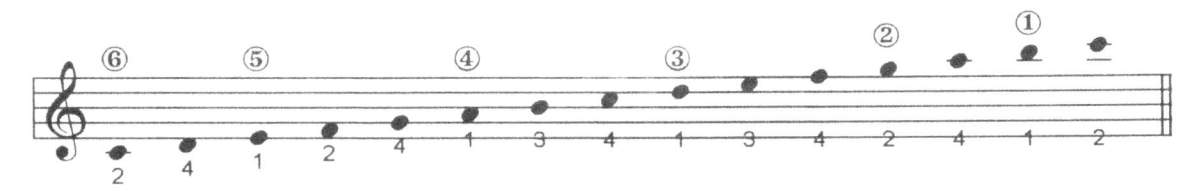

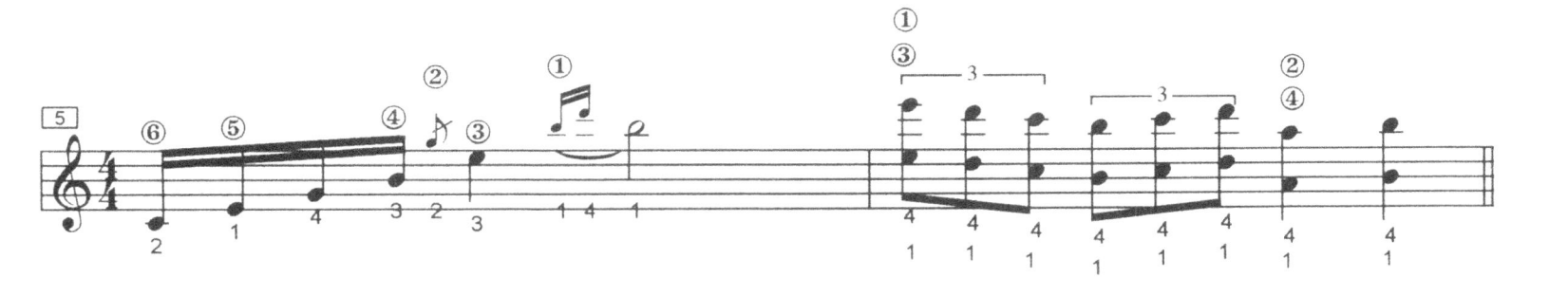

Exemplos

Escala diatônica

Esquema 2

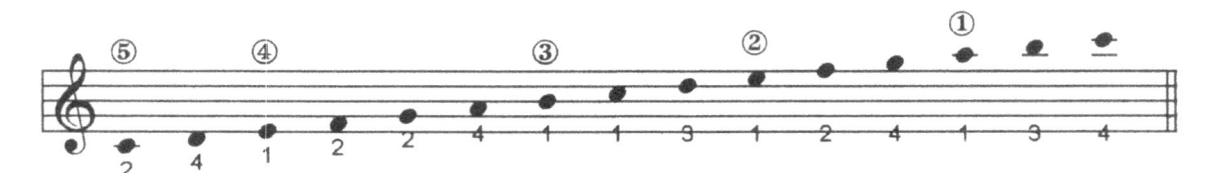

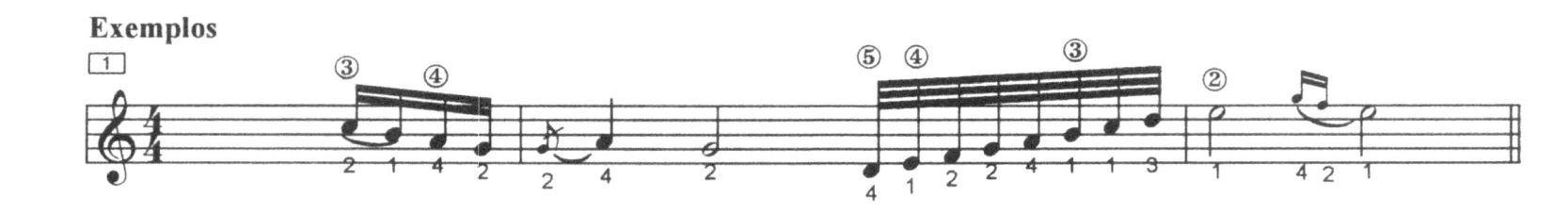

Exemplos

NÍVEL 3

TÉCNICA

Mudança de posição

1ª, 5ª e 9ª posições

Fazer igualmente em todas as cordas, repetindo na primeira e voltando até a sexta.

Os exercícios a seguir devem ser executados duas vezes (uma com apoio e outra sem apoio).

Arpejos

Faça os exercícios subindo até a sexta posição e voltando igualmente. Subir com apoio e voltar sem apoio.

Para o bom equilíbrio da mão esquerda, é aconselhável substituir, eventualmente, a digitação do acorde de Mi Maior:

Ligados

Execute-os, seguindo o modelo do exercício 1, subindo até a sexta posição, com apoio, e descendo sem apoio.

Intervalos

Toque cada exercício doze vezes seguidas; seis apoiando e seis sem apoiar. O último compasso deve ser executado somente no final do exercício. Os exemplos estão no tom de Ré Maior.

Intervalo de terça

Intervalo de sexta

Intervalo de oitava

mesmos dedos

Intervalo de décima

Exercícios para a palhetada

No primeiro exercício, é utilizada apenas a pressão da mão, ao invés do som, e deve-se empurrar a corda com a palheta para baixo.

Os dedos médio, anular e mindinho devem ficar fixos e encostados na sexta corda. Desta forma, obtém-se força e independência nos dedos polegar e indicador, que seguram a palheta.

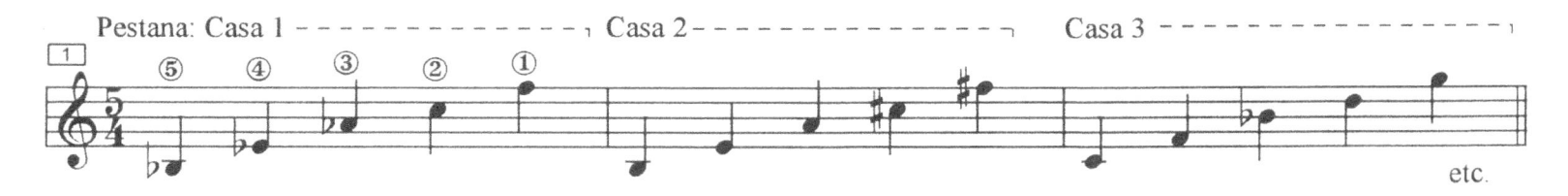

As sugestões do exercício anterior são válidas para este também mas, agora, deve-se empurrar a corda com a palheta para cima e os dedos médio, anular e mindinho devem ficar fixos e encostados na primeira corda.

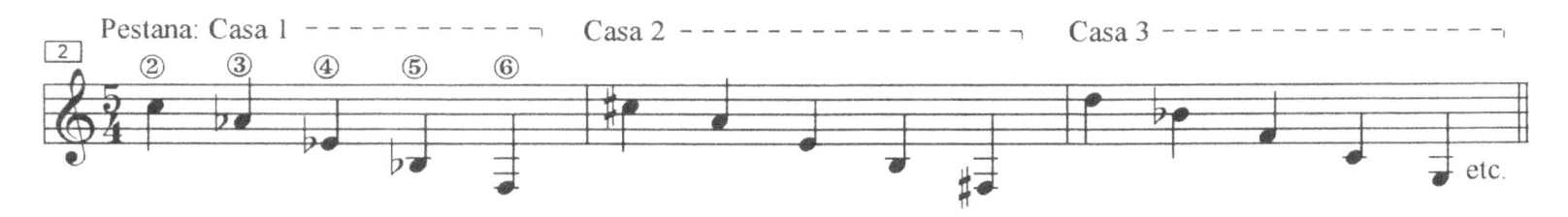

Exercícios para abertura e fortalecimento dos dedos da mão esquerda

Depois de tocadas, as sexta, quinta e quarta cordas devem ser empurradas com os dedos da mão esquerda, para baixo, e as terceira, segunda e primeira, para cima.

Nota: Uma vez estudados todos os exercícios, passe a praticá-los somente sem apoio.

HARMONIA

Sequências com acordes de cinco sons

Acorde maior com 6ª maior e 9ª maior

Cifra: $^6_9$ Formação: tônica, 3ª M, 5ª J, 9ª M

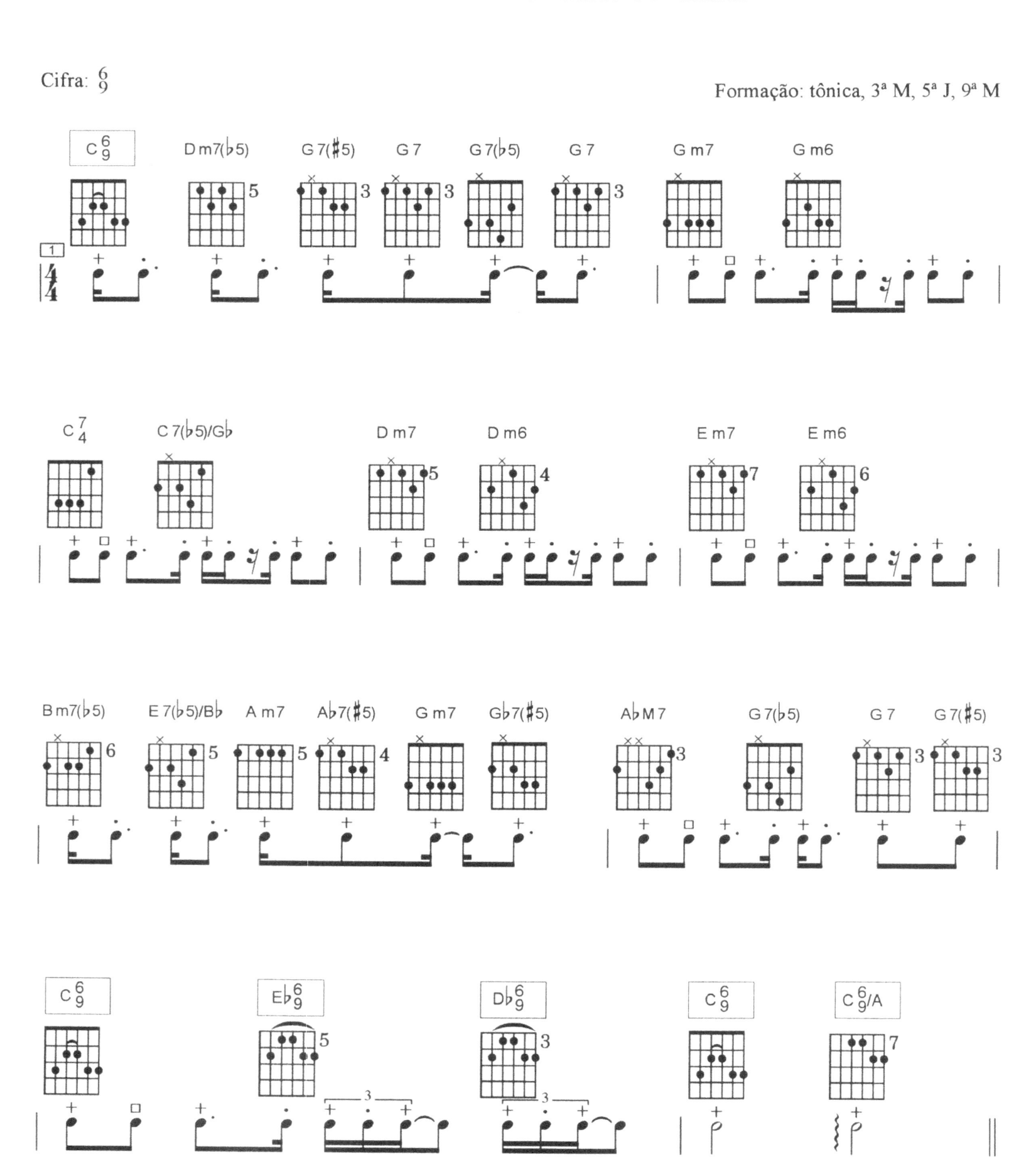

Lento

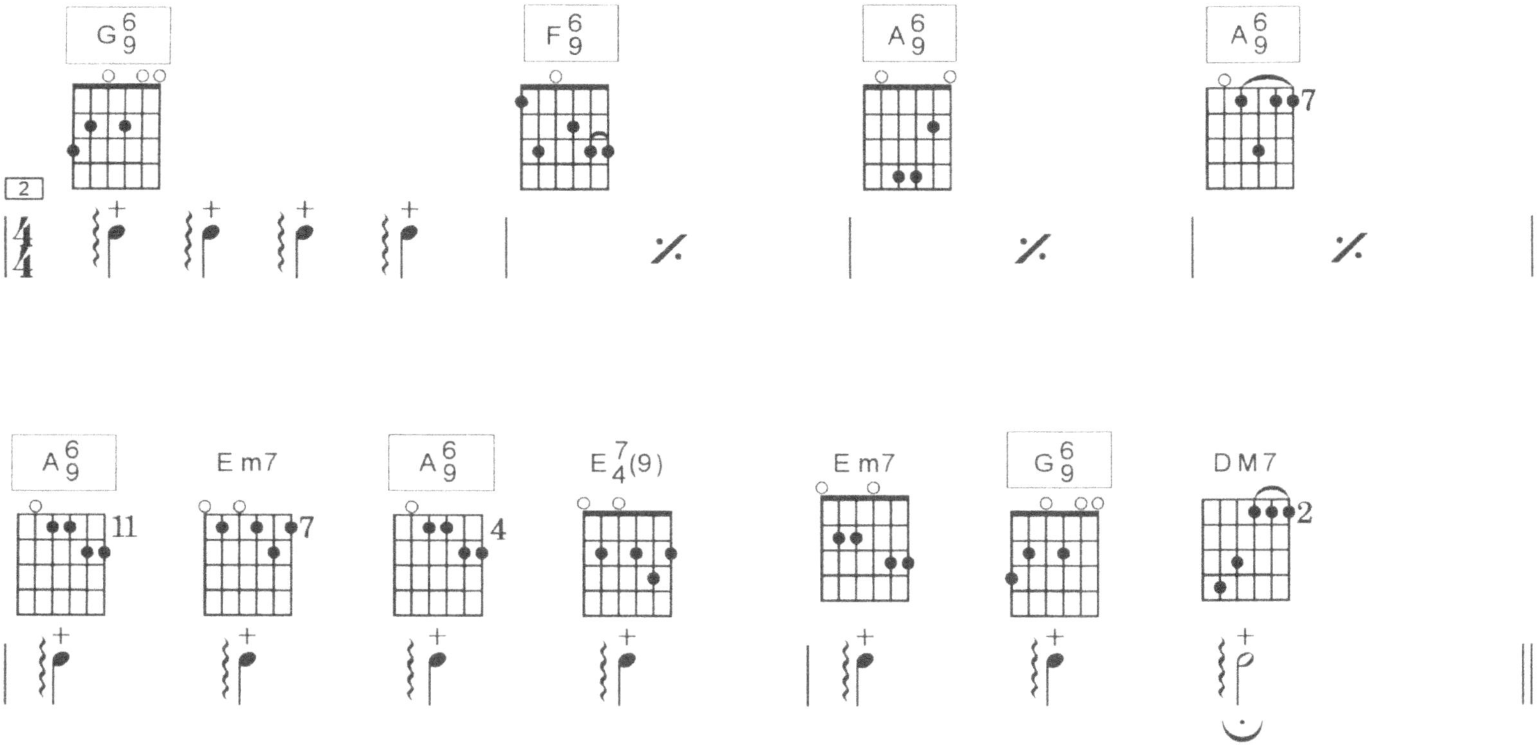

Rápido

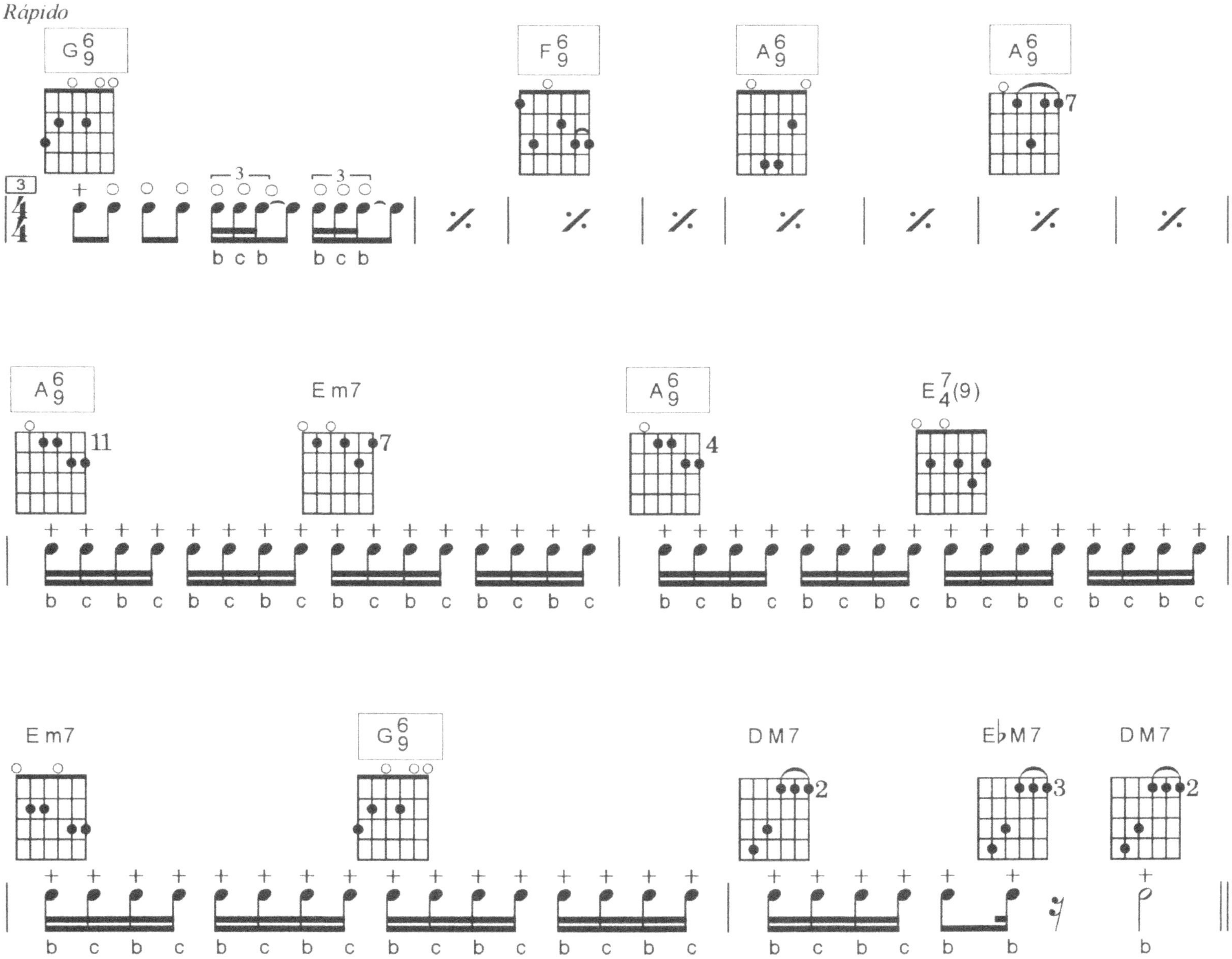

Acorde menor com 6ª maior e 9ª maior

Cifra: m^6_9 Formação: tônica, 3ª m, 5ª J, 6ª M, 9ª M

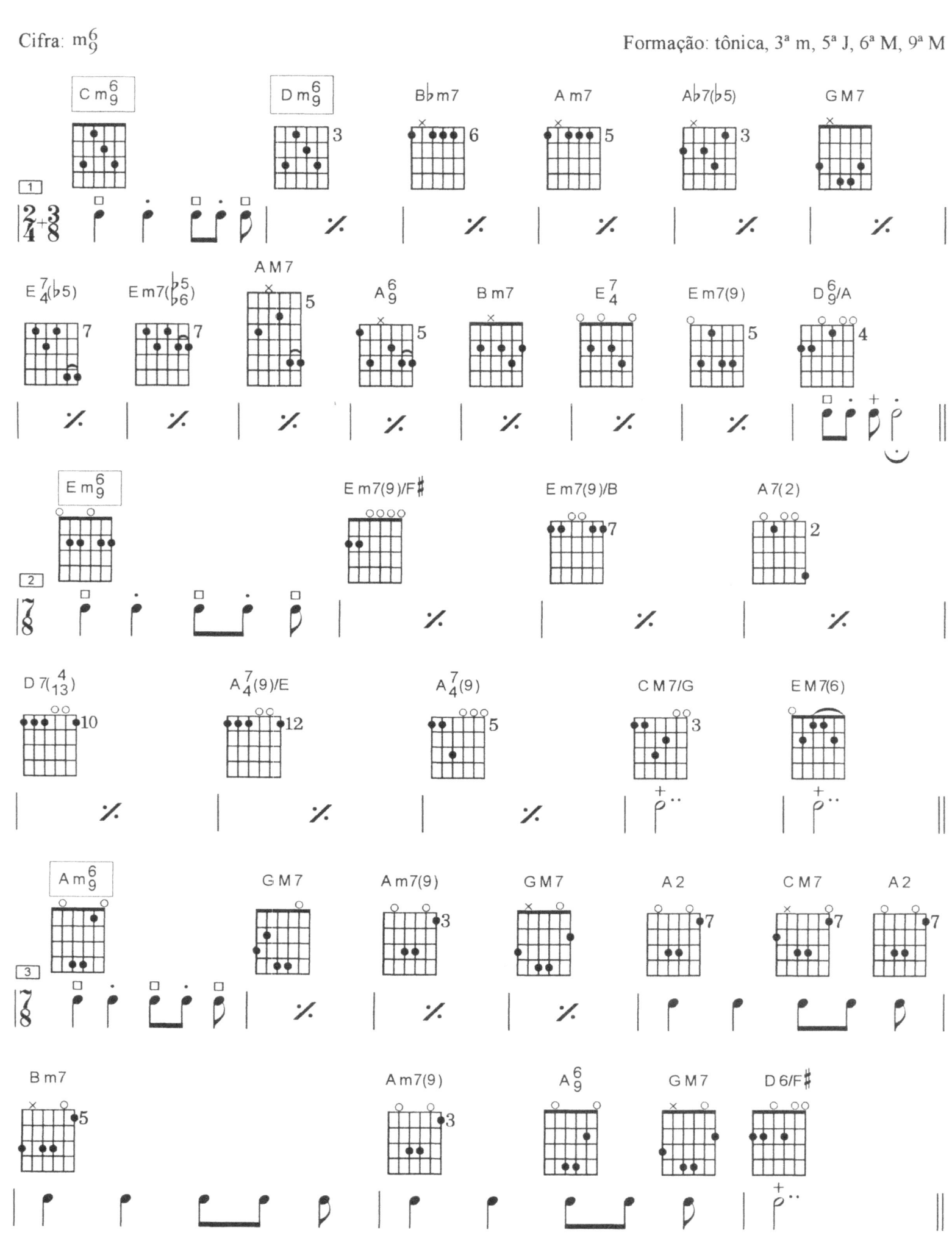

Acorde maior com 6ª maior e 9ª aumentada

Cifra: $\sharp^6_9$

Formação: tônica, 3ª M, 5ª J, 6ª M, 9ª a

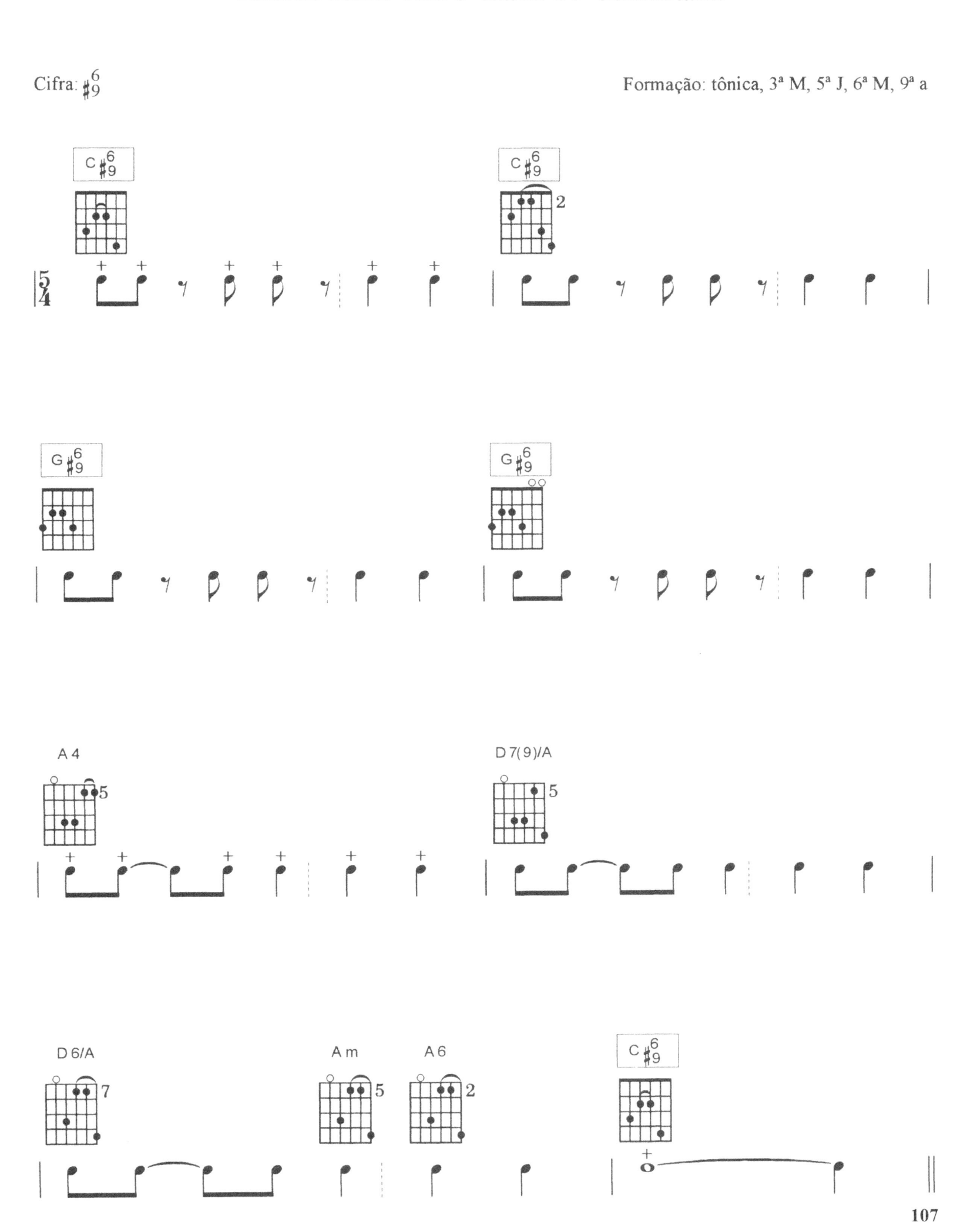

Acorde maior com 7ª maior e 9ª maior

Cifra: M7(9)　　　　　　　　　　　　　　　　　　Formação: tônica, 3ª M, 5ª J, 7ª M, 9ª M

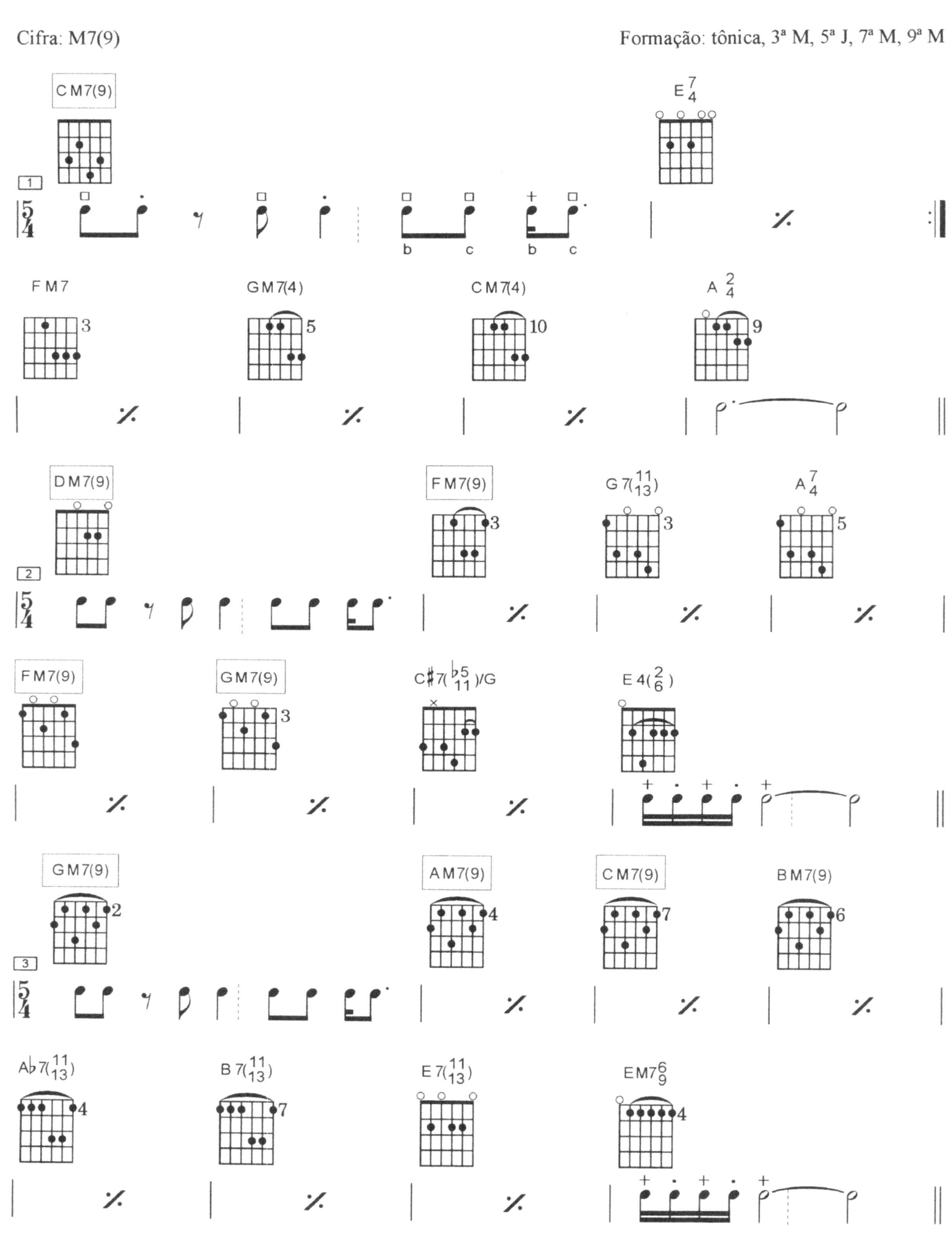

Acorde menor com 7ª maior e 9ª maior

Cifra: m(M7/9) Formação: tônica, 3ª m, 5ª J, 7ª M, 9ª M

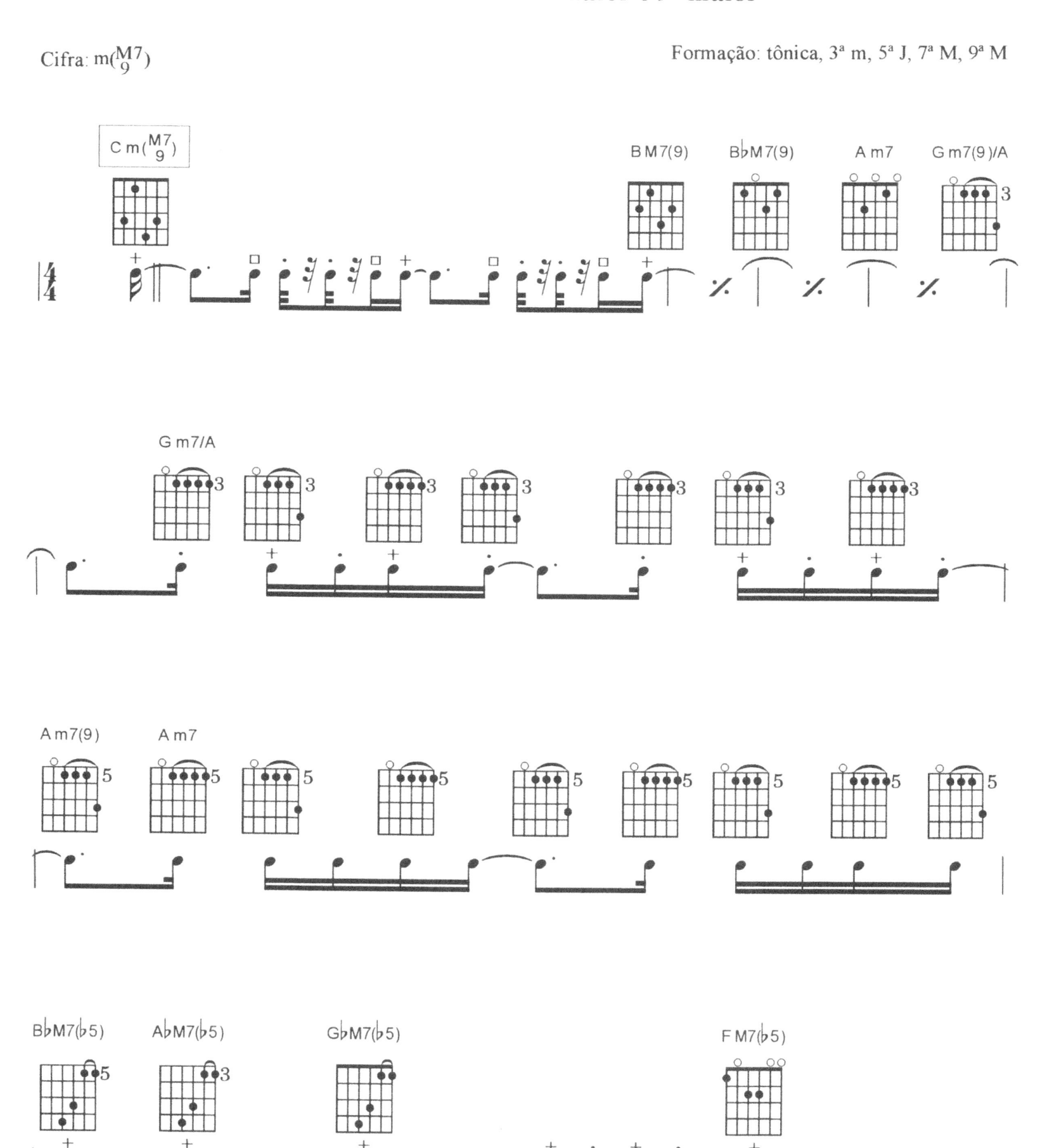

Acorde maior com 7ª maior e 9ª aumentada

Cifra: M7(#9) Formação: tônica, 3ª M, 5ª J, 7ª M, 9ª a

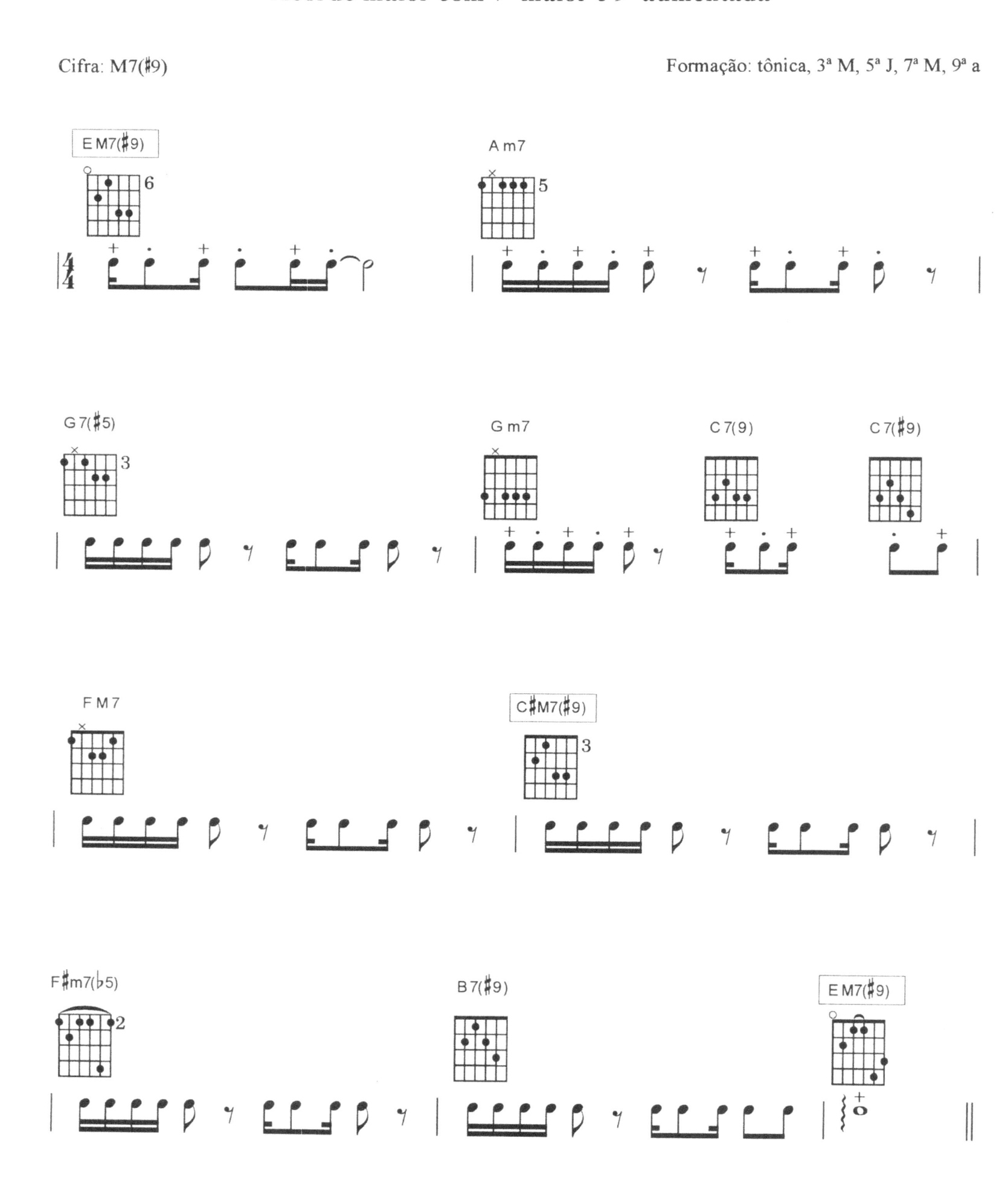

Acorde maior com 7ª menor e 9ª maior

Cifra: 7(9) Formação: tônica, 3ª M, 5ª J, 7ª m, 9ª M

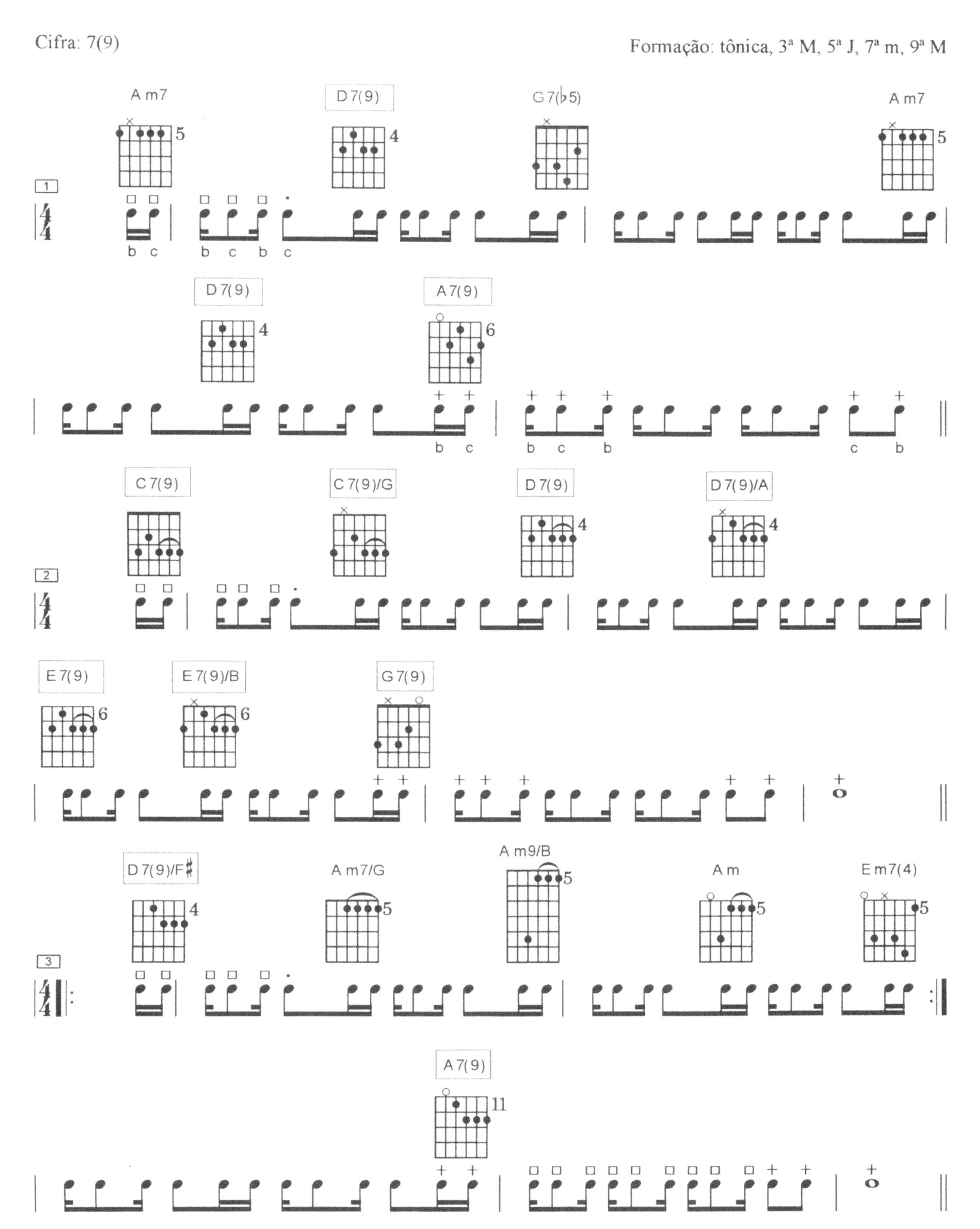

Acorde menor com 7ª menor e 9ª maior

Cifra: m7(9) Formação: tônica, 3ª m, 5ª J, 7ª m, 9ª M

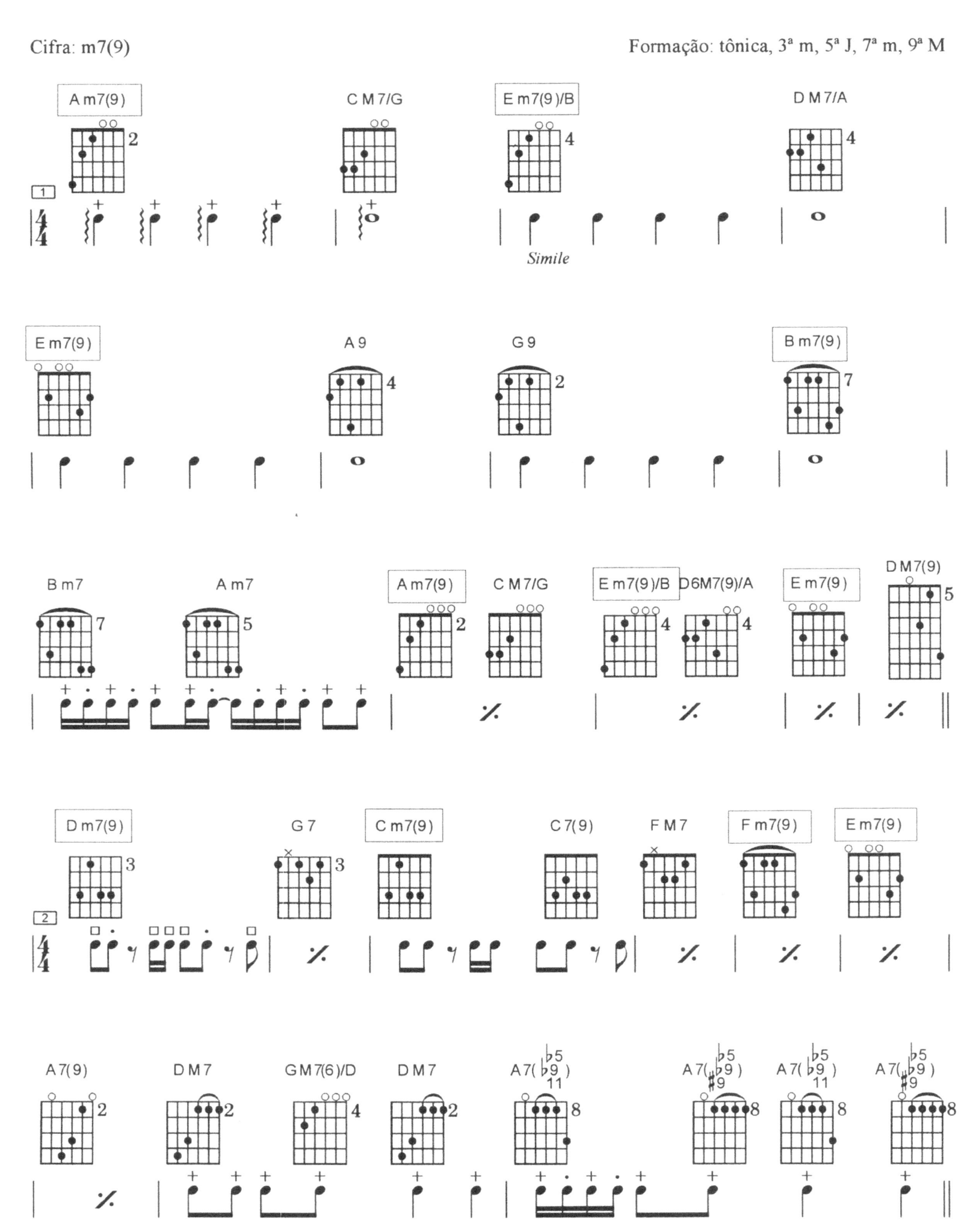

Acorde maior com 7ª menor e 9ª aumentada

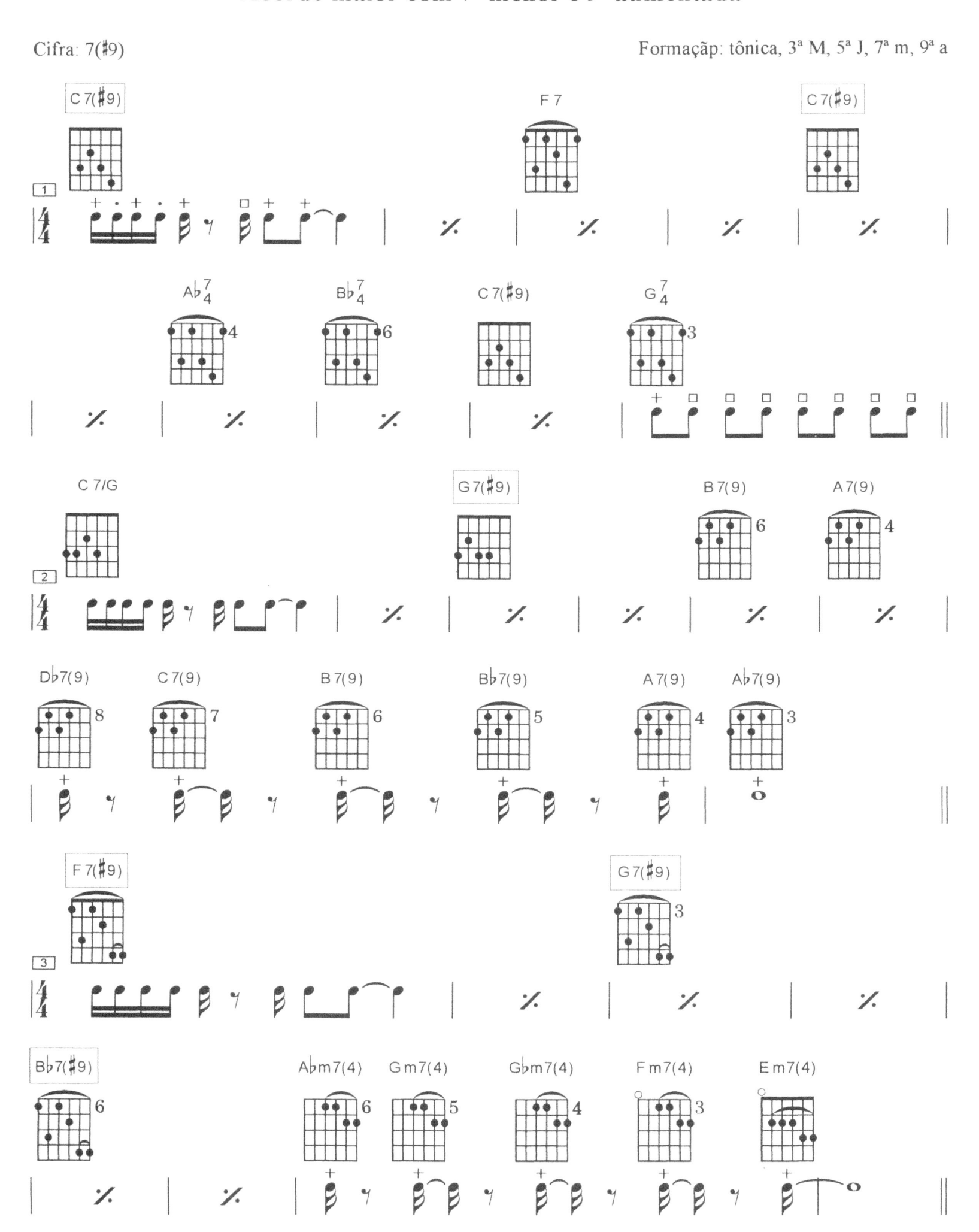

Cifra: 7(♯9) Formaçãp: tônica, 3ª M, 5ª J, 7ª m, 9ª a

IMPROVISAÇÃO

Escala de blues jazzística

Esta escala é de origem africana e, inicialmente, era formada por um sistema de apenas quatro notas que giravam em torno de um centro tonal.

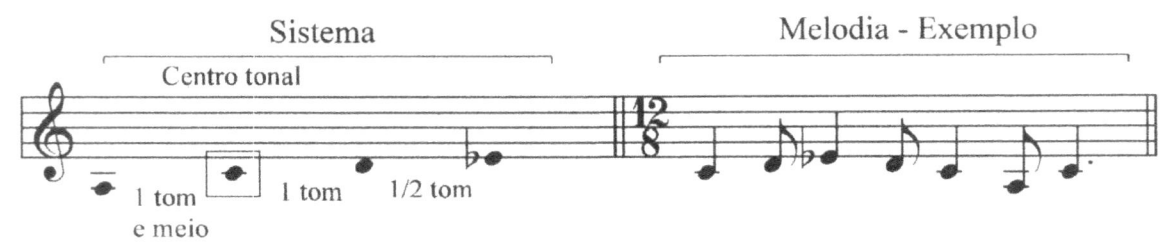

Para ampliar o âmbito sonoro, transportava-se o sistema uma 5ª justa acima:

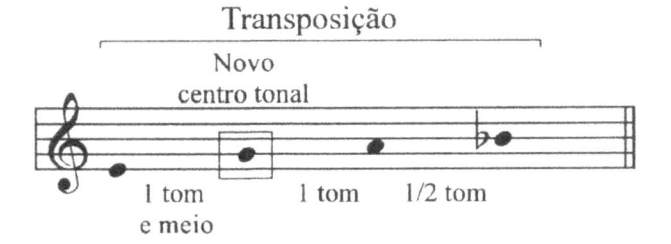

Nos primórdios do jazz, os dois sistemas eram utilizados separadamente, em forma de imitação:

Ou em forma de pergunta e resposta:

Mais tarde, fundiram-se, formando a escala de blues:

Esquemas

Os esquemas mais usados na guitarra são:

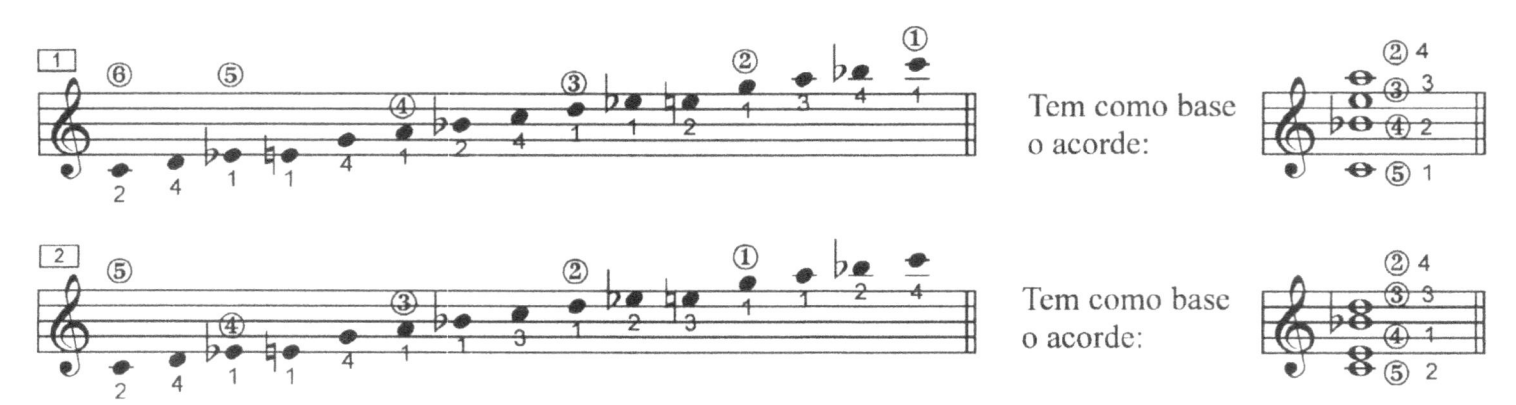

Tem como base o acorde:

Tem como base o acorde:

Nesta escala, as notas de passagem são muito utilizadas, especialmente o Fá (quarto grau).

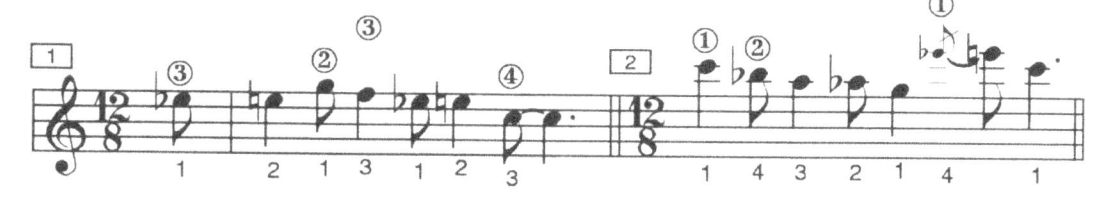

Na época do estilo Bebop, teve início a utilização assídua da 5ª diminuta (sol♭).

Os finais de frase mais característicos das diferentes épocas são:

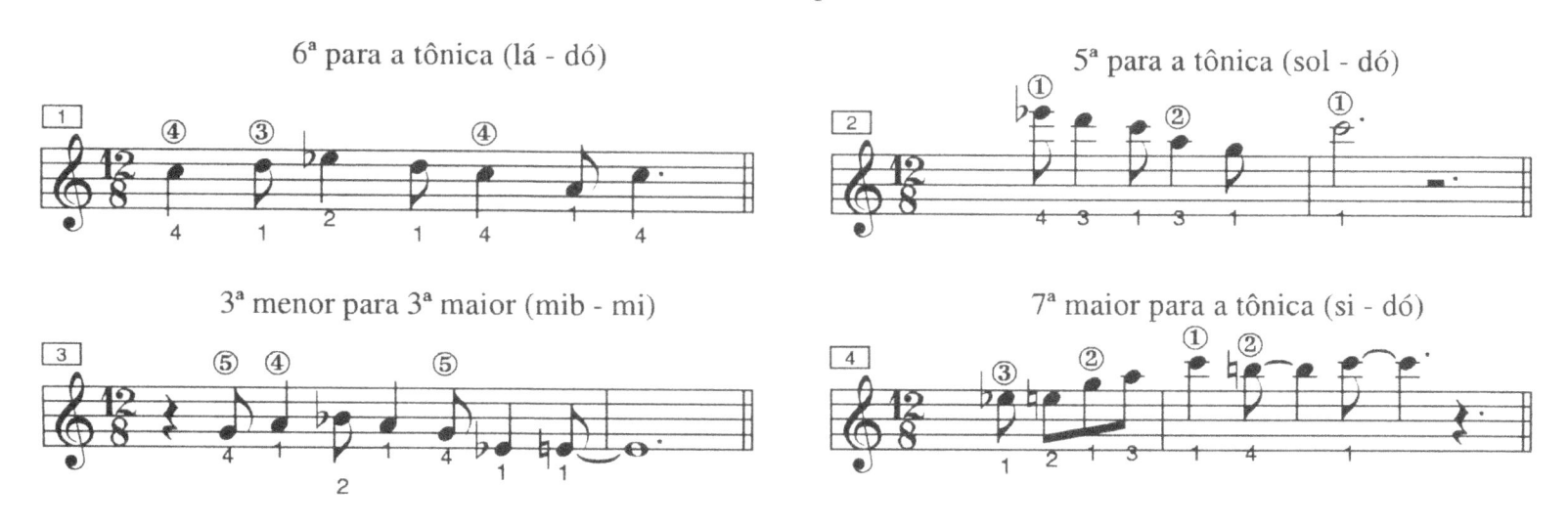

6ª para a tônica (lá - dó)

5ª para a tônica (sol - dó)

3ª menor para 3ª maior (mib - mi)

7ª maior para a tônica (si - dó)

No jazz, utiliza-se uma escala para cada acorde, portanto, se a música tiver a harmonia C, F, G, deve-se improvisar com as respectivas escalas desses acordes.

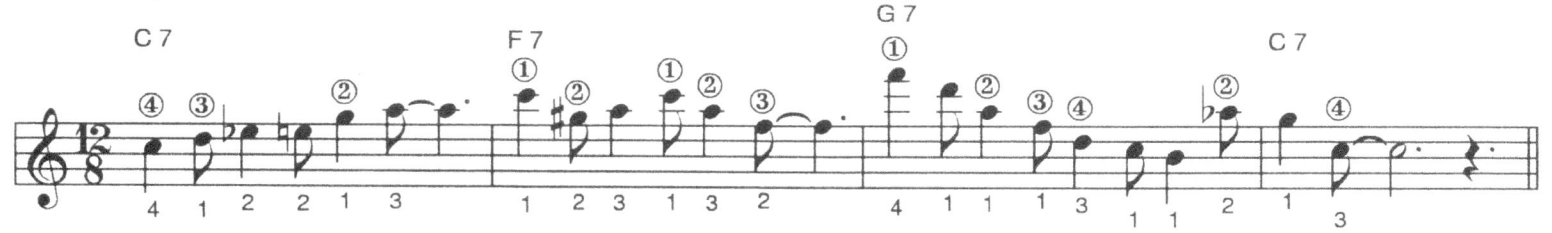

Acompanhamento

Esta é uma sequência típica de jazz e, na improvisação, deve-se mudar de escala em cada acorde.

Ritmo básico:

Sequência: 12/8 C6 | C6 | C6 | C6 | A7 | A7 | A7 | A7 | D7(9) | D7(9) | D7(9) | D7(9) | G7(13) | G7(13) | G7(13) | G7(13) ||

Quando o aluno estiver mais familiarizado com as escalas que são apresentadas a seguir, deverá acrescentar uma segunda parte à sequência:

12/8 B7 | B7 | B7 | B7 | E7(9) | E7(9) | E7(9) | E7(9) | A7 | A7 | A7 | A7 | D7(9) | D7(9) | G7(13) | G7(13) ||

Padrões de blues jazzístico

Esquema 1

Os exemplos a seguir são em 12/8.

117

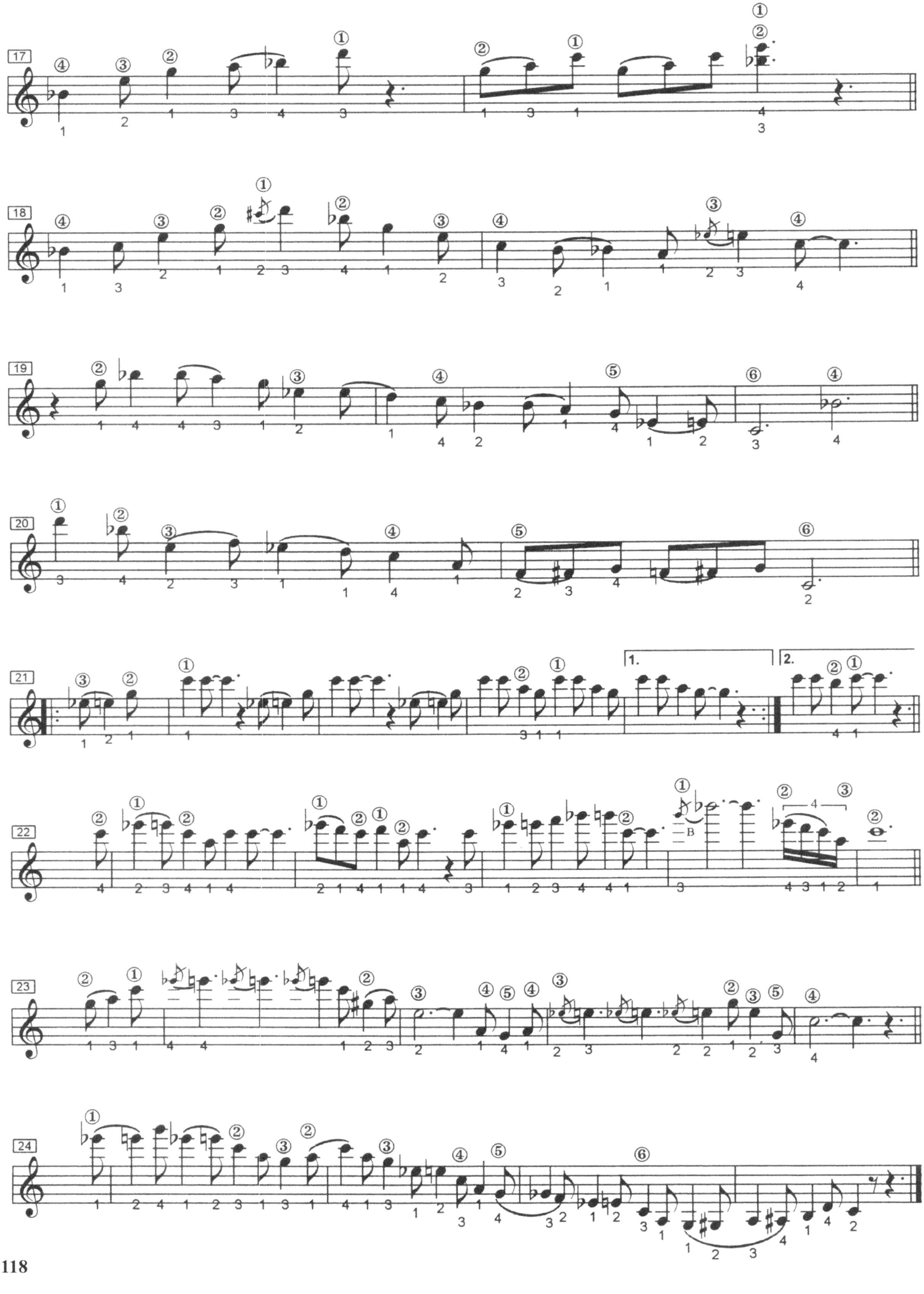
17
18
19
20
21
1.
2.
22
23
24

Padrões de blues jazzístico

Esquema 2

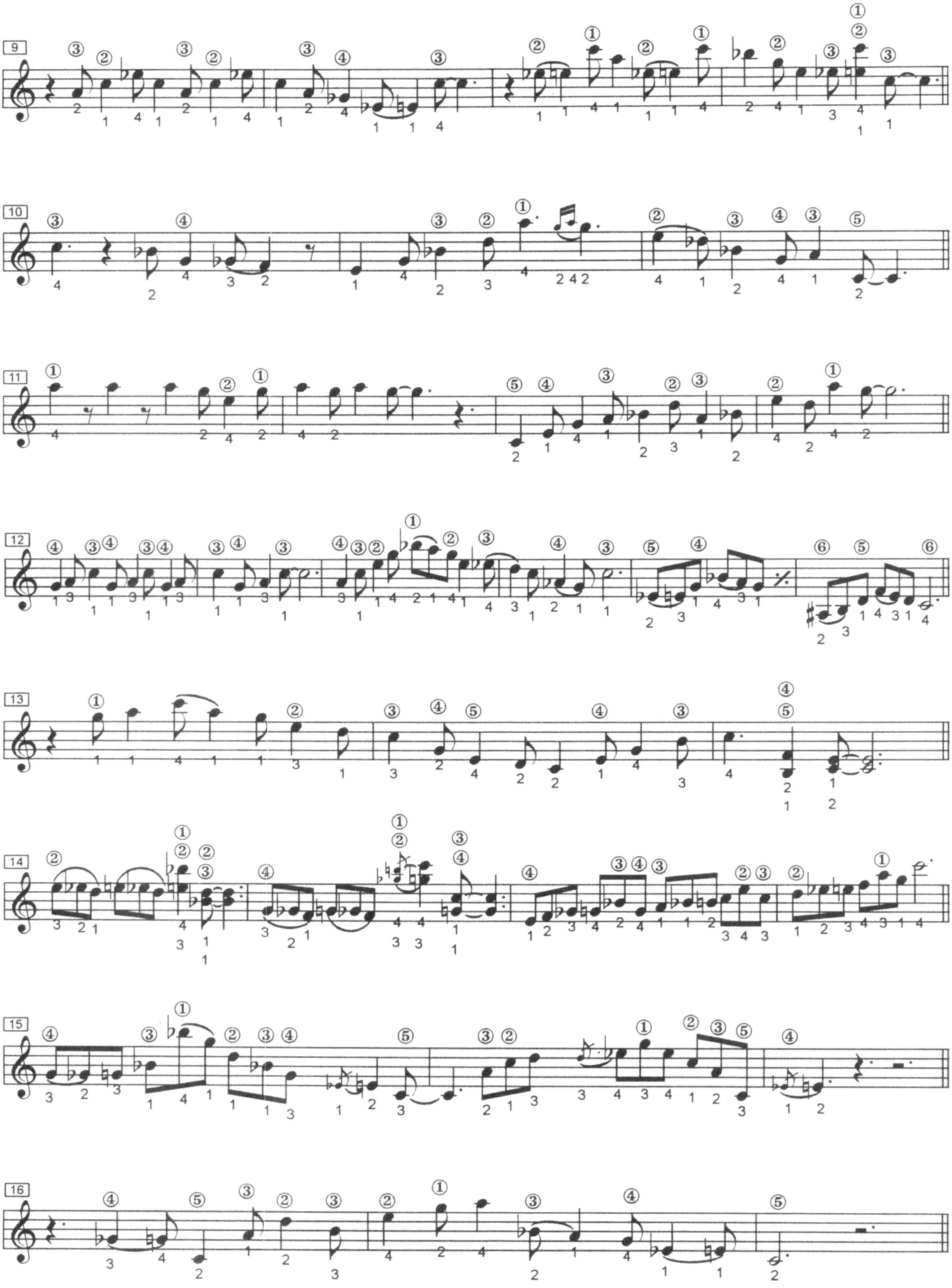

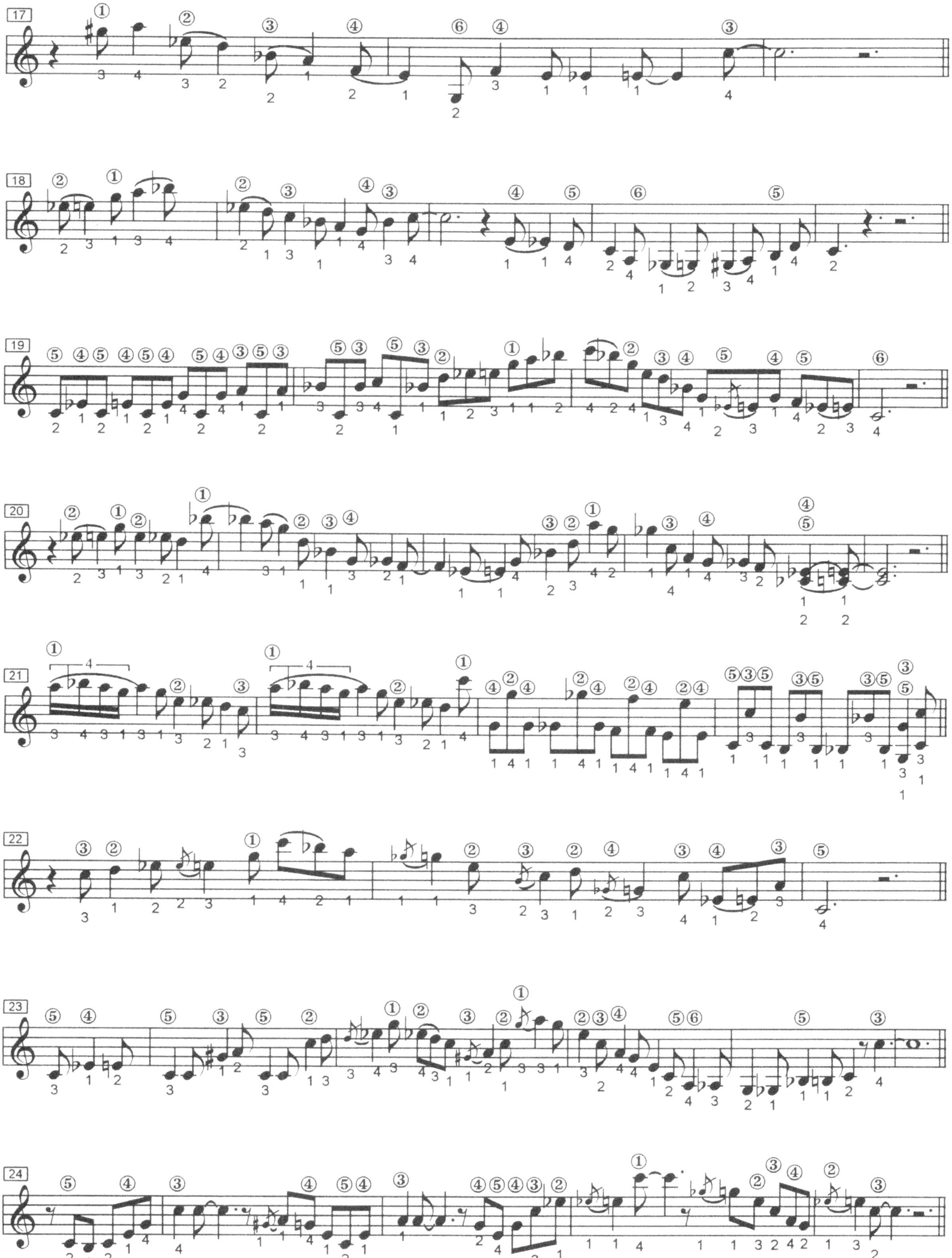
17
18
19
20
21
22
23
24

NÍVEL 4

TÉCNICA

Mudança de posição

1ª, 5ª e 9ª posições

Fazer igualmente em todas as cordas, repetindo na primeira e voltando até a sexta.

Os exercícios a seguir devem ser executados duas vezes (uma com apoio e outra sem apoio).

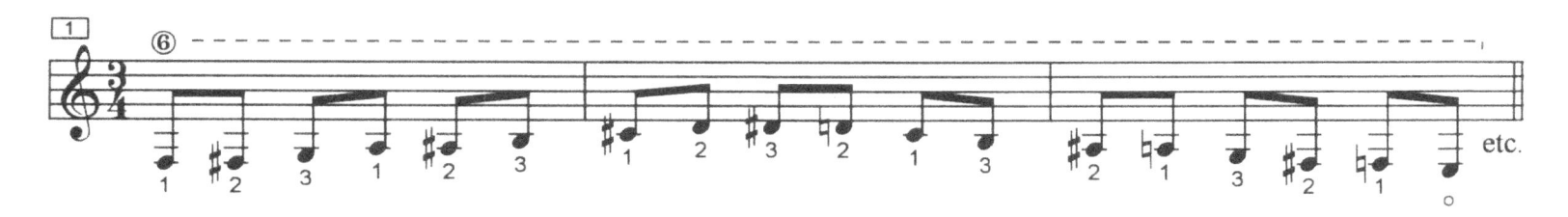

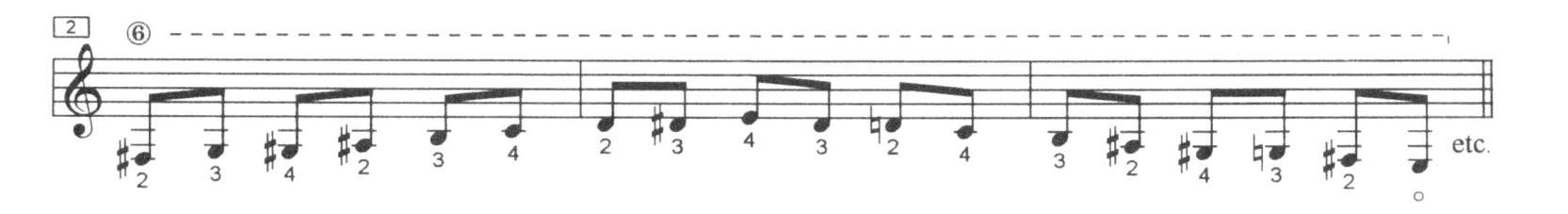

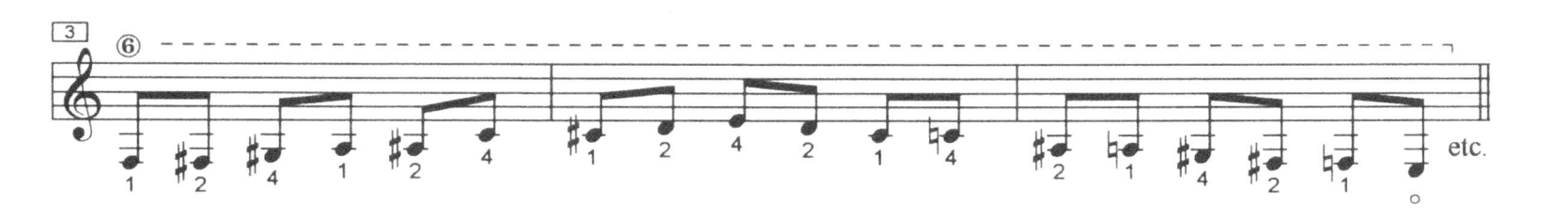

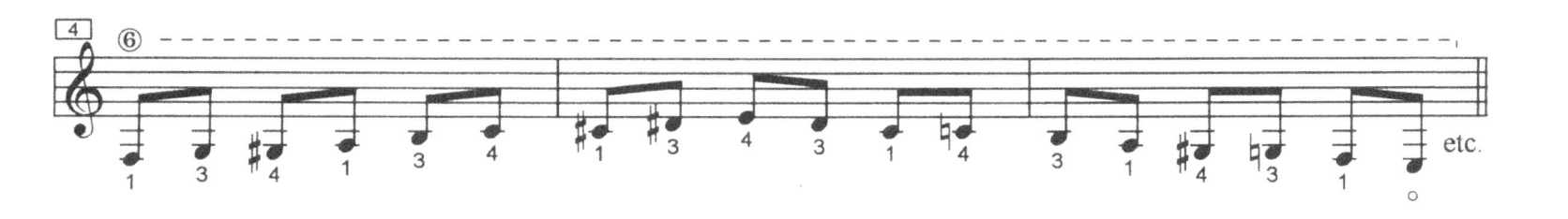

Arpejos

Fazer todos os exercícios como no primeiro exemplo, subindo até a sexta posição e voltando igualmente. Subir com apoio e voltar sem apoio.

Ligados

Fazer todos os exercícios como no primeiro exemplo, subindo até a sexta posição e voltando igualmente. Subir com apoio e voltar sem apoio.

Intervalos

Tocar cada exercício doze vezes seguidas; seis com apoio e seis sem apoio. O último compasso deve ser executado somente para finalizar a sequência. Os exemplos estão no tom de Fá Maior.

Intervalo de sexta

Intervalo de oitava

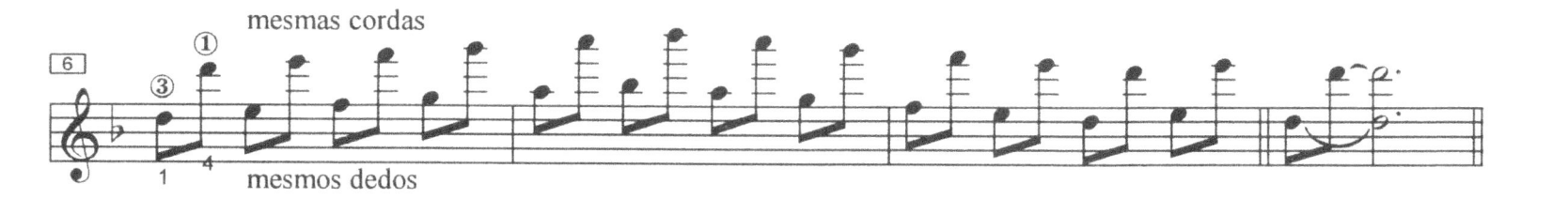

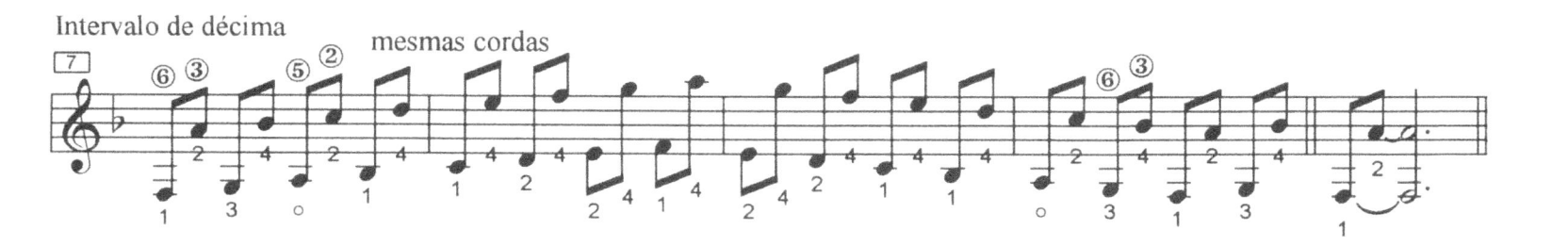

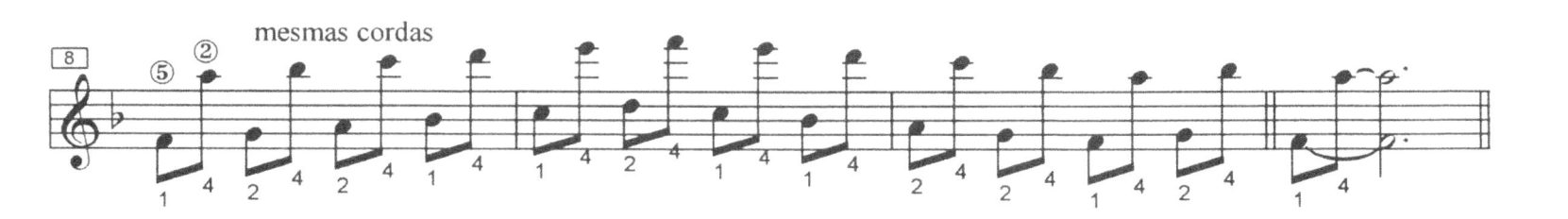

Exercícios para a palhetada

Neste exercício, usa-se apenas a pressão da palheta na corda, ao invés do som. Deve-se empurrar a corda com a palhetada para baixo e para cima alternadamente.

Os dedos médio, anular e mindinho devem ficar fixos e encostados na sexta corda. Desta forma, obtém-se força e independência no polegar e indicador, que seguram a palheta.

A seguir, os dedos médio, anular e mindinho devem estar fixos e encostados na primeira corda. As indicações básicas são as mesmas do exercício anterior.

Exercícios para abertura e fortalecimento dos dedos da mão esquerda

As cordas 1, 2 e 3 devem ser empurradas para cima, após serem tocadas pelos dedos da mão esquerda, e as 4, 5 e 6, para baixo.

Sobe assim até a 6ª posição e volta igualmente.

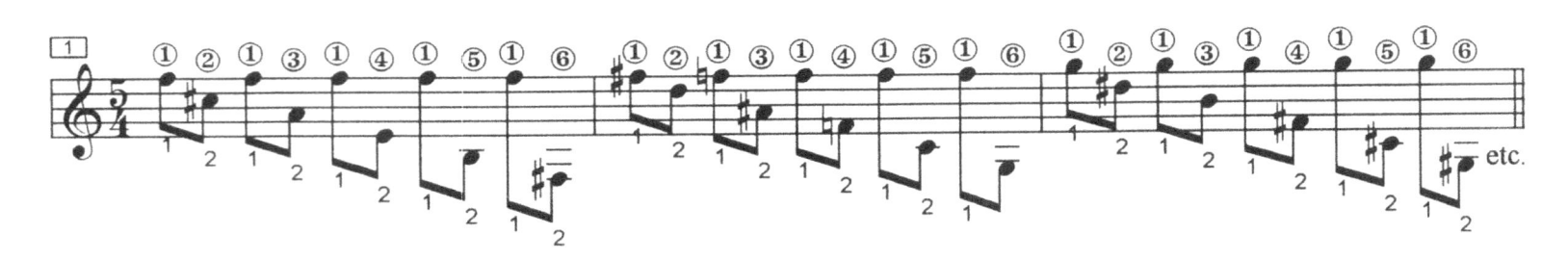

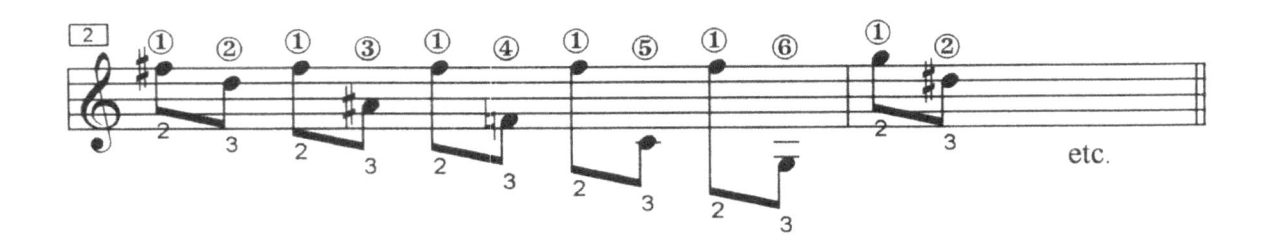

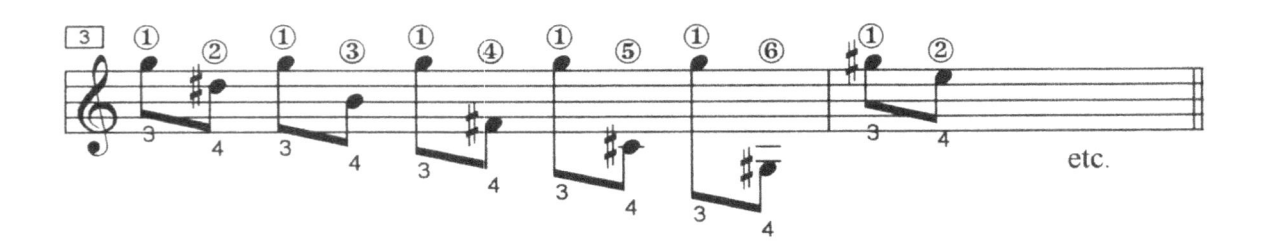

Nota: Uma vez estudados todos os exercícios, pratique-os apenas sem apoio.

HARMONIA

Estas são algumas características particulares do jazz:

1. Os acordes de três sons são raramente utilizados, sendo preferíveis os de quatro ou mais. Por exemplo, o acorde de C deve ser substituído pelo C6, ou CM7.

2. Constantemente os acordes são invertidos: C7(9)/E, C7(9)/G, C7(9)/B♭ e C7(9)/D.

3. As harmonias das músicas simples podem ser arranjadas de diversas formas, como por exemplo:

3.1 Agregando notas adicionais ou alterando notas já existentes. Uma harmonização do tipo C Dm G pode soar melhor como CM7 Dm7 G7(♯5).

3.2 Os acordes podem ser substituídos por outros que enriqueçam a harmonização, e uma simples sequência pode ser também arranjada, como mostra o exemplo a seguir.

Sequência simples: 4/4   G | D | Em | A | D ||

Sequência aprimorada:

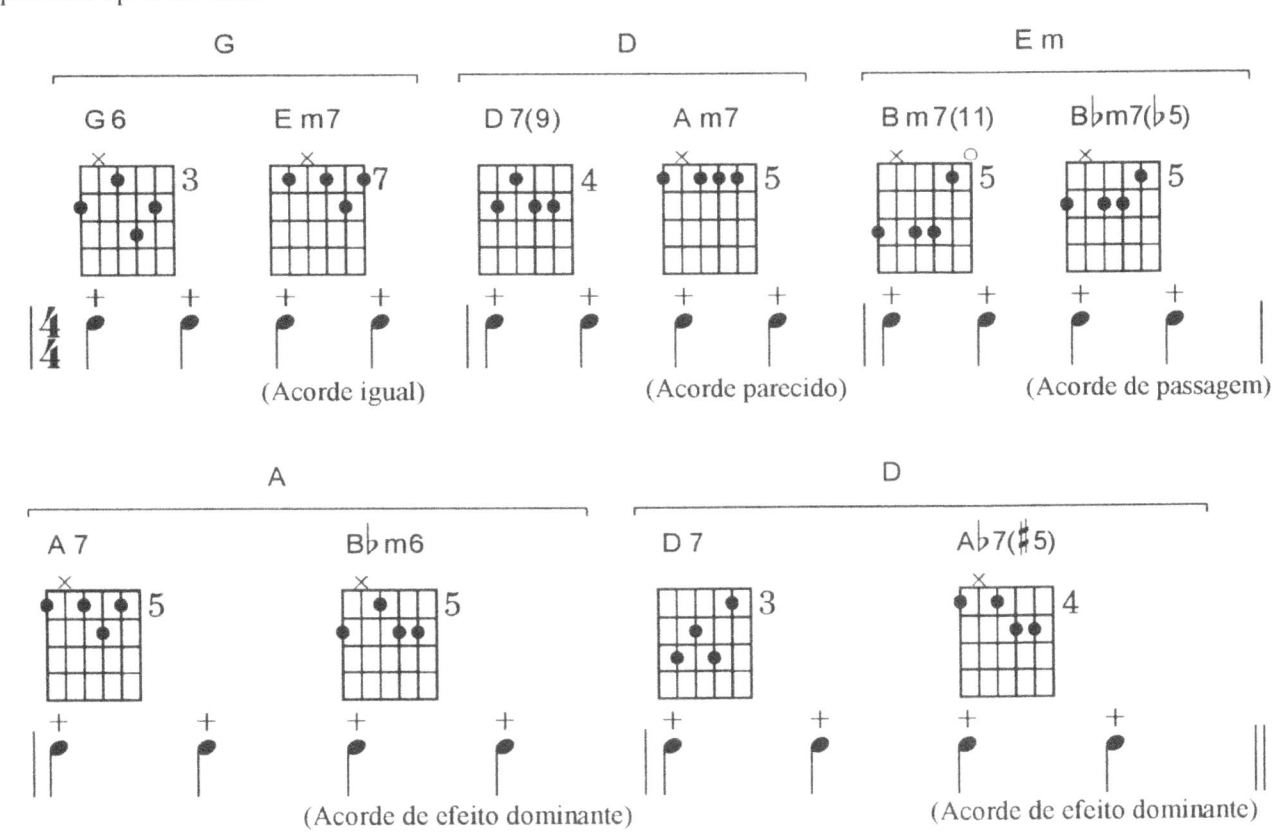

G		D		Em	
G6	Em7	D7(9)	Am7	Bm7(11)	B♭m7(♭5)
		(Acorde igual)		(Acorde parecido)	(Acorde de passagem)

A		D	
A7	B♭m6	D7	A♭7(♯5)
(Acorde de efeito dominante)		(Acorde de efeito dominante)	

4. Qualquer acorde pode ser precedido de seu dominante, que é o acorde encontrado 5ª justa acima do original.

Sequência simples: 4/4   C | Dm ||

Sequência aprimorada: 4/4   G7(♯5) CM7 | A7(♯5) Dm7 ||

5. Este novo acorde dominante também pode ser precedido de um acorde menor encontrado 5ª justa acima:

Dm7 G7(♯5) CM7 / | Em7 A7(♯5) Dm7 / ||

Nota: Nestes exemplos, no tom de C, foi utilizada a sequência harmônica básica do jazz, que é construída com a tônica ou I grau (C), a supertônica ou II grau (D) e o dominante ou V grau (G). Exemplo de uma sequência mais elaborada, ainda utilizando princípios da sequência básica:

$$CM7 \mid Dm7 \mid Em7 \mid A7(\sharp 5) \mid Dm7 \mid G7(\sharp 5) \parallel$$

6. Acordes de passagem são também muito utilizados, como por exemplo:

Bm7 | B♭m7 | Am7

Bm7 | B♭m6 | Am7

Bm7 | B♭7 | Am7

Bm7 | B♭m6(♭13) | B♭m6 | Am7

Bm7 | B♭7(13) | B♭7 | AM7

7. Toca-se a melodia juntamente com os acordes que passam a ser denominados acordes melódicos:

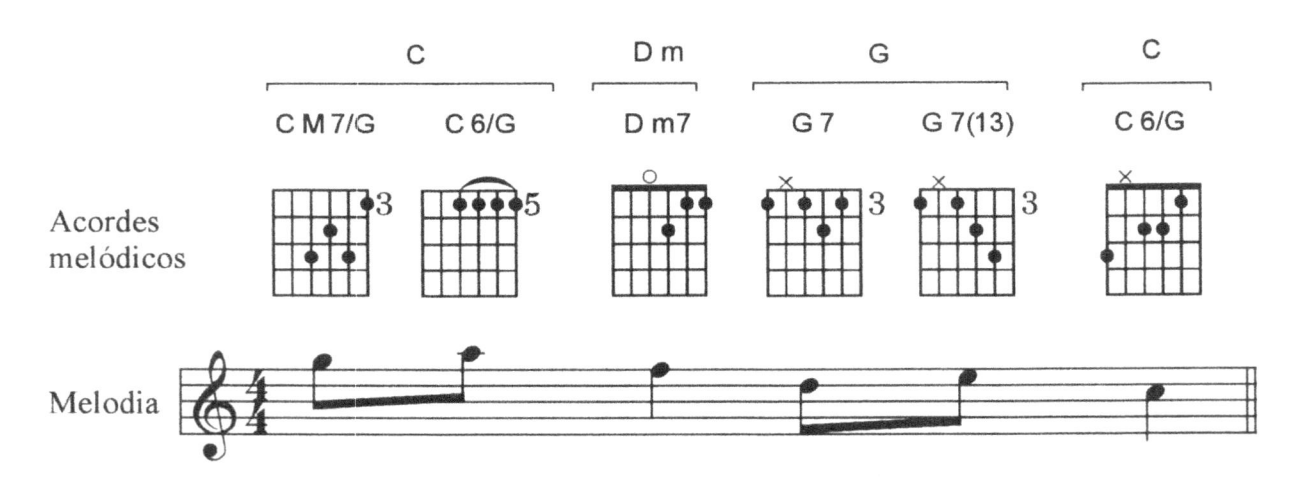

Sequências com acordes de 11ª e 13ª

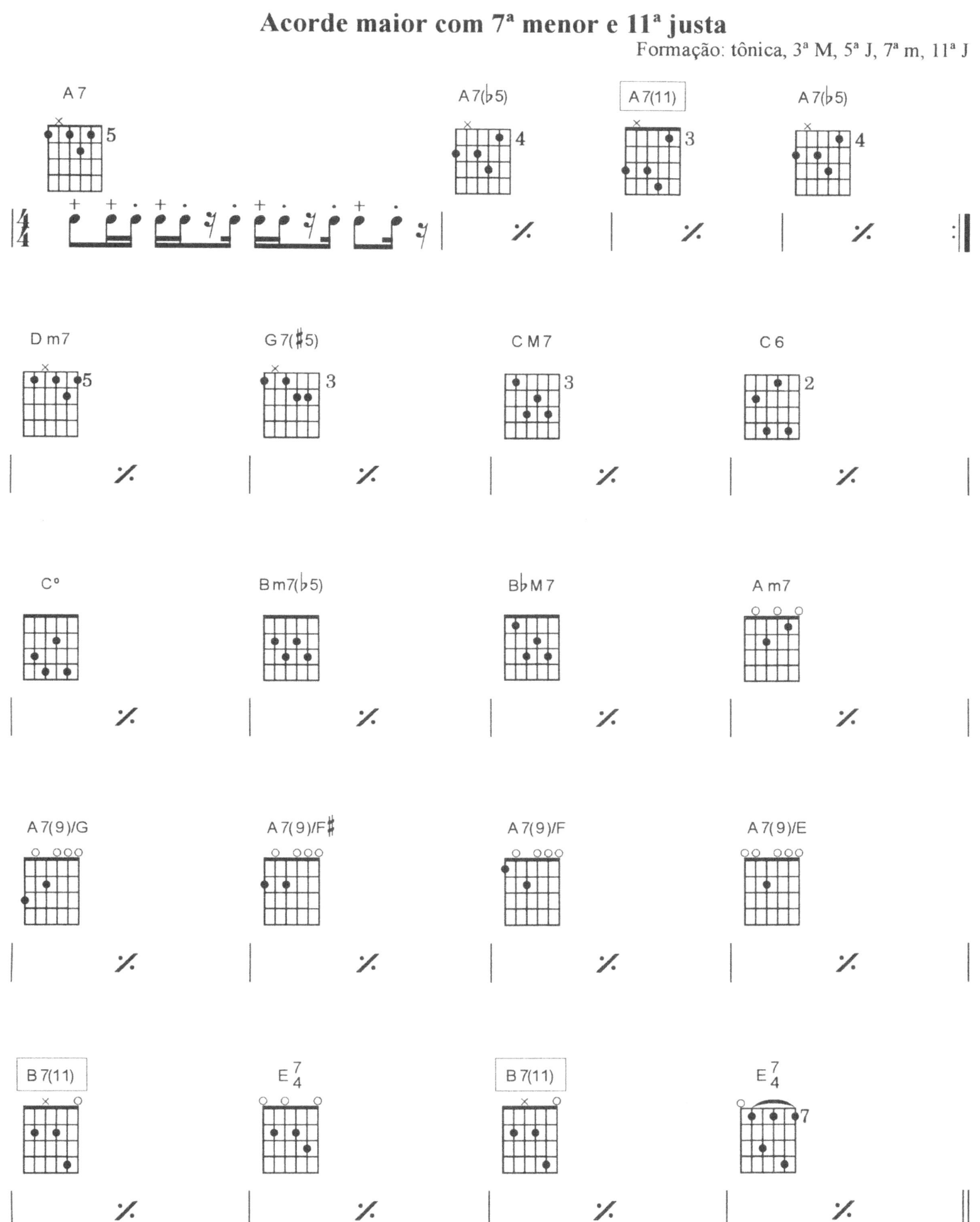

Acorde maior com 7ª menor e 11ª justa

Formação: tônica, 3ª M, 5ª J, 7ª m, 11ª J

Acorde menor com 7ª menor e 11ª justa

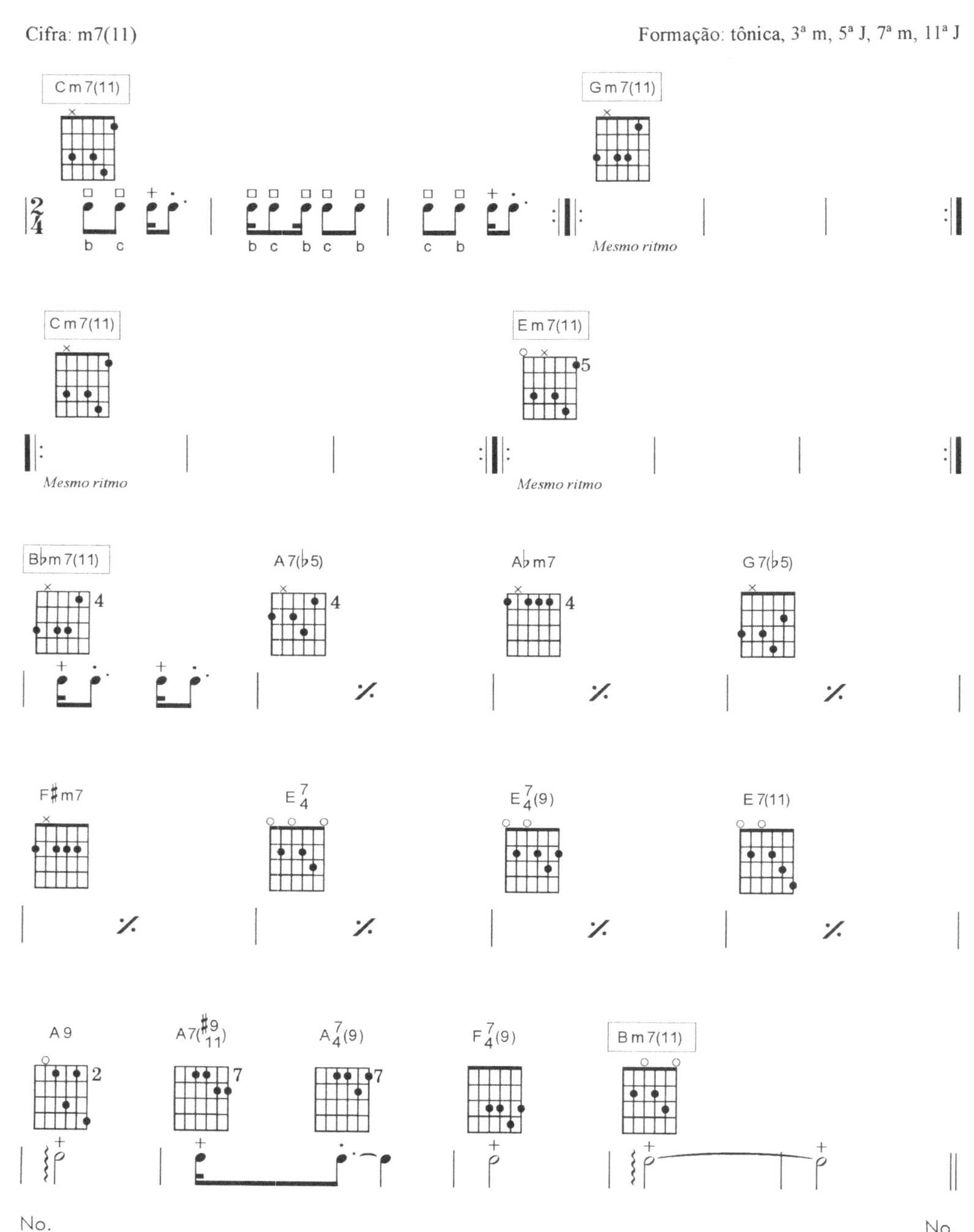

Cifra: m7(11)　　　　　　　　　　　　　　　　　　　　　　Formação: tônica, 3ª m, 5ª J, 7ª m, 11ª J

Acorde maior com 7ª menor, 9ª maior e 11ª justa

Cifra: 7(9/11) Formação: tônica, 3ª M, 5ª J, 7ª m, 9ª M, 11ª J

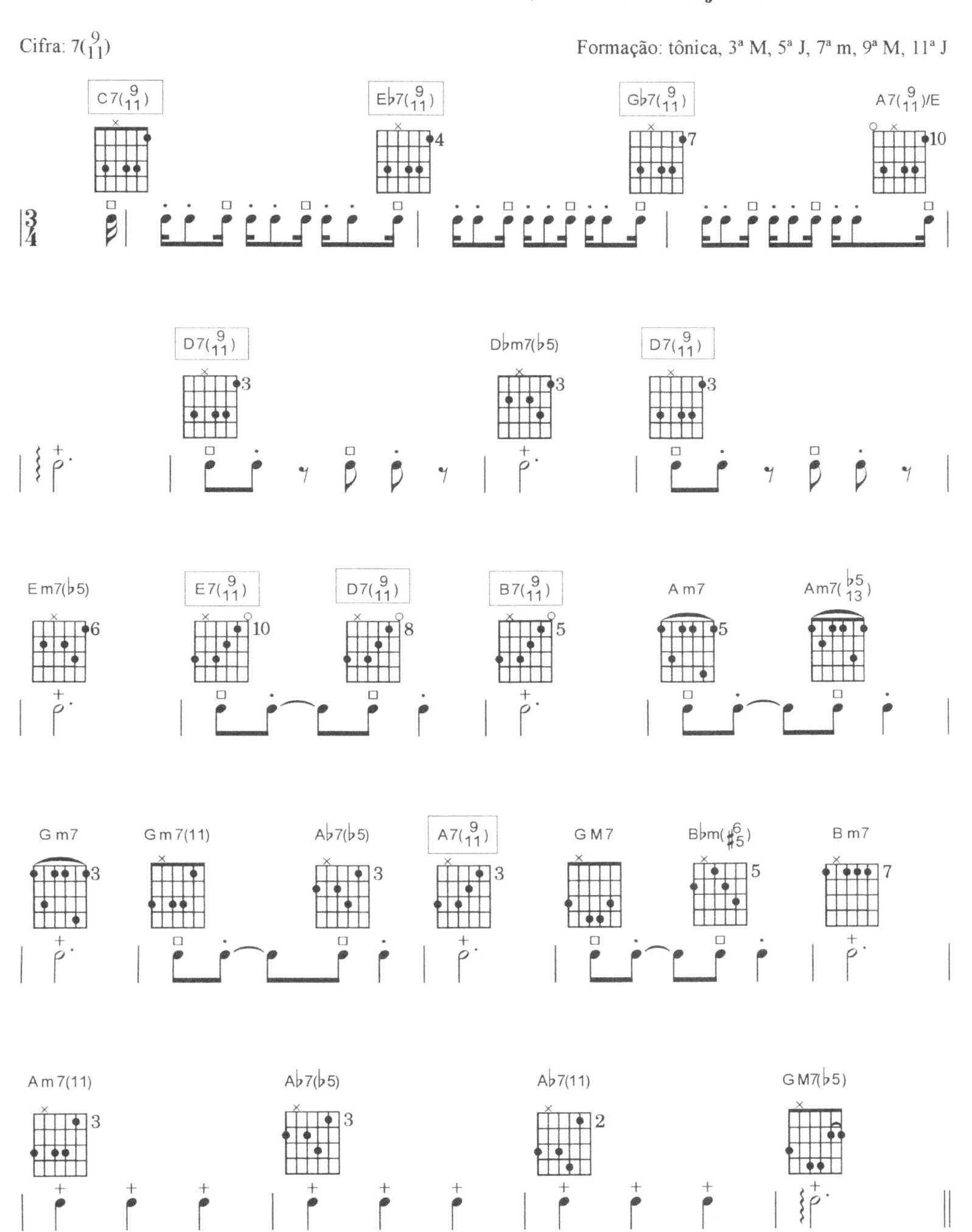

Acorde menor com 7ª menor, 9ª maior e 11ª justa

Cifra: m7($^9_{11}$) Formação: tônica, 3ª m, 5ª J, 9ª M, 11ª J

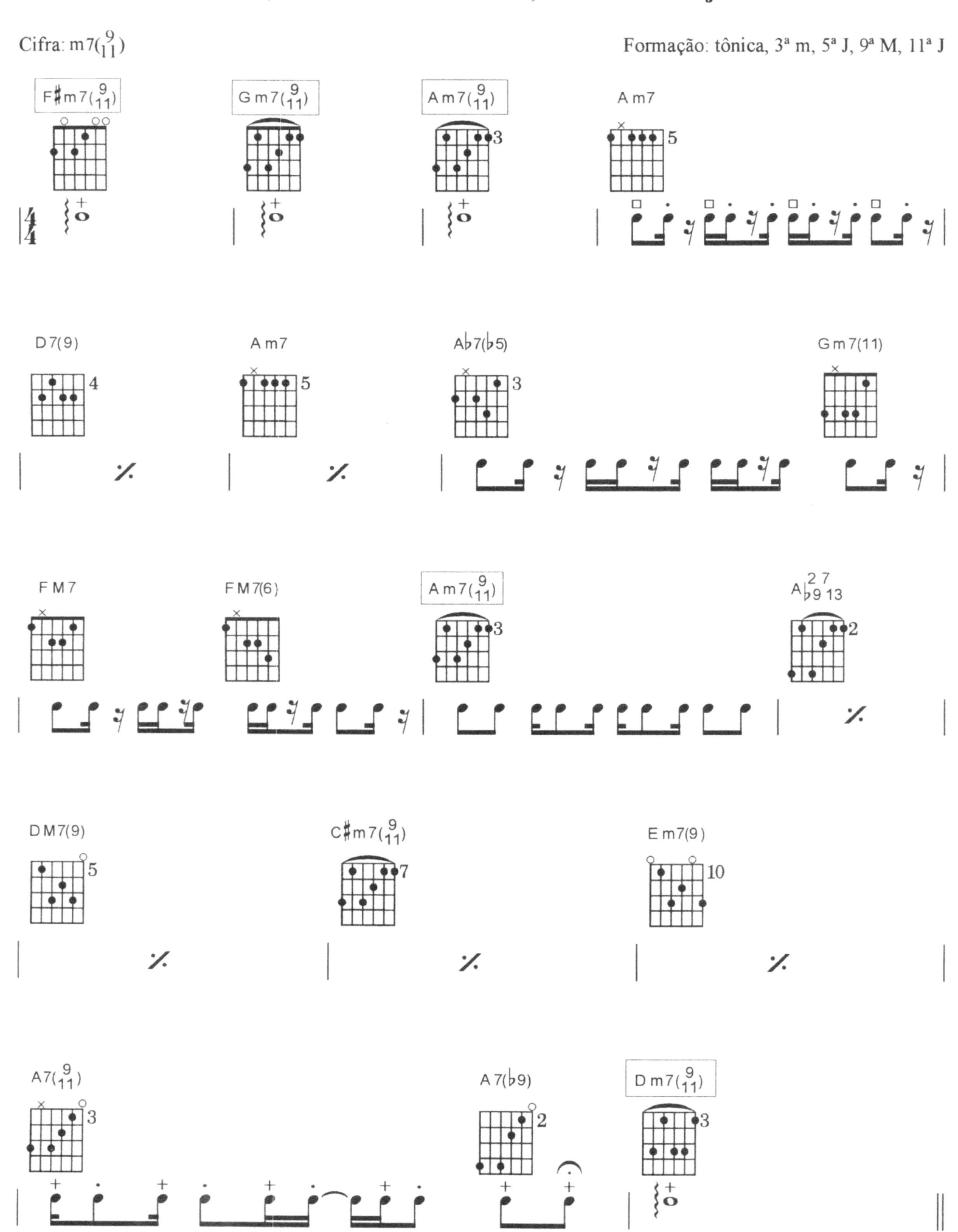

Acorde maior com 7ª menor, 9ª menor e 11ª justa

Cifra: 7($^{b9}_{11}$) Formação: tônica, 3ª M, 7ª m, 9ª m, 11ª J

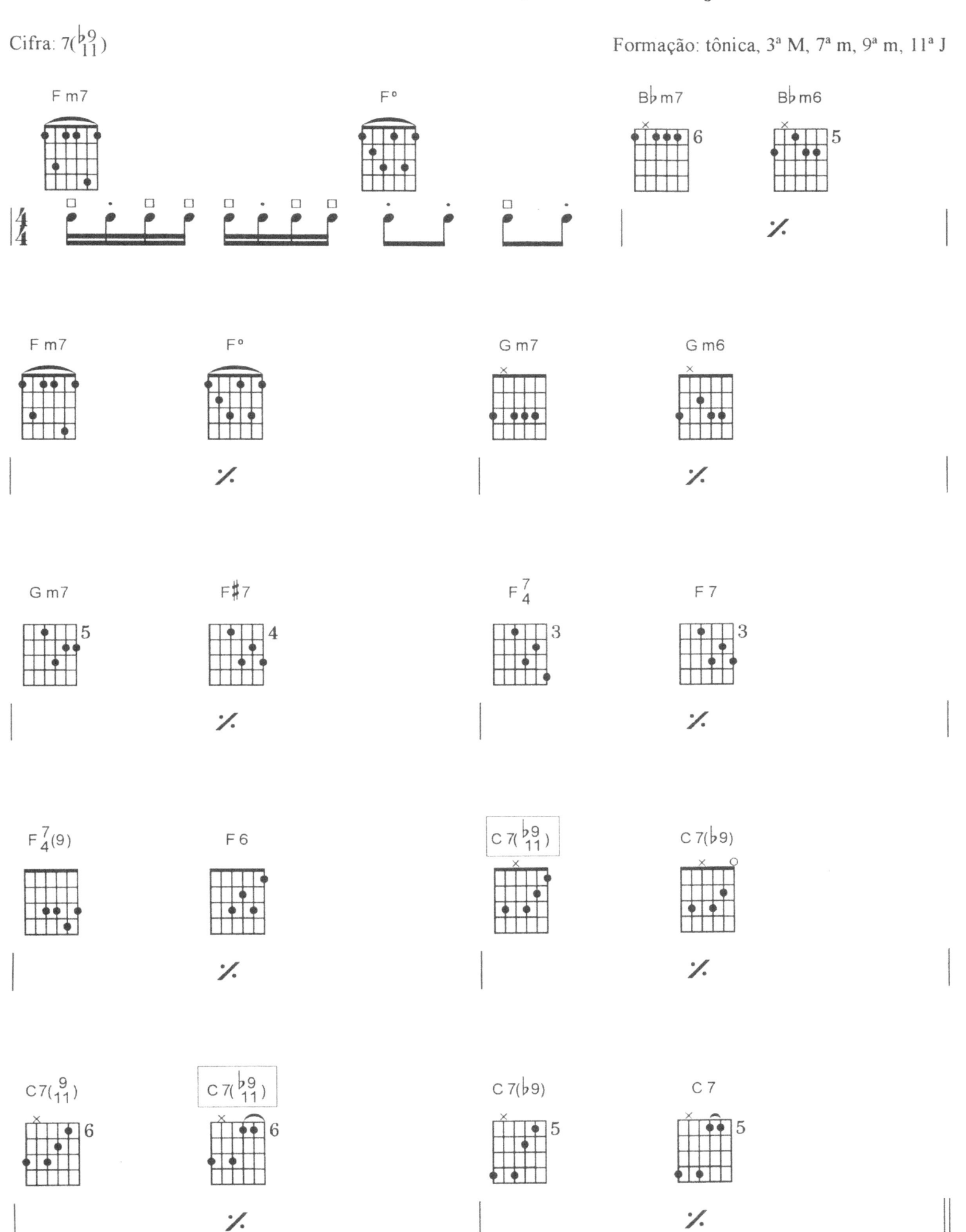

Acorde menor com 7ª menor, 9ª menor e 11ª justa

Cifra: m7(♭9/11)

Formação: tônica, 3ª m, 5ª J, 7ª m, 9ª m, 11ª J

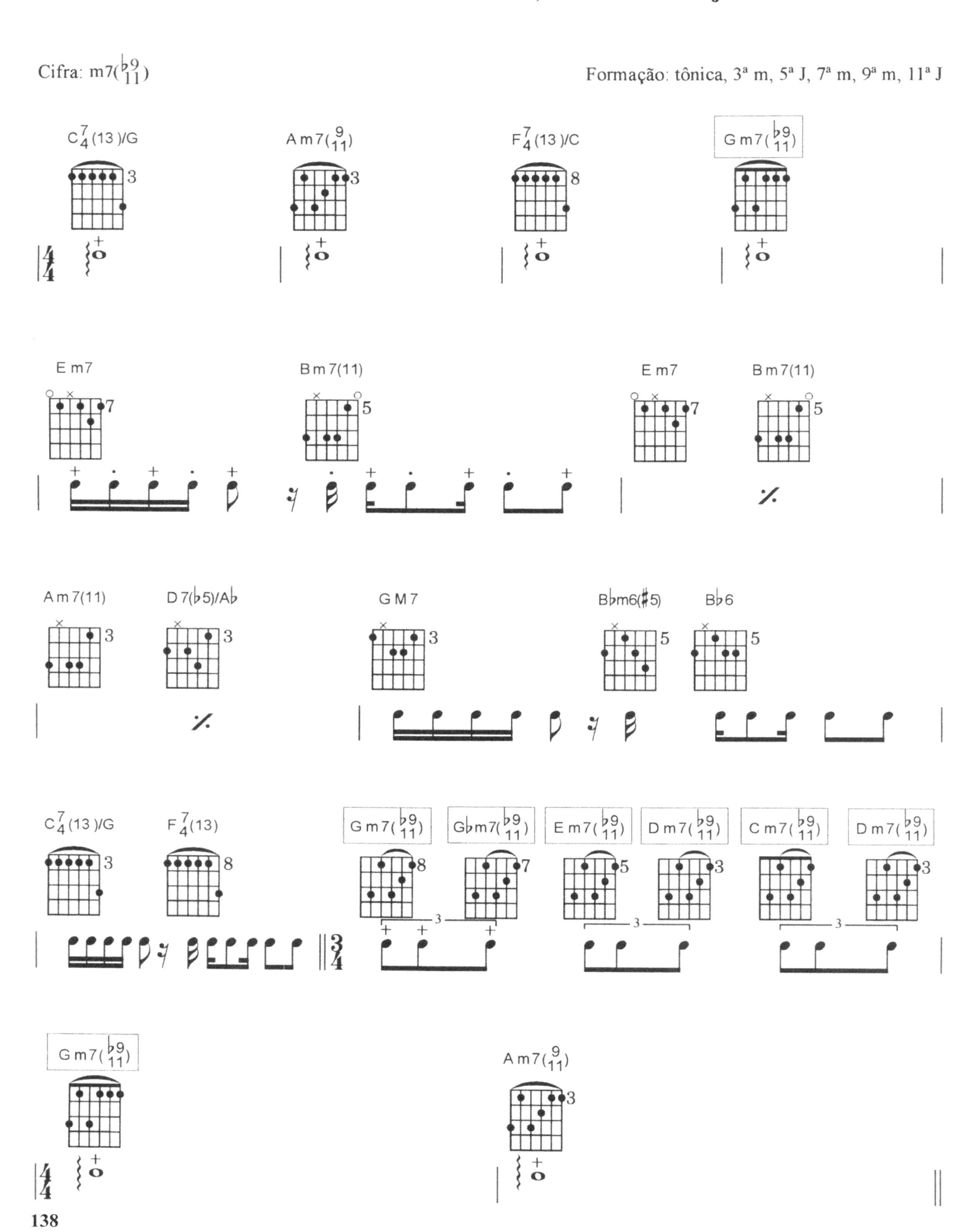

Acorde maior com 7ª menor, 9ª menor e 11ª aumentada

Cifra: 7($^{\flat 9}_{\sharp 11}$)

Formação: tônica, 3ª M, 5ª J, 7ª m, 9ª m, 11ª a

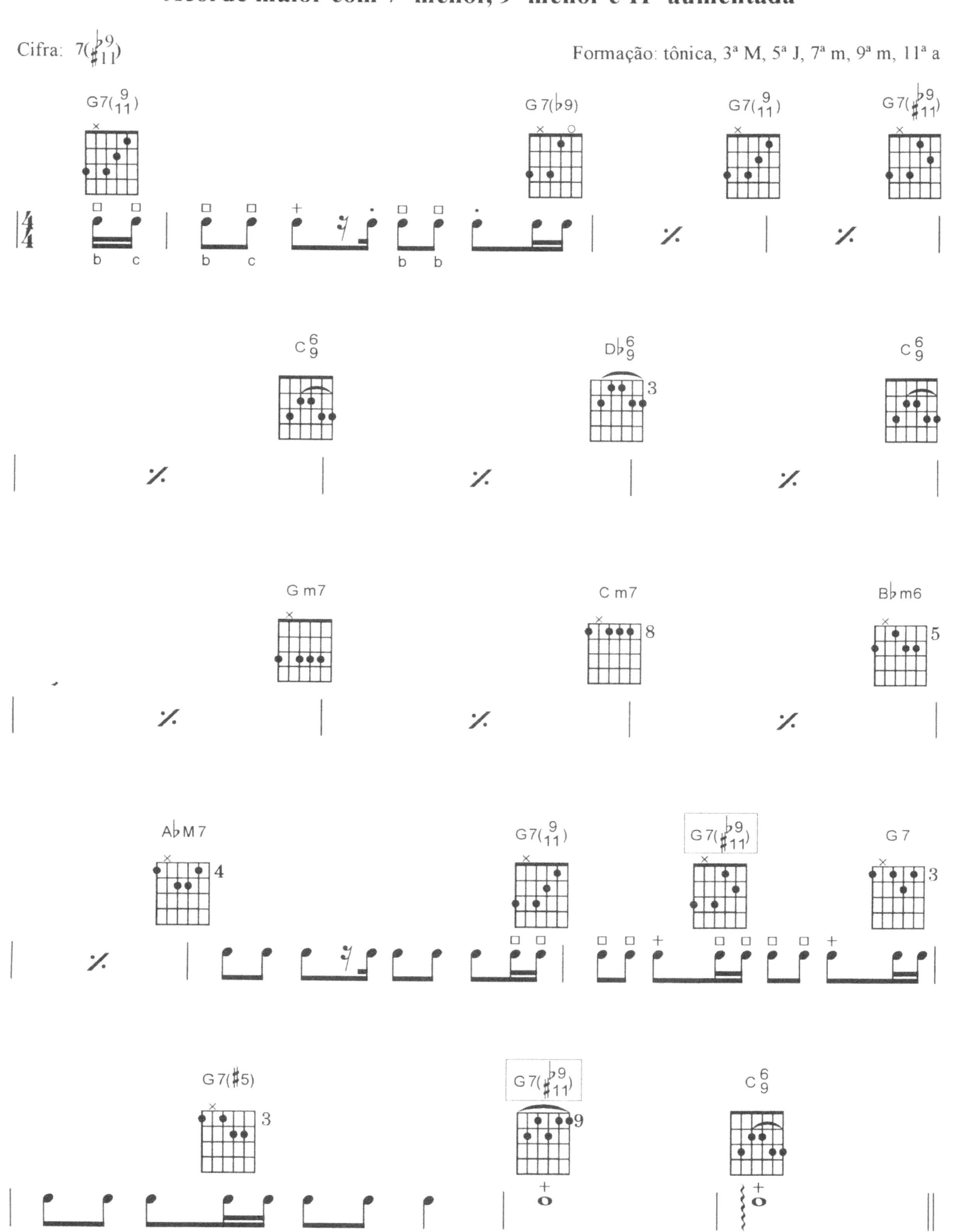

Acorde maior com 7ª menor, 9ª maior e 11ª aumentada

Cifra: 7($^9_{\sharp 11}$)

Formação: tônica, 3ª M, 5ª J, 7ª m, 9ª M, 11ª a

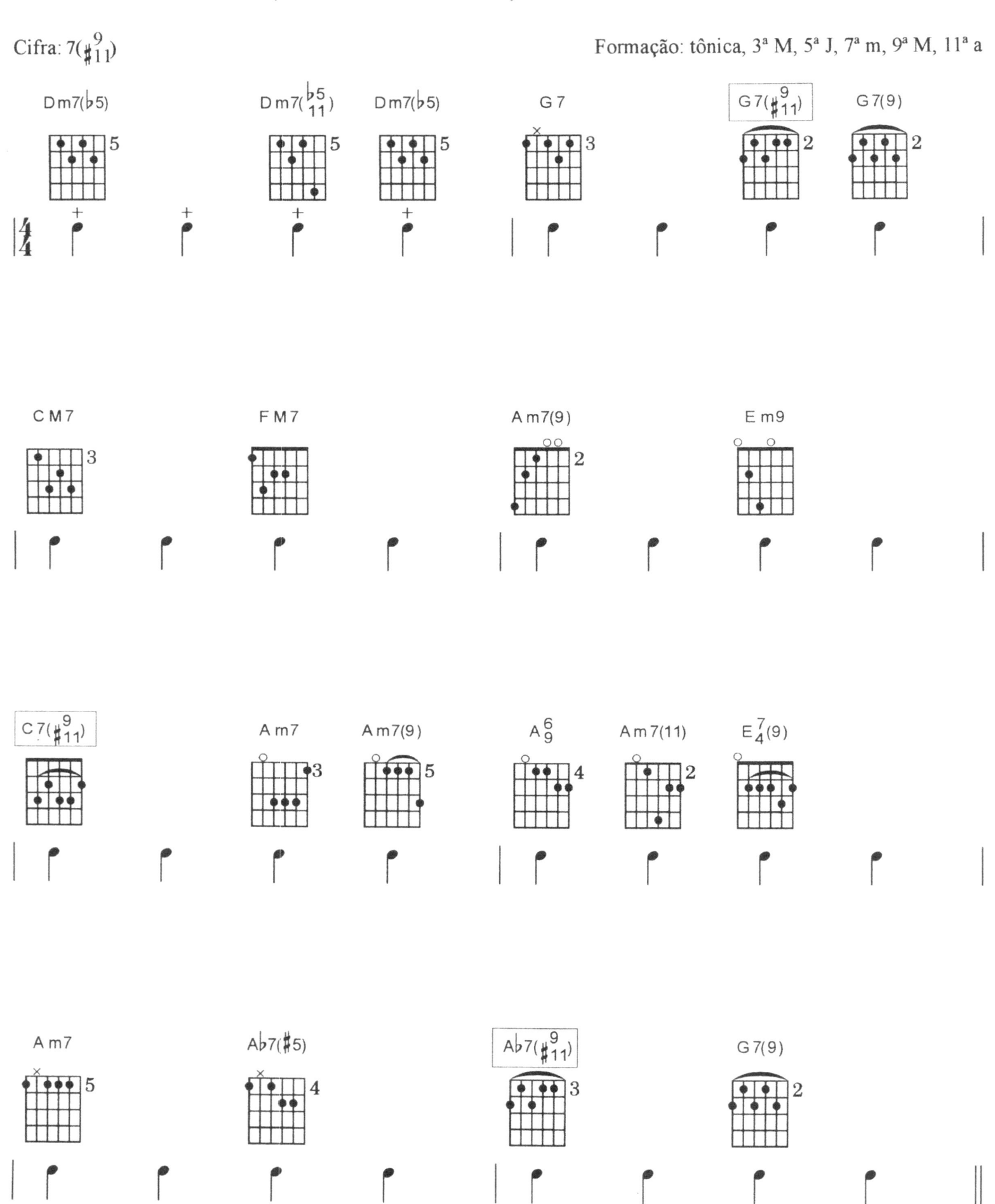

140

Acorde maior com 7ª menor e 13ª maior

Cifra: 7(13)   Formação: tônica, 3ª M, 5ª J, 13ª M

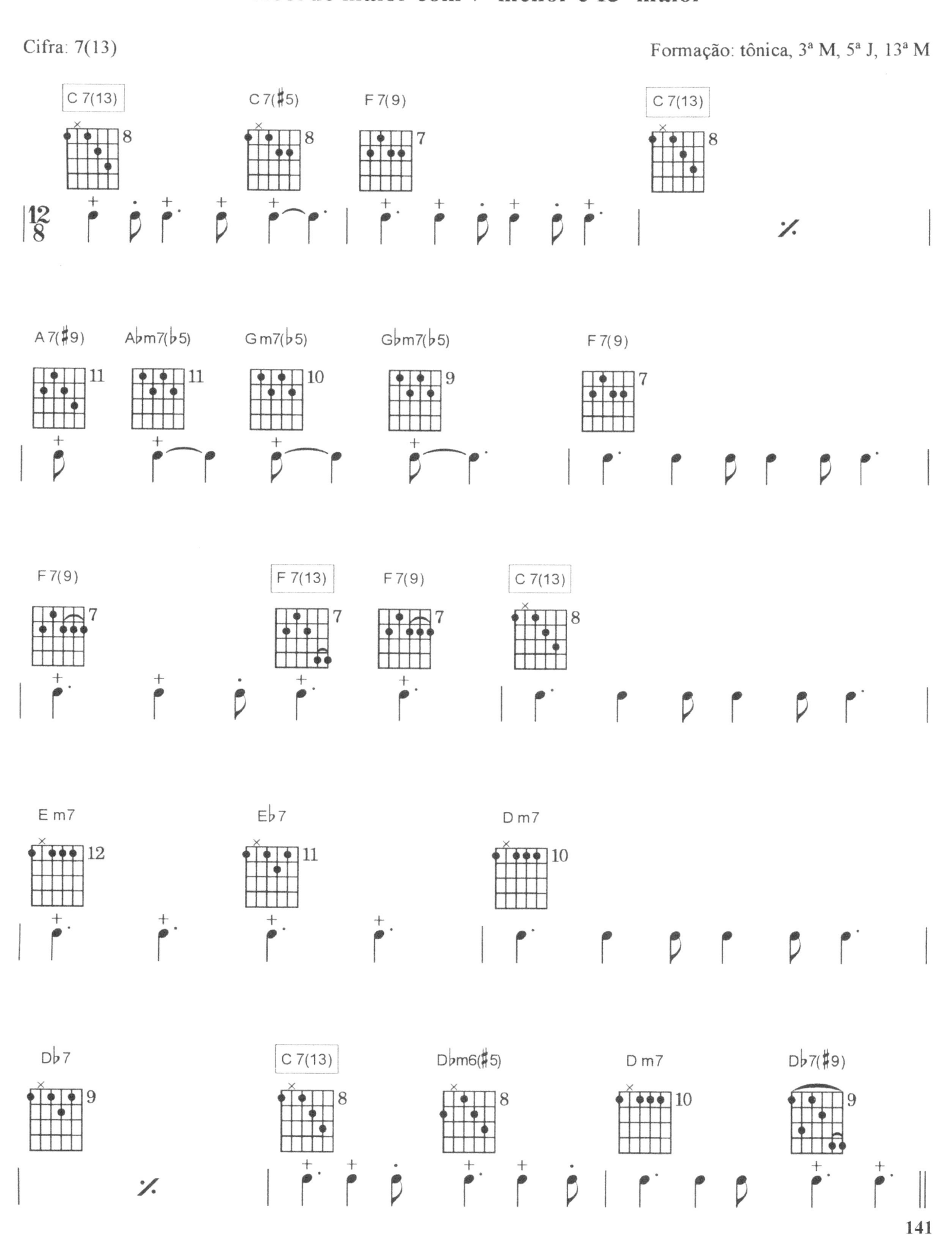

Acorde menor com 7ª menor e 13ª maior

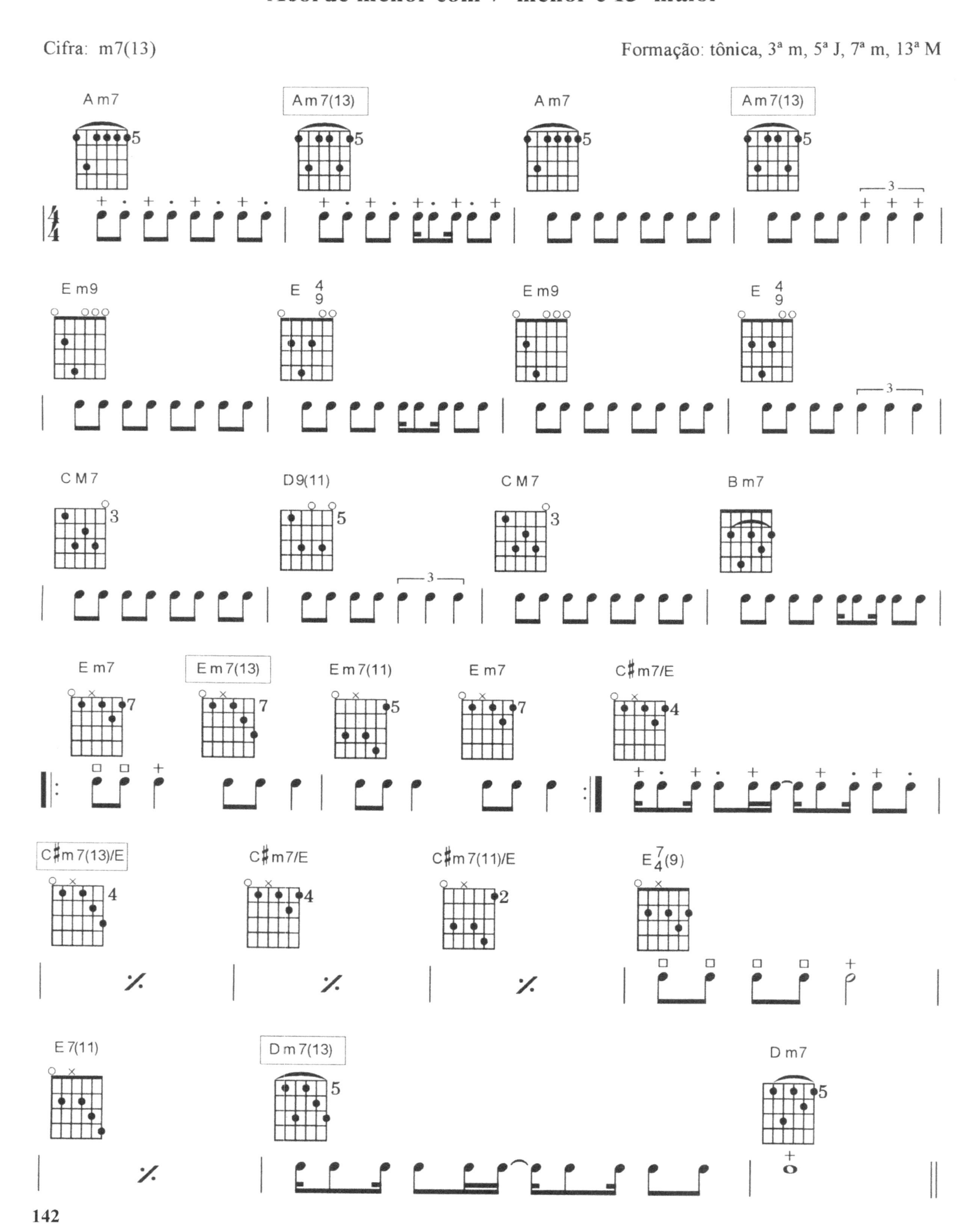

Cifra: m7(13) Formação: tônica, 3ª m, 5ª J, 7ª m, 13ª M

Outras combinações com 13ª

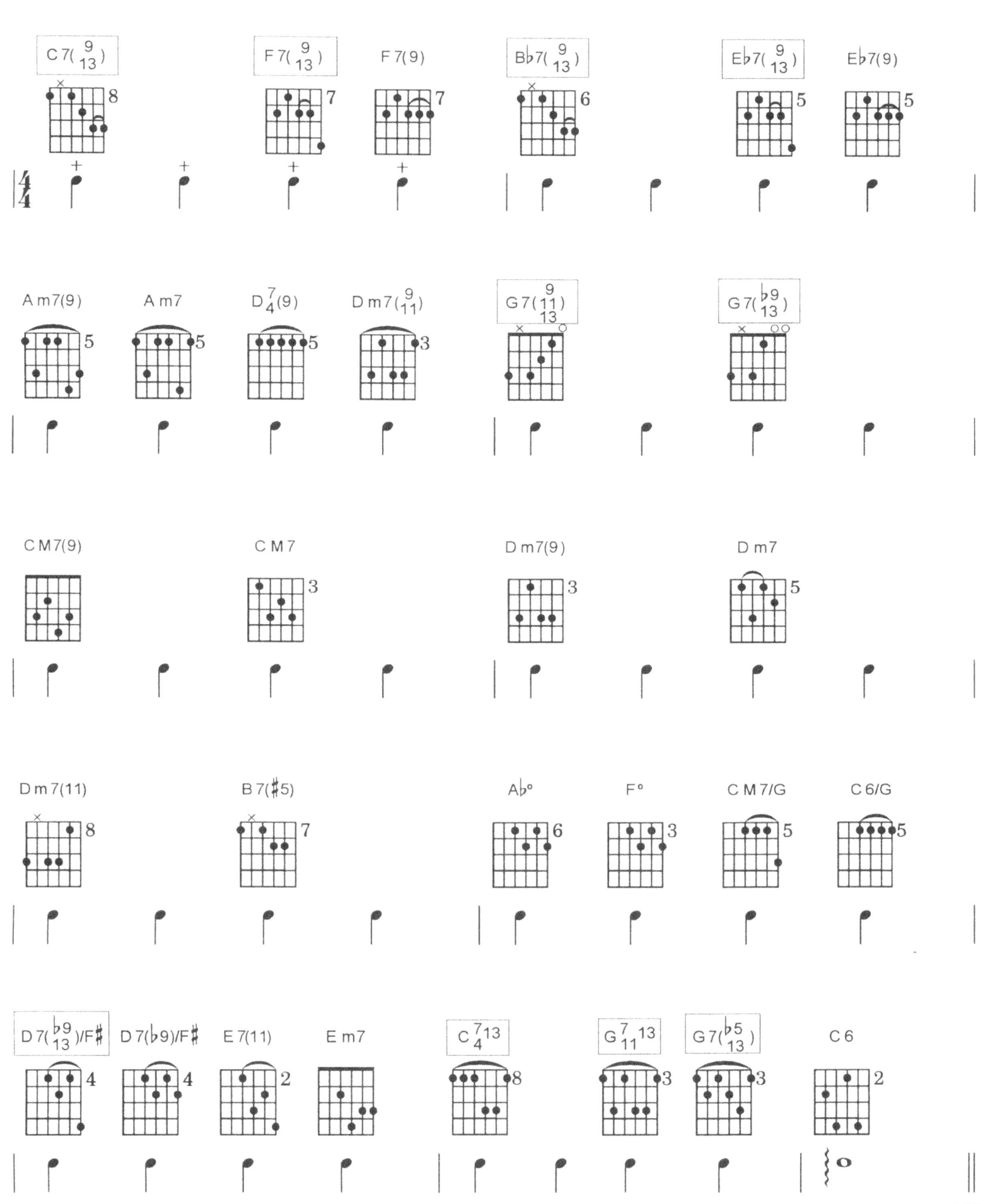

IMPROVISAÇÃO

Improvisação acordal

No final da década de 1930, teve início, no desenvolvimento do jazz, um tipo de improvisação denominado acordal (ou vertical). Esta modalidade consiste na utilização de notas com as quais os acordes são formados, podendo-se ainda agregar outras, em determinados acordes específicos. Estas notas são empregadas tanto na construção dos solos quanto na dos acordes melódicos. Assim, os acordes foram divididos em seis tipos diferentes, com variantes decorrentes de opiniões e estilos pessoais.

Nesta seção o bequadro não é escrito para facilitar a leitura, e o sustenido e o bemol afetam somente a nota na qual estão aplicados.

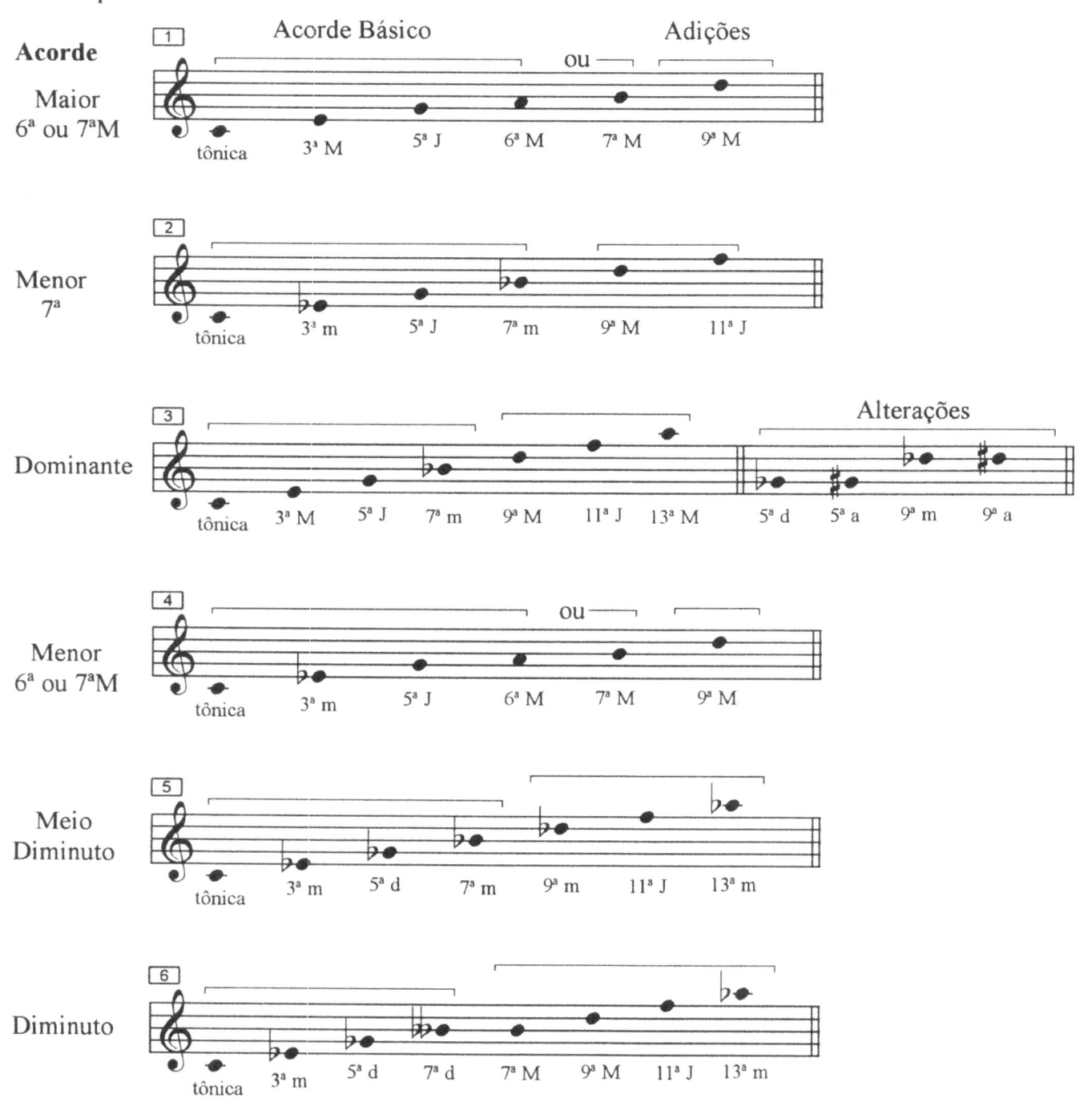

Acorde

1. Maior 6ª ou 7ªM — Acorde Básico: tônica, 3ª M, 5ª J, 6ª M ou 7ª M; Adições: 9ª M

2. Menor 7ª — tônica, 3ª m, 5ª J, 7ª m, 9ª M, 11ª J

3. Dominante — tônica, 3ª M, 5ª J, 7ª m, 9ª M, 11ª J, 13ª M; Alterações: 5ª d, 5ª a, 9ª m, 9ª a

4. Menor 6ª ou 7ªM — tônica, 3ª m, 5ª J, 6ª M ou 7ª M, 9ª M

5. Meio Diminuto — tônica, 3ª m, 5ª d, 7ª m, 9ª m, 11ª J, 13ª m

6. Diminuto — tônica, 3ª m, 5ª d, 7ª d, 7ª M, 9ª M, 11ª J, 13ª m

Origem dos acordes

Os acordes utilizados no jazz têm origem em três escalas utilizadas na música ocidental, adicionando-se intervalos de terças superpostas sobre cada nota. São consideradas notas adicionais aquelas superpostas ao acorde básico ou as que recebem alterações.

Note que existem sete acordes diferentes gerados por estas escalas, sendo que o de M7 com #5 só passou a ser utilizado posteriormente, por influência do compositor impressionista francês, Claude Debussy. Já os acordes maior e menor com sexta foram muito difundidos com o jazz tradicional.

A seguir, são mostrados os acordes gerados pelas escalas Diatônica, Menor Harmônica e Menor Melódica. Muitos acordes são iguais e, para facilitar o entendimento, os diferentes estão marcados com um retângulo.

Escala diatônica
CM7   Dm7   Em7   FM7   G7   Am7   Bm7(b5)

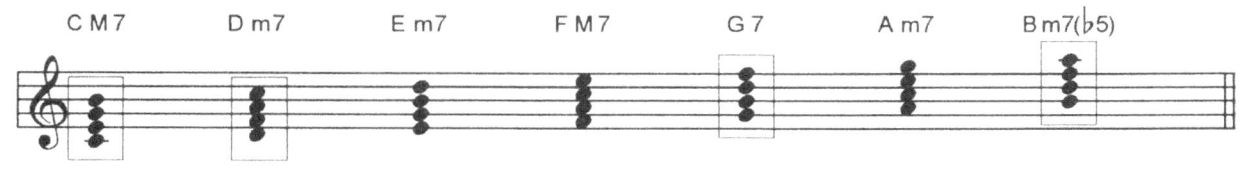

Escala menor harmônica
CmM7   Dm7(b5)   EbM7(#5)   Fm7   G7   AbM7   B°

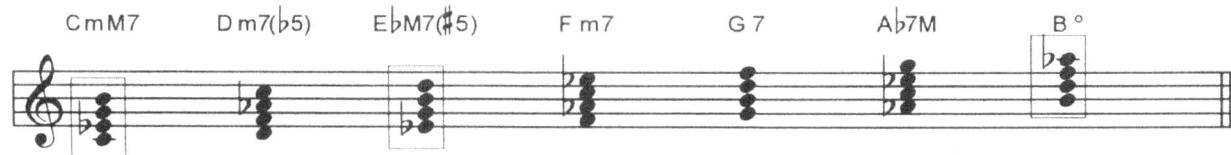

Escala menor melódica
CmM7 Dm7 EbM7(#5) F7 G7 Am7(b5) Bm7(b5) Bb7 AbM7 Gm7 Fm7 Eb7M Dm7(b5) Cm7

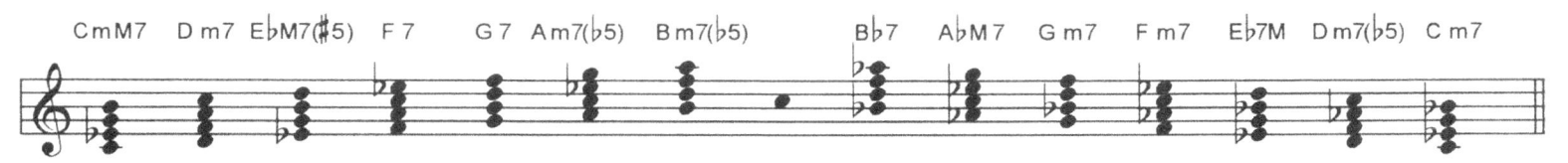

Acompanhamento

Tendo em vista a complexidade deste tipo de improvisação, é recomendável praticar as frases com apenas dois acordes do mesmo tipo. Por exemplo: CM7 e AM7 para o primeiro esquema e CM7 e DM7 (ou BbM7) para o segundo. Uma vez estudado o solo nos acordes maior 6ª ou M7, Menor 7ª, Dominante e Dominante Alterado, improvise sobre a seguinte sequência: 12/8 CM7 | CM7 | Dm7 | Dm7 | G7 | G7(13) | CM7 | G7(#5) ||

Ritmo básico: (12/8) etc.

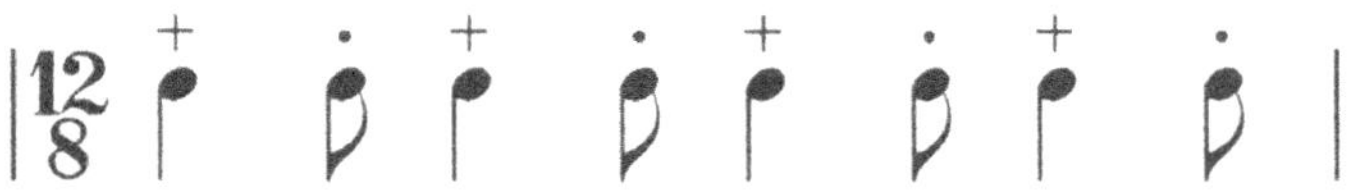

Em seguida, após estudar o solo no acorde menor 6ª ou M7 e Meio Diminuto, improvise sobre a sequência:
12/8 Cm6 | Cm6 | Dm7(b5) | Dm7(b5) | G7(#5) | G7(#5) CmM7 | G7(b5) ||

Finalmente, pratique sobre esta sequência, após estudar o solo sobre acorde Diminuto:
12/8 CM7 | C#° | Dm7 | G7 G#° | Am7 | D7 D7(9) D7(b9) | GM7 | G7 G7(#5) ||
           1 2 3 4   1 2 3   4   1 2 3 4

Padrões para improviso sobre acorde

Maior 6ª ou 7ª Maior

Esquema 1

Maior 6ª ou 7ª Maior

Esquema 2

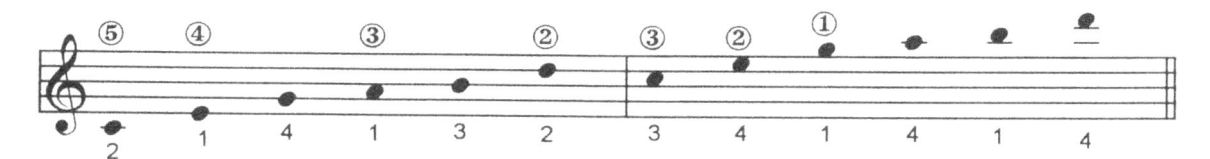

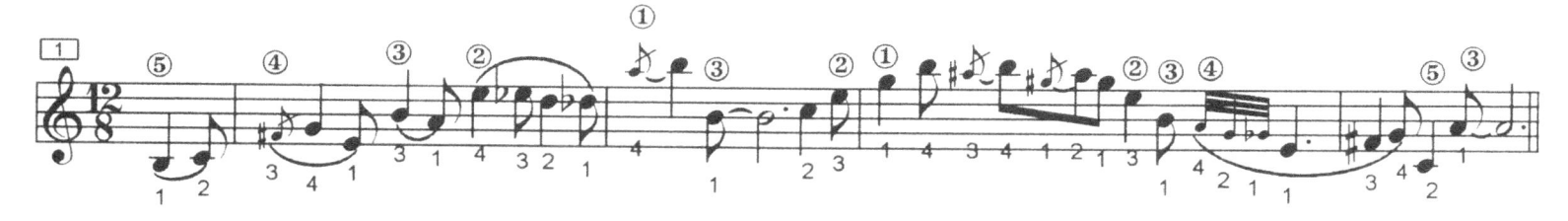

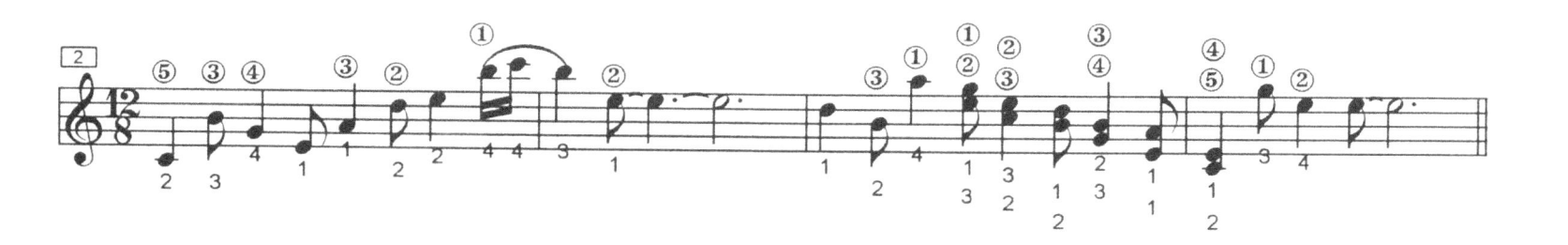

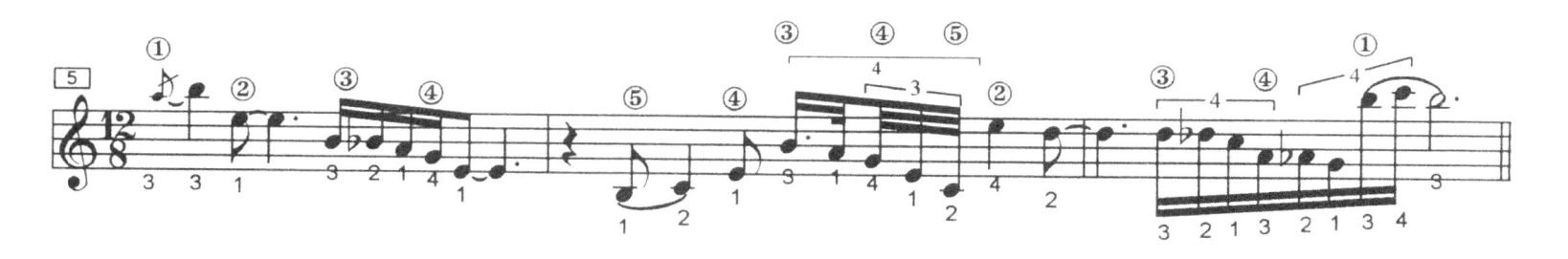

Notas disponíveis

Exemplos

Menor 7ª

Esquema 1

Notas disponíveis

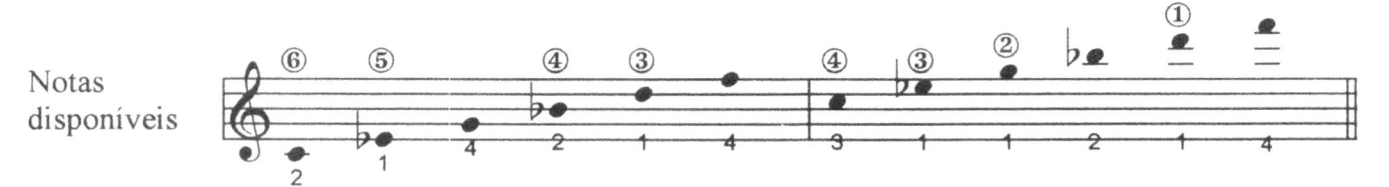

Exemplos

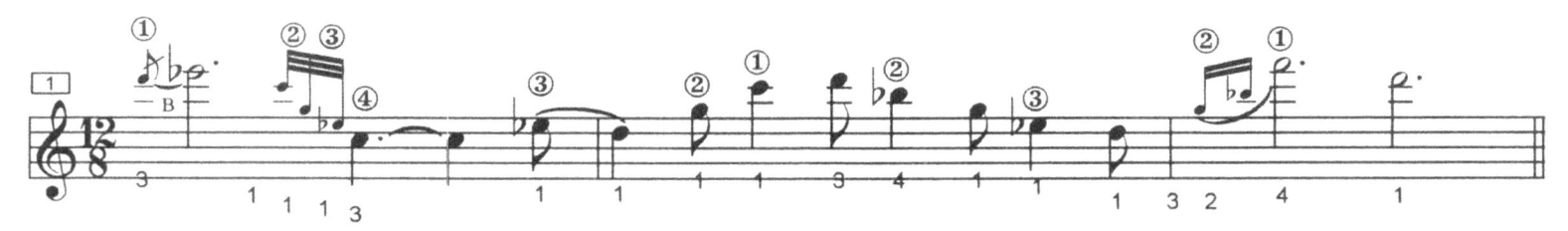

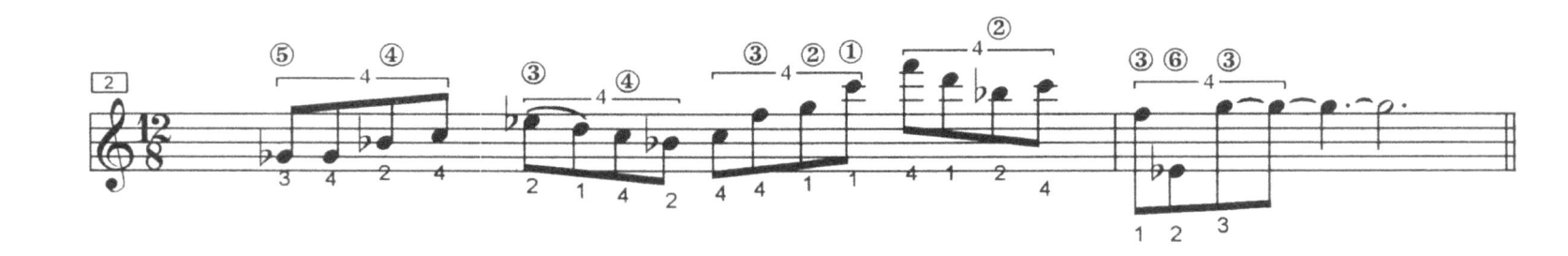

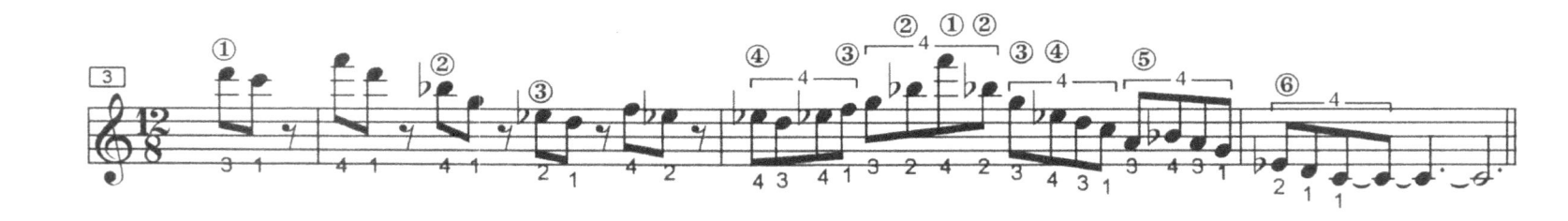

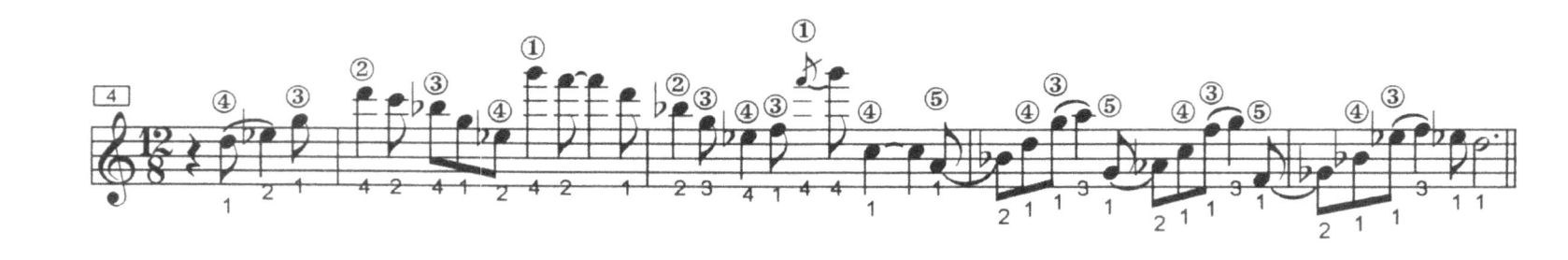

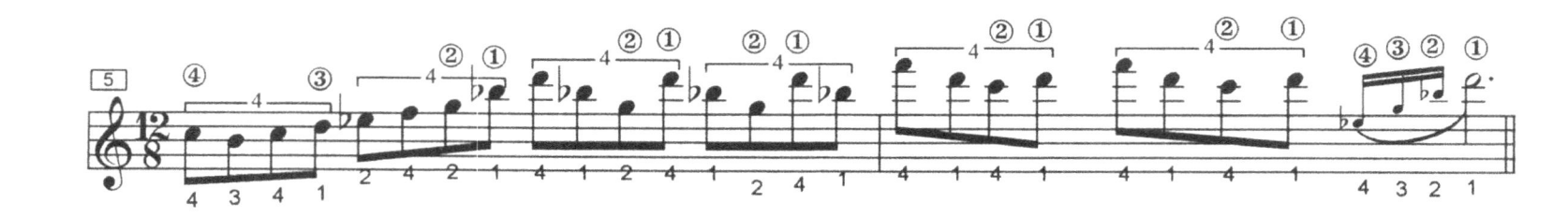

Menor 7ª

Esquema 2

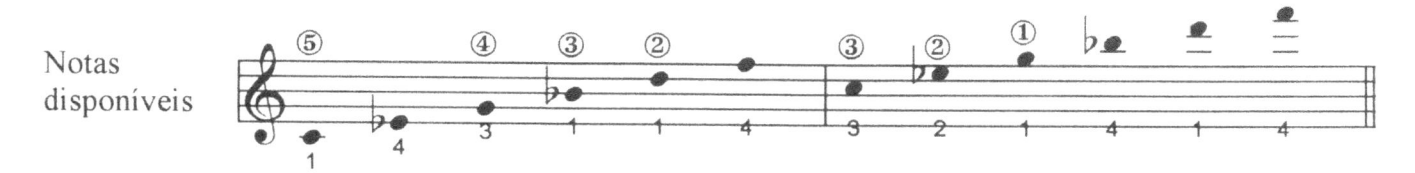

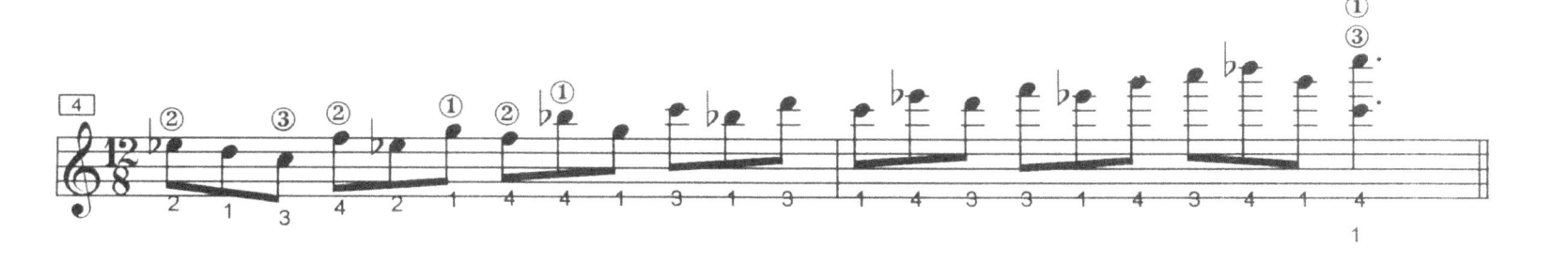

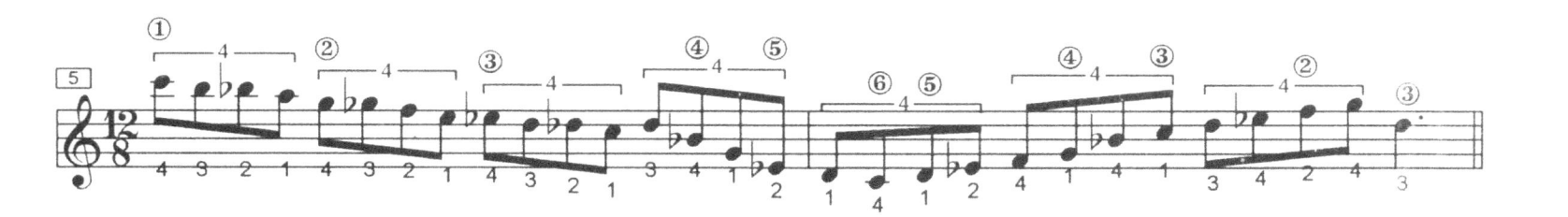

Notas disponíveis

Exemplos

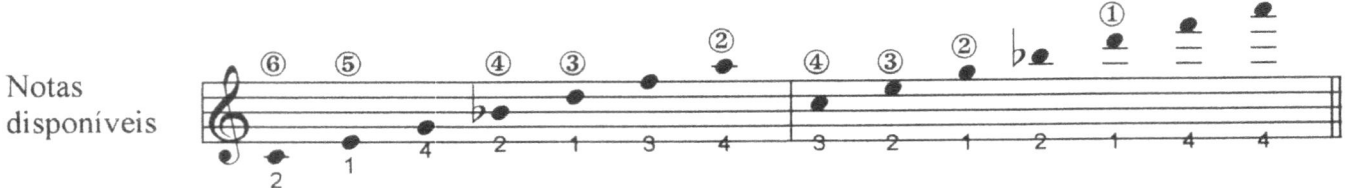

Dominante

Esquema 1

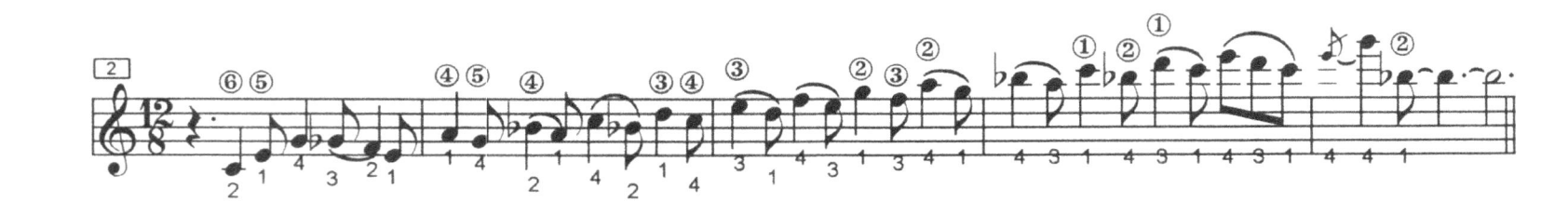

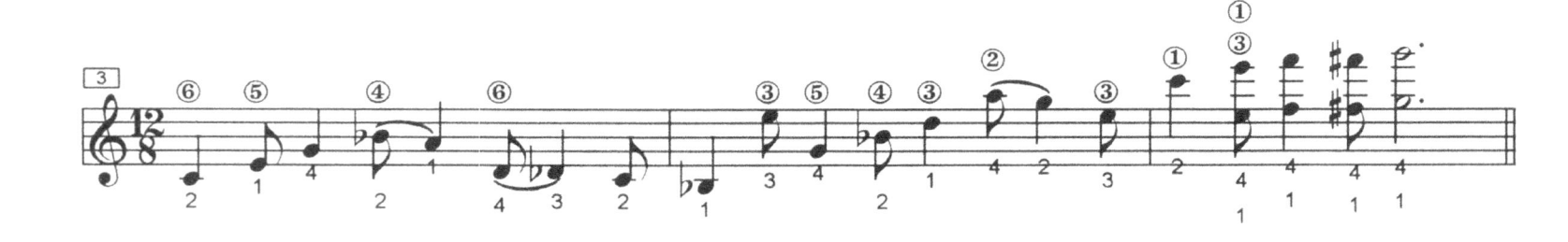

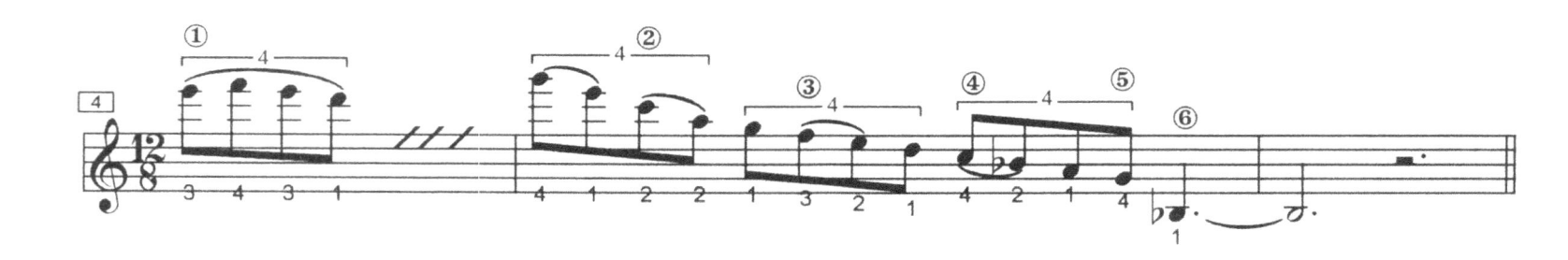

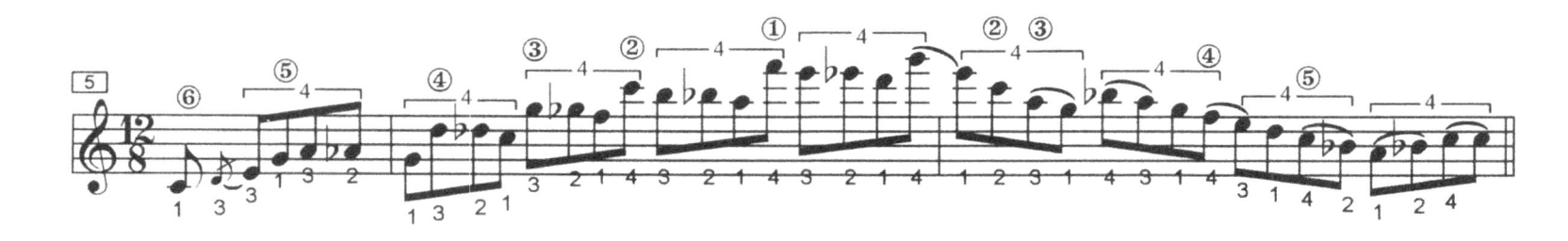

Dominante

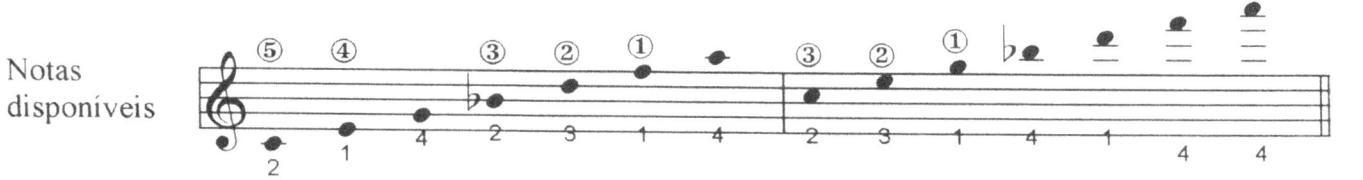

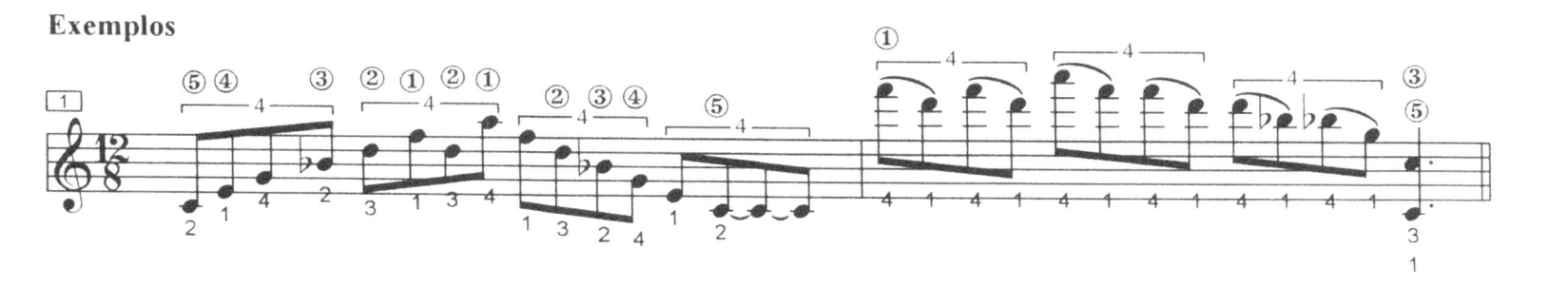

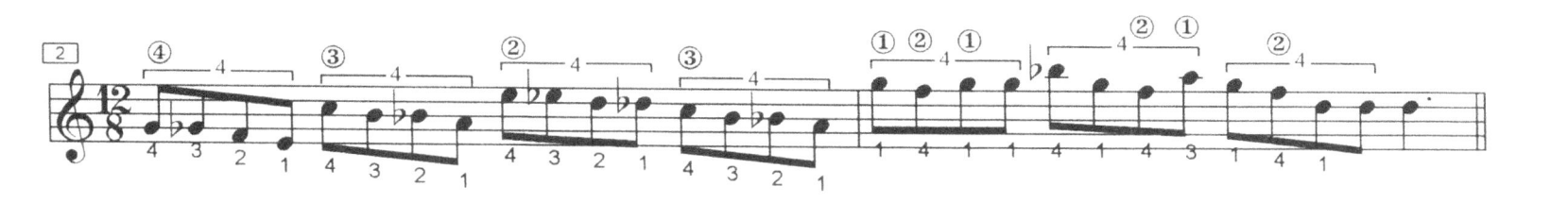

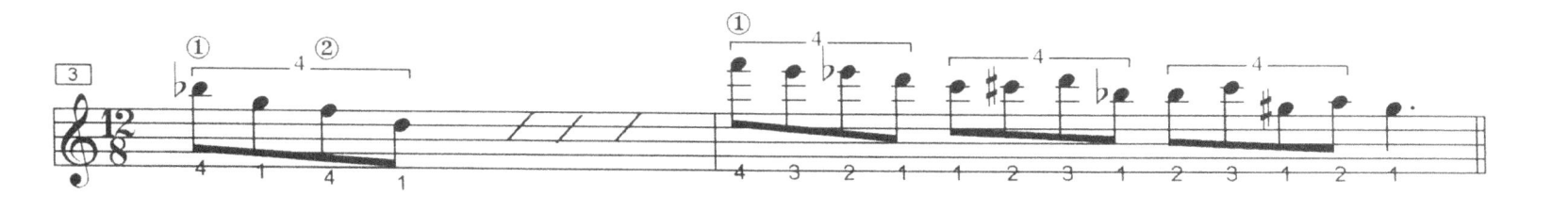

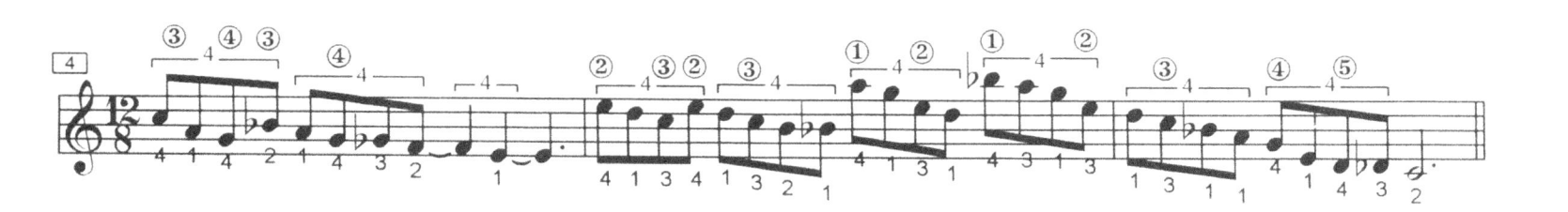

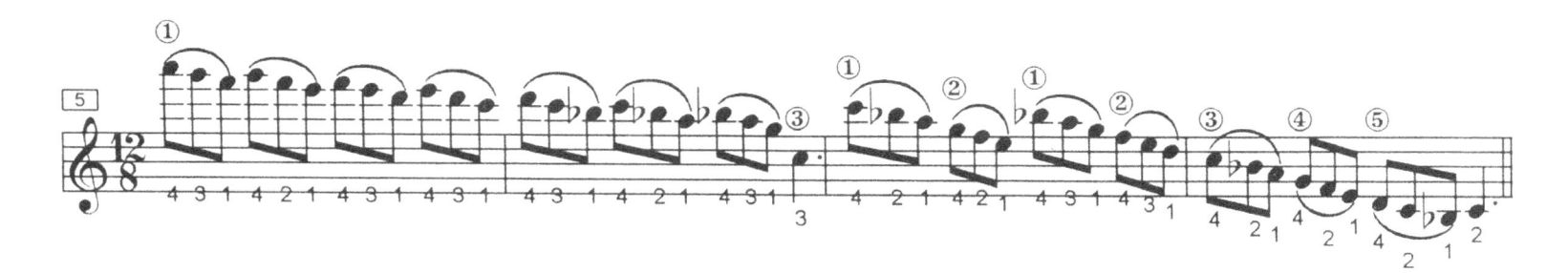

Esquema 2

Exemplos

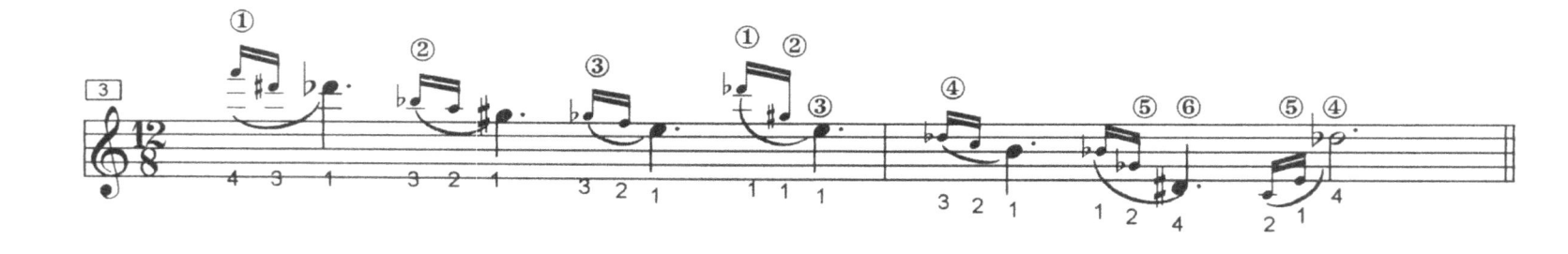

Dominante alterado

Esquema 1

Notas disponíveis

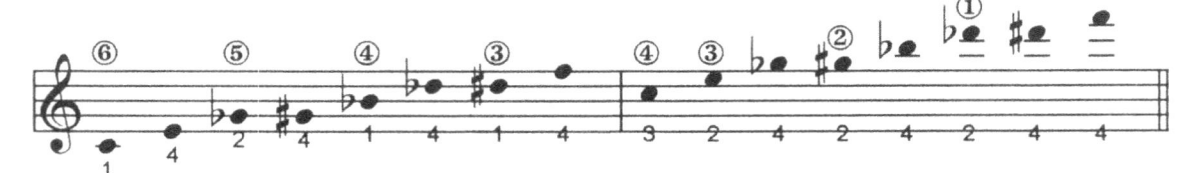

Exemplos

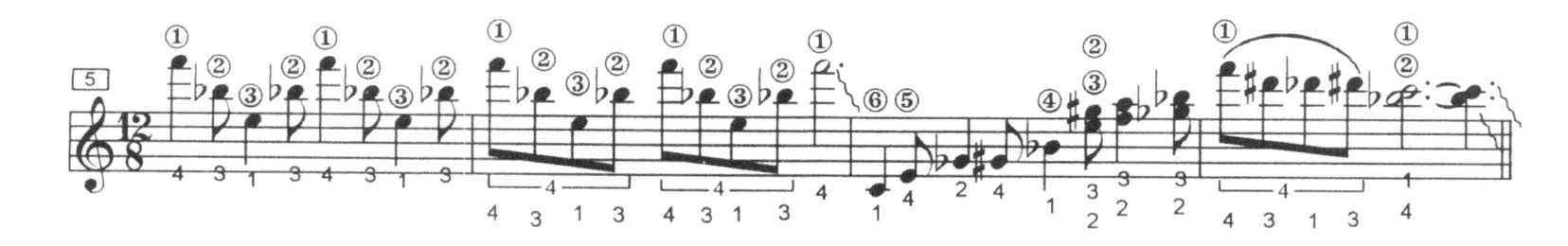

Dominante alterado

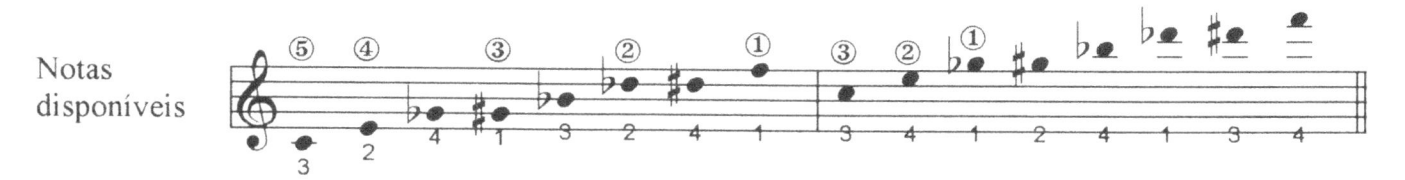

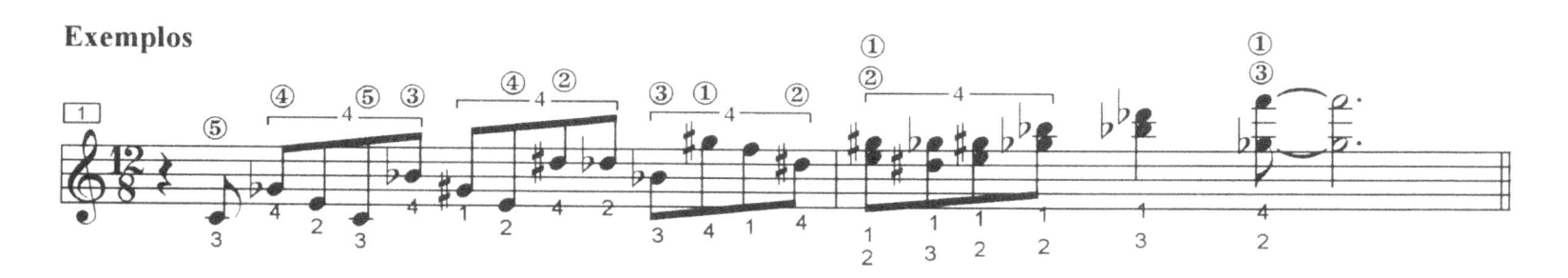

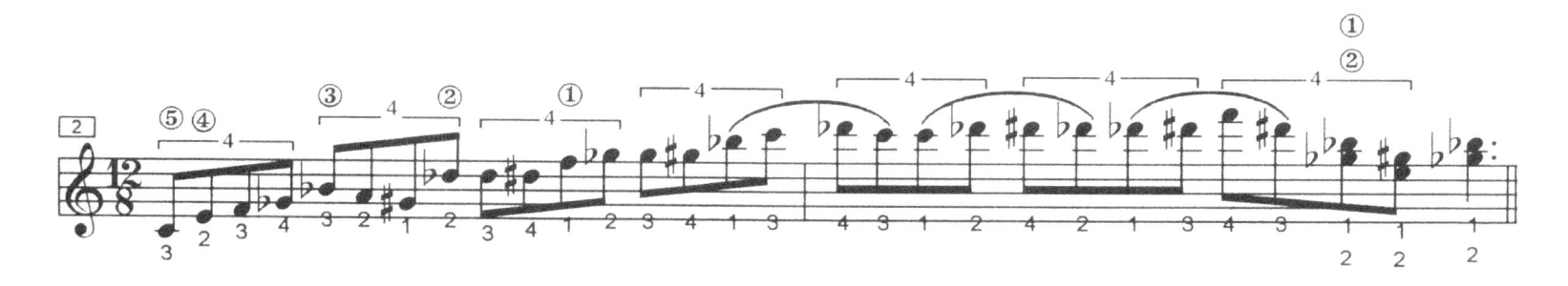

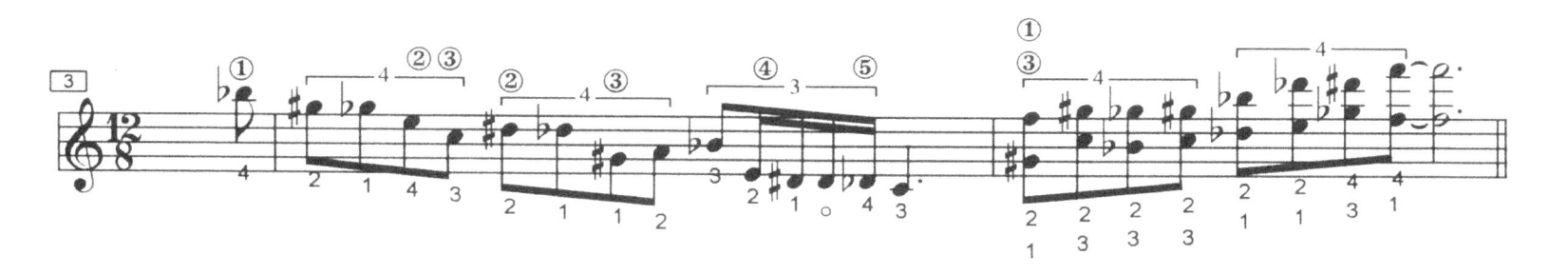

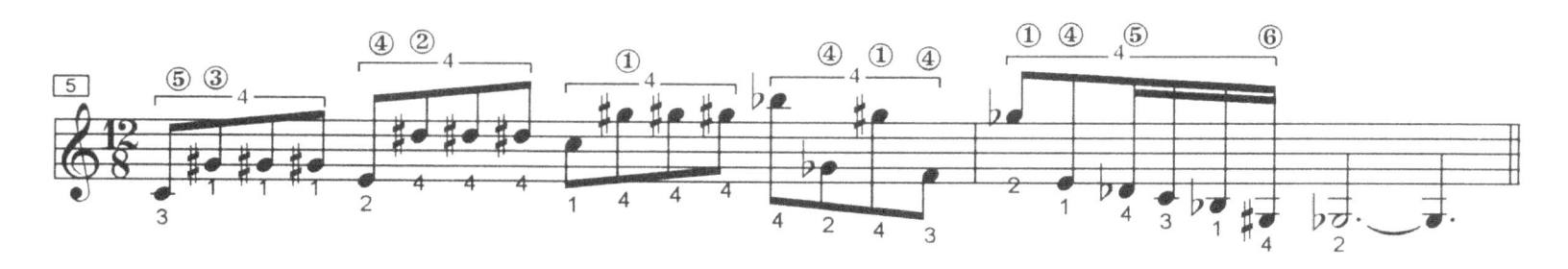

Esquema 2

Exemplos

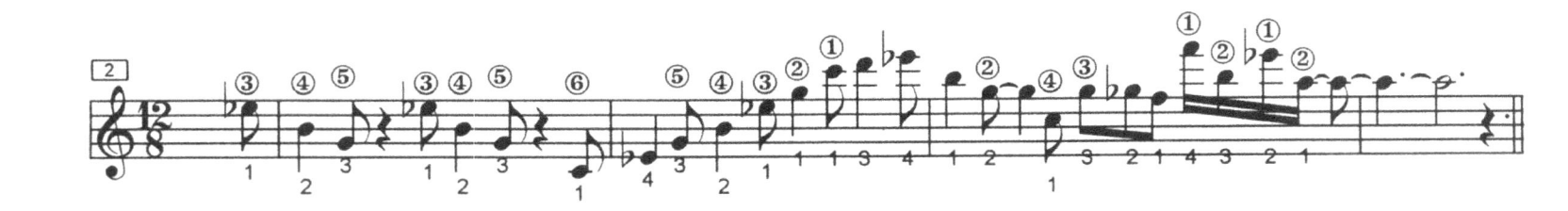

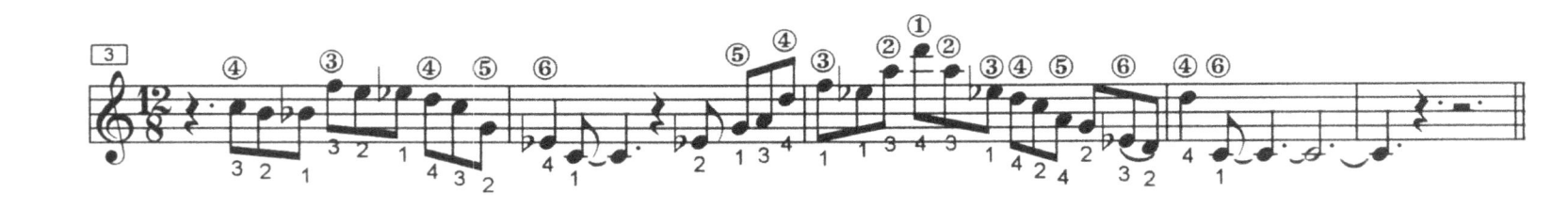

Menor 6ª ou 7ª Maior

Esquema 1

Notas disponíveis

Exemplos

154

Menor 6ª ou 7ª Maior

Esquema 2

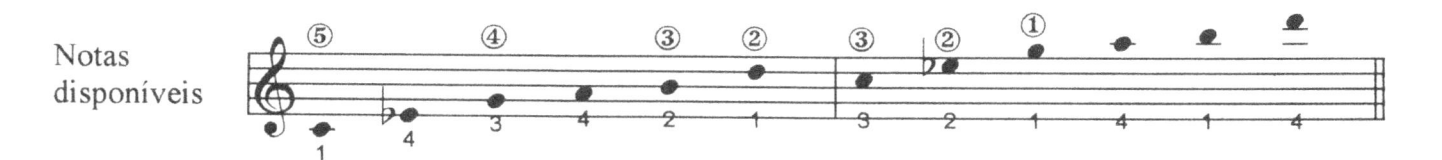

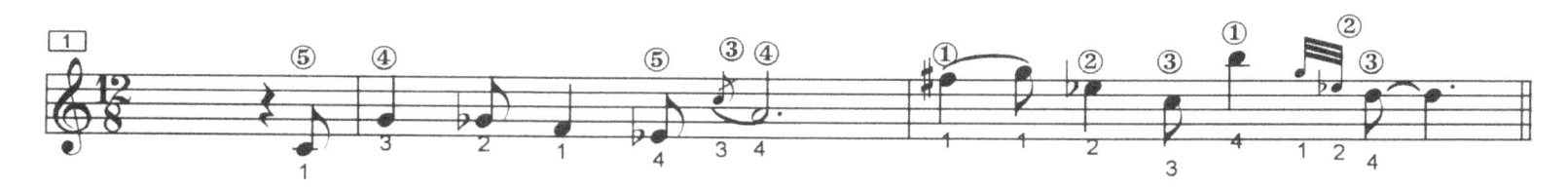

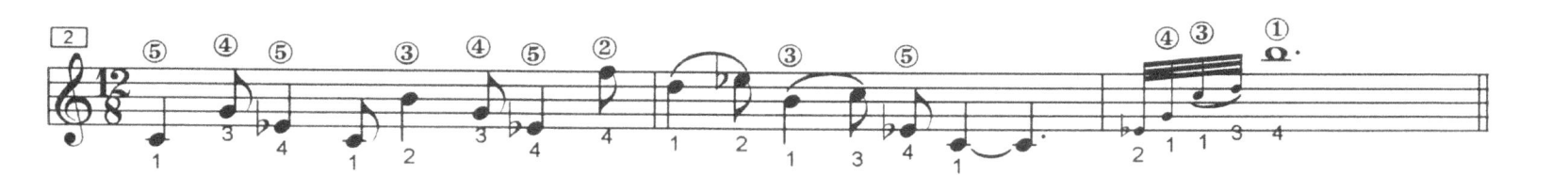

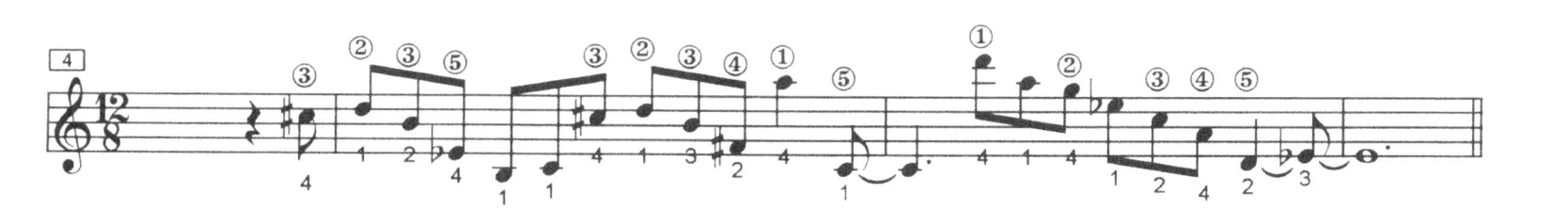

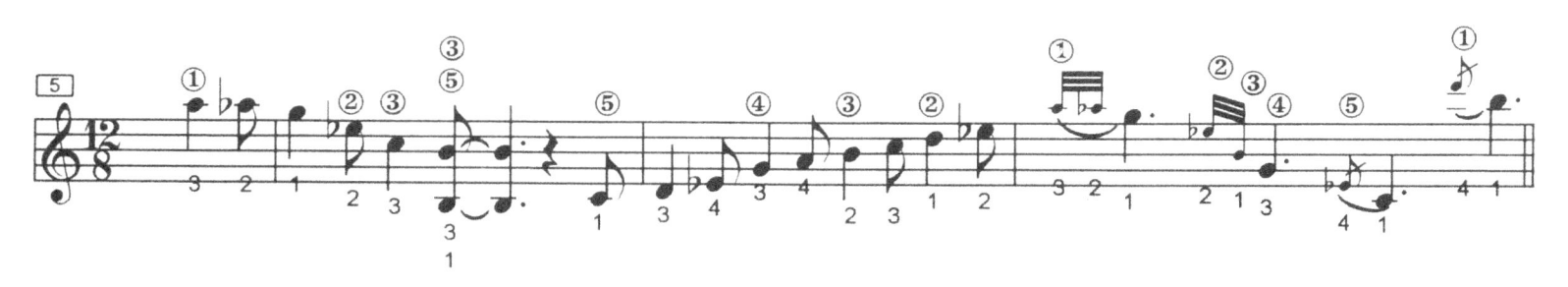

Notas disponíveis

Exemplos

Meio diminuto

Esquema 1

Meio Diminuto

Esquema 2

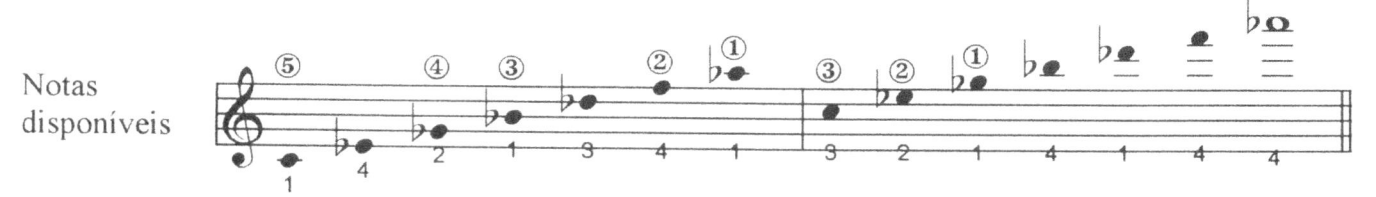

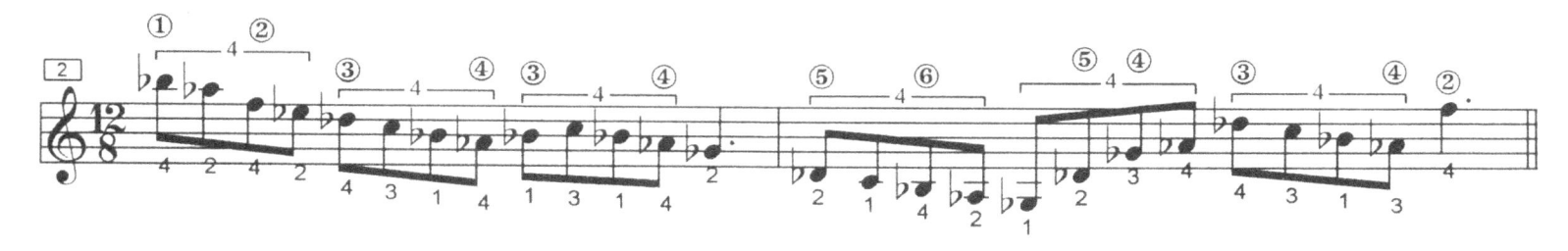

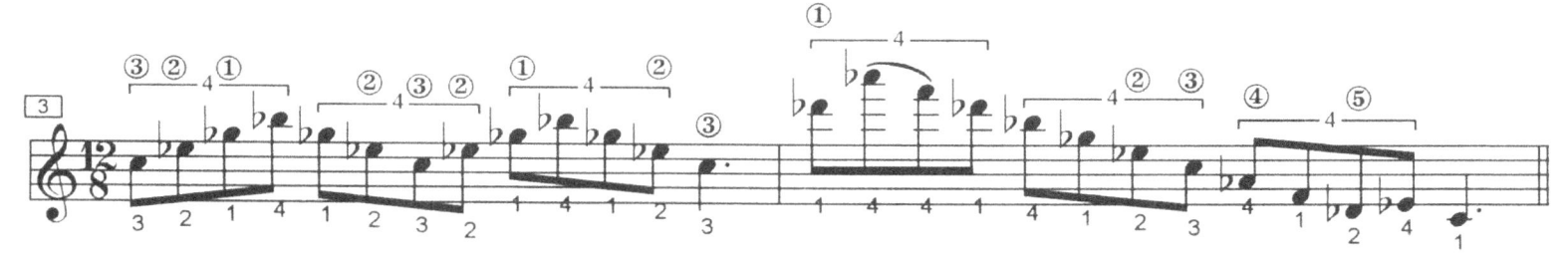

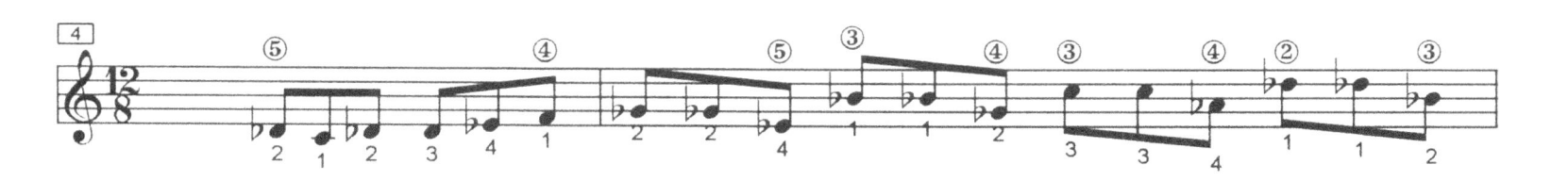

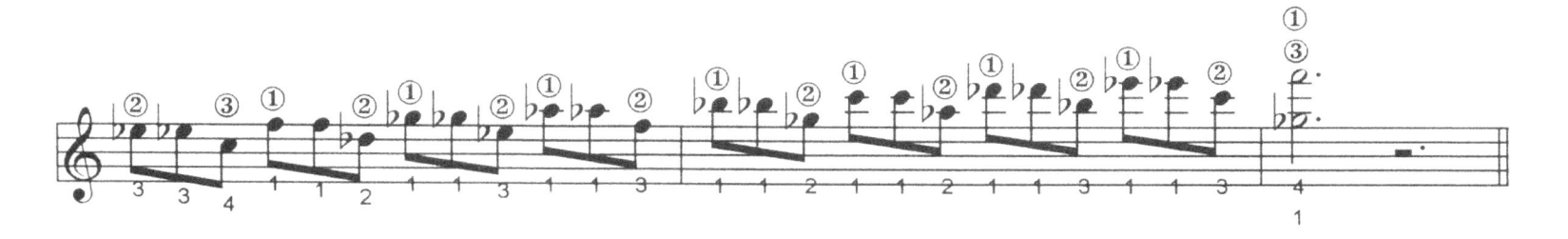

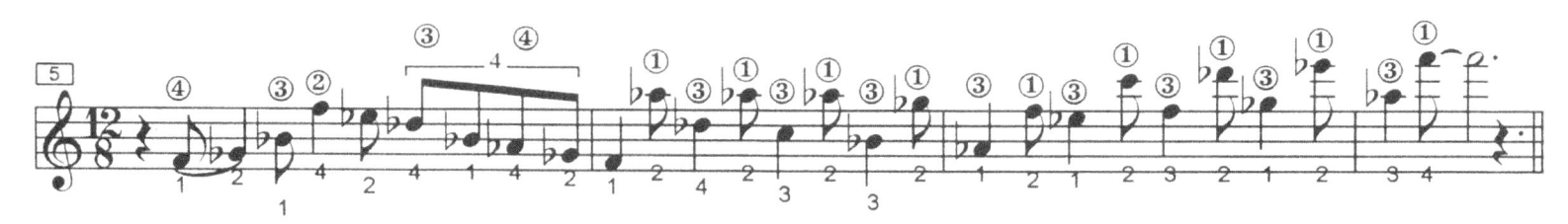

Diminuto

Esquema 1

Diminuto

Esquema 2

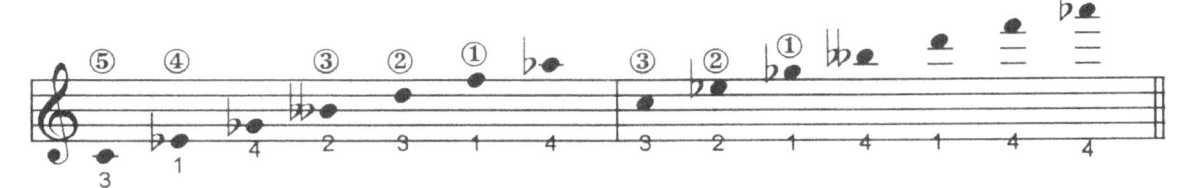

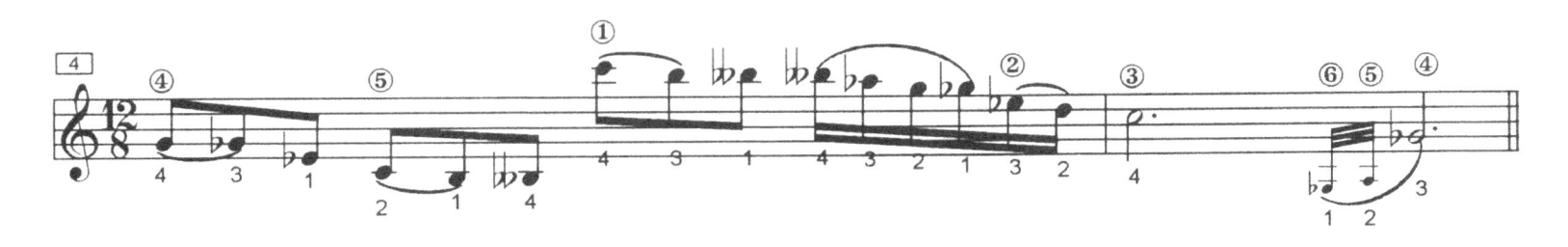

APÊNDICE

Improvisação modal

Em oposição à improvisação acordal, outra corrente de músicos desenvolveu a improvisação modal ou horizontal, que é desenvolvida com os modos ou escalas. Basicamente, consiste em utilizar os diferentes modos (dos quais alguns são provenientes dos antigos modos gregos) e outras escalas peculiares, para improvisar sobre os diversos tipos de acorde.

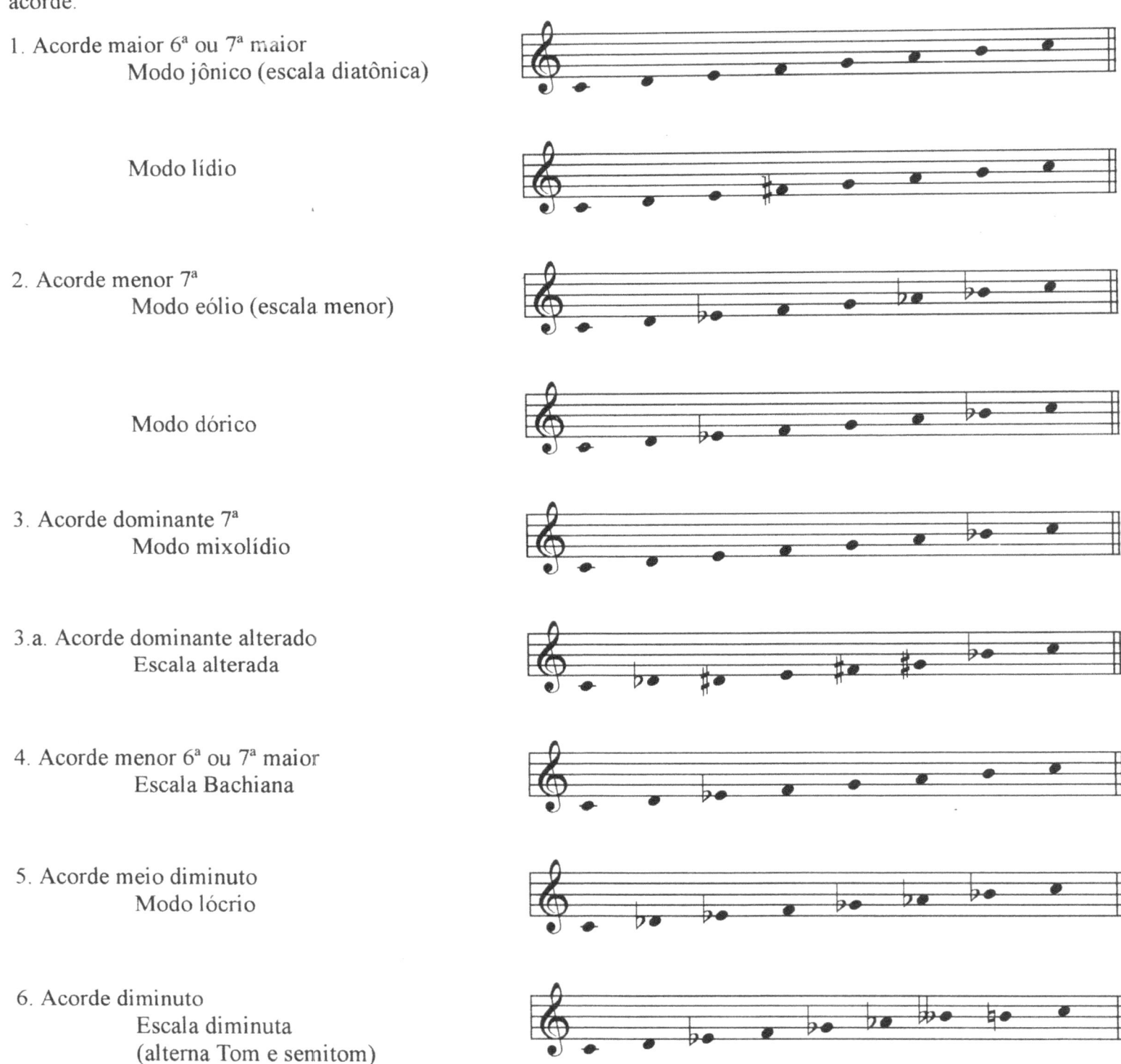

1. Acorde maior 6ª ou 7ª maior
    Modo jônico (escala diatônica)

    Modo lídio

2. Acorde menor 7ª
    Modo eólio (escala menor)

    Modo dórico

3. Acorde dominante 7ª
    Modo mixolídio

3.a. Acorde dominante alterado
    Escala alterada

4. Acorde menor 6ª ou 7ª maior
    Escala Bachiana

5. Acorde meio diminuto
    Modo lócrio

6. Acorde diminuto
    Escala diminuta
    (alterna Tom e semitom)

De ambas correntes de improvisação, excelentes músicos têm surgido. Portanto, é inútil tentar estabelecer qual é o melhor sistema. Comumente, os músicos mais notáveis utilizam os dois sistemas, obtendo ótimos resultados. Alguns vão mais além, pesquisando novos sons e tocando em tonalidades diferentes das sugeridas pelas cifras, simultaneamente. Este recurso é denominado bitonalidade. Por exemplo, ao improvisar sobre uma harmonia em C, improvisam em F♯, ou partem para execução de solos aleatórios, sem preocupação com a tonalidade. Enfim, cabe a cada um procurar o caminho que mais lhe agrade, mas sempre tendo em vista que o resultado deve ter qualidade!